"이름대로 될 터라"

이름도 명품이 있습니다

저 자: 如山 김 동 환
기 획: 대한작명가협회

역술도서 전문출판
여산서숙

차 례

제1부 작 명 학

이름이 좋아야 정신이 건강합니다.................................1
곱고 바르고 좋은 이름을 추구하며..................................2
대한작명가협회 출범에 즈음하여...................................4
이름을 제대로 부르면......아름다운 꽃으로 다가온다.............13
천안함, 이름에 문제 있다...18
나로호, 이름에 문제 있다...23
작명의 모든 이론에 대한 설명......................................29
이름이 좋아야 성공 합니다..29
원형이정이란 무엇인가?...41
수리와 이름과의 배합..43
성공하는 이름 창작의 조건..56
이름에 함부로 사용하지 않는 한자 30선...........................58
이름에 쓰면 안 되는 불길문자 90선................................62
동자이음 어는 사용하면 안 됩니다..................................63
발음오행 해설 69
81수리 해설...94
성씨별 좋은 수리 배열 표..125

제2부 자원오행한자 4,794자

자원오행한자 4,794자(인명용 한자 사전)......................143
후기: 이름도 명품이 있습니다 를 마치고........................270

제1부
작명학

"이름대로 될 터라"

이름도 명품이 있습니다.

지은이: 如山 김 동 환
기 획: 대한작명가협회

이름이 좋아야 정신이 건강 합니다.

성명삼자(姓名三字)의 뜻(意)은 성명의 정신을 나타냅니다.
정신이 움직이면(動) 마음의 기운(心氣)이 곧 응하게 되는데 성명의 정신은 그 인물의 인품을 나타내게 되고 생활형태의 무형적인 면과 처세의 방향등을 지배하기도 합니다.
내 이름을 내 스스로 존귀(尊貴)한 이름으로 간직하려 할 때 그 행실(行實)을 아무렇게나 할 수 없게 되는 것입니다.
그래서 성명 글자의 뜻(字意)을 선택 할 때에는 가급적 진선미(眞善美)와 웅대(雄大)고상(高尙)한 뜻을 가진 글자들을 선택해야 하고 선천명인 즉 사주팔자의 그릇에 맞는 뜻과 경중(輕重) 등을 고려해야 합니다. 이러한 이유로 성명에 쓰이는 글자의 선택에서 선(善)과 불선(不善)등 길흉(吉凶)이 갈리게 되니 이름을 지을 때는 작명 전문가와 상의하는 것이 좋습니다. 그래야 명품 이름으로 살아갈 수 있습니다. 이름도 분명히 명품이 있습니다.

곱고 바르고 좋은 이름의 작명을 추구하며

<대한작명학회 출범에 즈음하여 글 중에서>

더 좋고 더 바르고 더 고운 이름으로 정명(正名)운동을 펼쳐 나가고자 대한작명학회와 대한작명가협회는 수레의 두 바퀴를 굴리며 새의 두 날개를 활짝 펼쳐 날아갈 준비를 하고 있습니다.

새로운 작명에 대해서는 '곱고 바르고 좋은 이름'의 '정명(正命) 운동'을 추구하며, 이미 잘못된 작명의 결과물에 대해서는 '더 좋고 더 바르고 더 고운 이름'으로의 '정명(正名) 운동'을 펼쳐 나가고자 합니다. 한글로는 두 가지 운동이 모두 '정명 운동'이나, 앞의 '정명(正命)'은 '바르게 명명(命名)'한다는 의미이고, 뒤의 '정명(正命)'은 '이름을 바르게 고쳐 부른다.'는 의미입니다. 이 둘은 작명에 대한 '정풍(正風) 운동'이요. 지금까지 이 땅에서 행해지던 혼탁한 작명의 풍토를 '정명(正命)'과 '정명(正名)'의 '정풍(正風) 운동'으로 곱고 바르고 좋은 이름으로 가득 채워 아름답고 건강한 사회와 국가를 만들어 가는 데 앞장서 나아갈 것입니다. 우리 학회 회원 동지 여러분과 협회 회원 동지 여러분이 흘린 땀방울들이 모여서 시내를 이루고 강을 이루고 바다를 이루어 나갈 때, 대한은 단군 성조나 세종 성왕의 태평성대를 재현할 수 있게 될 것입니다. 학회와 협회 동지 여러분 '정명(正命)'과 '정명(正名)'의 '정풍(正風) 운동'으로 작명(作名)의 새 역사를 열어 나아가고자 합니다.

현재는 어려움이 따르더라도 절망하거나 혹 굶주린 사자같이 행동해서는 절대 우리의 과업을 성취 할 수 없습니다.

한 걸음 한 걸음 좀 더디고 느리더라도 뚜벅뚜벅 걸어 전진하자고 간곡히 제언합니다.

요사이 신문을 펼쳐보면 한심한 기사 광고를 볼 수 있습니다.
한국최고의 大 작명가 6개월 완성 수강료 300만원. 어느 어느 방송 출연 40년 경륜 등으로 작명사 지망생들을 유혹하는가 하면 고소득을 올리는 새로운 강사 비즈니스 모델！이란 광고를 통해 3단계 강사교육이 끝나면<수강료300만원>강사로서 엄청난 고소득을 올릴 수 있는 것처럼 현혹시키고 있습니다.
심지어 우리는 오랜 세월동안 성자 아래 이름이 붙게 되어있었으므로 성명 이라했고 성명학이라고 쓰여 지고 있는데 이름을 앞에 놓고 명성학이라는 새로운 이론인양 말하고 있는가하면 심지어는 다단계 형식으로 사람들을 끌어 모아놓고 입심 좋은 강사가 이름의 엄청난 비밀을 파헤친 선봉장인양 감언이설로 현혹시켜 1인당 개명 요금 100만원을 주고 개명하면 팔자를 고친다는 식으로 말 하는가하면 명성학의 유명강사들의 약력을 살펴보면 국내 유명 남여 대학졸업은 필수이고 독어 독문학 석박사 또 불어전공 석박사 등 최고 엘리트들로 구성된 명성 학 연구원으로 과대 포장하는 모습을 보면서 성명학을 공부하고 이업에 종사하는 한 사람으로서 이런 현실을 바라보면서 개탄하지 않을 수 없습니다.
더욱 황당한 것은 동계올림픽 금메달 수상자 김연아의 이름이 하늘에 태양이 두 개 떠있는 형상이라는 터무니없고 허무맹랑한 말로 많은 사람들을 속이고 있으며 이름을 바꾸면 연아처럼 금메달도 딸 수 있다고 과대광고를 해대는 모습을 보면서 노인 한 두 명이 설쳐대는 것은 노망 들린 할아버지들 이라고 치부하더라도 젊고 젊은 어린사람들이 양심을 팔아먹는 치사하고 처량한 모습을 보면서 그대로 방치함도 죄 일 것 같아 잠시 언급했으니 작명사 지망생 들이나 이 업계에 종사하는 선량한 작명사들에게 참고가 되었으면 합니다.

대한작명학회(大韓作名學會) 출범에 즈음하여

학회장 배원룡(裵源龍)[문학박사]

1. '대한민국(大韓民國)'의 국호는 '한국(韓國)'이 아니라 '대한(大韓)'이다.

　대한작명학회(大韓作名學會)가 대한작명가협회(大韓作名家協會)를 등에 업고 그 고유한 이름의 떡잎을 이제 막 펼치게 되었다. 대한작명학회의 출발은 이렇게 비록 하나의 작은 몸짓에 지나지 않지만, 우리 학회가 줄기를 뽑아 올리고 가지를 뻗치고 무성한 잎을 펼치고 아름다운 꽃을 피우고 향기로운 열매를 맺으며 거목으로 자라나 대한의 산야에 시원한 그늘을 드리우며 창공 높이 우뚝 솟을 희망찬 내일에 부풀어 있다.

　왜 학회 이름을 '대한작명학회(大韓作名學會)'라고 붙였는가? '한국작명학회(韓國作名學會)'라고 하면 안 되는가? 여기에서 우리는 이에 대해서 '대한작명학회'의 '대한민국(大韓民國)'의 국호(國號)를 한번 되짚어 보고자 한다. 헌법 제1조의 국호에 대한 규정은 아래와 같이 되어 있다.

　　헌법 제 1조 1항　대한민국은 민주공화국이다.
　　　　제 1조 2항 대한민국의 주권은 국민에게 있고, 모든 권력은 국민으로부터 나온다.

헌법상으로는 국호가 분명 '대한민국(大韓民國)'이라 되어 있다. '민주공화국(民主共和國)'이라고 나라의 속성을 밝혔는데, 이는 백과사전에 의하면 '공화국 중 주권(主權)이 국민 전체에 있는 국가'라고 규정 되어있다. 또 '공화국'에 대한 백과사전의 정의는 '공화 정치를 하는 나라' 곧, '주권을 가진 국민이 직접 또는 간접 선거에 의하여 일정한 임기를 가진 국가원수를 뽑는 국가형태'라고 되어 있다. 계속된 부연 설명에는 다음과 같이 되어 있다. "공화국은 주권을 가진 국민이 선출한 대표자가 국가를 지배하고, 또 스스로도 대표자가 될 수 있는 제도를 통해서 국민이 자신을 지배하는 국가형태라는 의미이며, 민주주의 원리의 제도화로 생각할 수가 있다. 역사적으로는 세습에 의한 군주제를 부정하고 등장한 것으로서, 입헌군주국과는 다른 개념이다."

이상의 내용을 바탕으로 하여 우리의 국호 '대한민국'을 분석해 보자. '대한민국(大韓民國)'은 '대한(大韓)'과 '민국(民國)'의 합성어이다. 여기에서 '민국(民國)'이란 단어는 바로 위에서 살펴본 '민주공화국(民主共和國)' 내지 '공화국'의 약칭이다. 다시 백과사전의 '민국(民國)'의 정의를 살펴보면, '민국(民國)은 국민이 국가의 주인인 국가라는 뜻으로, 공화국(共和國)과 같은 의미이다. '민국'을 국명에 사용하는 국가로는 대한민국(大韓民國)과 중화민국(中華民國)이 있다.'로 되어 있다.

그런데 우리가 흔히 중국(中國)으로 부르는 대륙 중국의 공식적인 국호는 '중화인민공화국(中華人民共和國)' 섬나라 대만의 공식적인 국호가 바로 '중화민국(中華民國)'이다. 중국의 국명이 이렇게 두 개로 나누어진 것은 국민당과 공산당의 국공(國共) 내전에서 비롯되었고, 내전에서 패한 국민당이 대만으로 쫓겨 가서 세운 나라가 중화민국(中華民國)이고, 승리한 공산당이 중국 대륙에서 세운 나라가 중화인민공화국(中華人民共和國)이다. 중국(中國)은 이렇게 국공(國共)의 두 체제에 의해서 두 나라로 나누어졌기 때문에 그 두 나라의 체제를 분명히 밝힌 두 개의 국호가 필요하였던 역사적 배경이 있었다 그러나 대한민국(大韓民國)은 중국과는 좀 상황이 달랐다.

고종이 1897년 10월 12일 황제즉위식을 올림으로써 대한제국이 성립된 것이다. 그러나 공식적인 국호의 제정은 1899년 8월 17일 대한국국제(大韓國國制)를 제정·공포하는 데서 비롯되었다. 이에 따르면 국호는 '대한제국(大韓帝國)'이고 정체는 '전제군주제(專制君主制)'이다. 따라서 '대한제국(大韓帝國)'도 '대한(大韓)'과 '제국(帝國)'의 합성어로서, '제국(帝國)'이란 '황제가 다스리는 나라'를 뜻한다. 다시 말하면 '제국(帝國)'이란 국호라기 보다는 그 나라의 정치 체제를 밝힌 단어이다. 따라서 '대한(大韓)'은 국호, '제국(帝國)'은 정치 체제를 밝힌 단어의 합성어이다.

이러한 '대한제국(大韓帝國)' 1919년 상해 임시정부에서 '대한민국(大韓民國)'이라 하여, 국호는 그대로 '대한(大韓)'을 사용하고, 정치 체제는 '민국(民國)'을 표방하여 '제국(帝國)'을 '민국(民國)'으로 대체하였던 것이다. 1948년 8월 정부수립 시에 임시정부의 정통성을 인정하여 그대로 '대한민국(大韓民國)'이란 호칭으로 국호를 삼았던 것이다. 북한에서는 같은 9월 '조선민주주의인민공화국(朝鮮民主主義人民共和國)'를 국호로 김일성을 수상으로 공산정부가 수립되었다.

이러한 국호제정의 약사(略史)를 살피건대, '제국(帝國)'이니, '민국(民國)'이니, '공화국(共和國)'이니, '민주주의인민공화국(民主主義人民共和國)' 등은 정치 체제를 밝힌 것에 불과하다. 따라서 우리의 국호(國號)는 당연히 '대한(大韓)'이다.

따라서 대한민국(大韓民國)의 약칭인 '한국(韓國)'은 이웃나라에서 우리를 지칭할 때 약칭으로 사용하는 말에 해당한다. 예를 들면, '중화민국'이나 '중화인민공화국'을 우리가 '중국(中國)'으로 부른다든지, '일본(日本)'을 지칭하여 '왜국(倭國)'이라 한다든가, 'United States of America'를 '미국(美國)'이라 부른다든지, 'Germany, 독일(獨逸)'을 '덕국(德國)' 등으로 약칭할 때 '○○나라'란 의미로 부르던 말이다.

또한 우리의 역사를 돌아보건대, 조선(朝鮮), 부여(夫餘), 고구려(高句麗), 신라(新羅), 백제(百濟), 고려(高麗), 조선(朝鮮) 등이 공식적인 국호이었기 때문에, 대한제국(大韓帝國) 이후의 우리의 국호는 '정치체제'를 의미하는 '제국(帝國)'이니, '민국(民國)'이니 하는 접미사는 빼버리고, '대한(大韓)'으로 표기해야 옳다.

그런데 우리는 많은 경우 '한국(韓國)'이란 호칭을 '대한(大韓)'이란 국호보다 더 즐겨 사용하고 있다. 네이버에서 '협회'와 '단체'를 검색하여 각각 검색화면상으로 5페이지까지 낸 통계에 의하면, '대한(大韓)○○○'와 '한국(韓國)○○○'의 비율은 47대 19로 월등히 '한국(韓國)'이 많다. 이것은 그만큼 우리 국호에 대한 정체성이 확립되어 있지 않기 때문이다.

2. 대한작명학회(大韓作名學會) 작명(作名)을 학문(學問)으로 연구하는 단체이다.

이렇게 국호에 대한 정의부터 새롭게 하는 까닭은 우리 학회의 정체성을 분명히 하고 출발하겠다는 의지의 표현이다. 지금까지 살펴본 이러한 이유 때문에 우리 학회의 공식명칭을 '대한작명학회(大韓作名學會)'로 명명한다

'작명(作名)'을 학문(學問)의 차원으로 끌어올려, 대한(大韓)의 국민이나 배달겨레들이 잘못 사용하고 있는 작명(作名)을 학문적으로 검토하여 바른 제명(題名)과 제호(題號)와 명명(命名)의 원칙을 학문적으로 뒷받침하여, 무원칙이 난무하는 오늘의 작명(作名) 현실의 방향을 바르게 이끌어 가겠다는 분명한 의지의 표방이다.

 이제 대한작명학회(大韓作名學會)는 그 문호를 활짝 열어 작명을 업으로 삼고 있는 전문(專門) 작명가(作名家)는 물론, 작명에 관심이 많은 학자(學者), 시민들까지 회원으로 참여하여 활동할 수 있도록 하고자 한다. 이러한 취지에서 우리 학회의 공식 명칭을 '대한작명학회(大韓作名學會)'라 제호(題號)한 것이다.

 3. 대한작명가협회(大韓作名家協會)는 대한의 작명(作名) 전문가(專門家)를 지향하는 사람들이 함께 가꾸어가는 단체이다.

 우리 학회가 소속된 단체를 '대한작명가협회(大韓作名家協會)'로 명명한다. '작명가(作名家)'도 '작명사(作名師)', '작명사(作名士)' 등의 단어를 쓸 수 있으나, 작명에 대한 '전문가(專門家)'들의 모임이란 의미에서 '작명가(作名家)'를 선택하였다. 협회(協會)는 '같은 목적을 가진 사람들이 설립하여 유지해 나아가는 모임'이란 뜻이다. 따라서 '대한작명가협회(大韓作名家協會)'란 우리 협회의 제호가 담고 있는 의미는 '대한의 국민 중에서 작명(作名)을 전문적인 업으로 삼고 있는 사람이나, 전문적으로 연구하는 사람, 또 관심을 가지고 공부하는 사람들 중에서 우리 협회의 설립 목적에 뜻을 같이 하는 사람들이 함께 참여하여 이끌어 가는 모임'이다.

 우리 협회도 그 문호를 활짝 개방하여 직업적인 전문가, 학문적인 전문가, 관심과 흥미가 많은 학생이나 시민을 회원으로 참여시켜 공동의 선을 추구해 나가고자 한다.

4. 대한작명학회(大韓作名學會) 및 대한작명가협회(大韓作名家協會)는 수레의 두 바퀴이며 새의 두 날개이다.

작명(作名)의 가장 오래된 유래는 구약성경 창세기 제2장 20절에 "아담이 모든 가축과 공중의 새와 들의 모든 짐승에게 이름을 주니라."라와 같이 밝혀져 있다. 창세기에 의하면 아담이 바로 세상 만물의 이름을 붙인 것이다.

그런데 우리나라의 경우 건국신화인 <단군신화(檀君神話)>에는 우리 시조의 뿌리를 하늘의 주제자인 '환인(桓因)' 천제, 그 아들을 '환웅(桓雄)' 천왕, 또 그 아들을 '단군(檀君) 왕검'이라 명명하고 있다. 환웅천왕이 쑥과 마늘을 먹고 곰의 껍질을 벗고 변신한 여인 곧 단군(檀君)의 어머니이자 우리의 조상할머니를 '웅녀(熊女)'라 부르고 있다. 그러나 누가 그 이름을 지었는지는 분명하지 않다.

그런데 신라(新羅)의 개국신화에 보면 작명에 대한 이야기가 나온다. 신라(新羅)의 시조 박혁거세(朴赫居世) 신화에 의하면, 이 옛날 진한(辰韓) 땅에 여섯 마을이 있었는데, 어느 날 고허촌(高墟村) 촌장 소벌공(蘇伐公)이, 양산 밑의 나정(蘿井)이라는 우물곁에서 흰 말이 무릎을 꿇고 우는 것을 이상히 여겨 가 보았더니, 말은 간 곳 없고 불그스럼한 알이 하나 있었다. 깨 보니 아기가 있어 소벌공이 되려가 정성껏 길렀다. 이 아기는 점점 준수하여져 나이 열세 살에 뛰어난 젊은이가 되었다. 이에 여섯 마을 촌장들이 모여 이 아이를 임금으로 삼고, 박에서 나왔으므로 성을 '박(朴)'이라 하였으며, '세상을 밝게 다스린다.'는 뜻으로 이름을 '혁거세'라 하였다고 한다.

이상에서 살펴본 바와 같이 우리 '인간'의 작명은 아주 아득한 류의 조상에까지 닿아 있다는 것을 알 수 있다. 우리나라에 전하는 작명례(作名禮)에 의하면, 옛날에는 유아 사망률이 많아 백일 전에 사망하는 확률이 매우 높아, 백일잔치 때 비로소 이름을 짓고 사당에

고하였다고 한다. 어쨌든 예부터 아기를 얻으면 그 부모는 아이에게 걸맞은 좋은 이름을 지으려고 애를 썼고, 가문에 따라 항렬자가 있어 거기에 맞추어 이름을 짓곤 하였다. '작명례(作名禮)'를 일생의 례로 중요시 한 것은 그 이름을 무겁게 여기고 명예를 존중하고, 사람의 육신은 유한(有限)하지만 그 이름은 영원한 것이므로, 자랑스러운 이름을 영원히 남기고자 삶을 조심하고, 자신의 이름이 소중한 만큼 남의 이름도 존중하는 의미가 있었기 때문이다.

또한 이름에는 아이 때 부르던 아명(兒名), 공식적인 명칭인 관명(官名), 관례(冠禮; 성인식) 때 지어주던 자(字)[관자(冠字)], 별명으로 지어 부르던 호(號)[아호(雅號)], 죽은 후에 생시의 공적이 학덕을 기려 국왕이 내린 시호(諡號) 등이 있었다. 그런데 이름의 작명에는 다 법도와 작명법이 있어 함부로 짓지 않았다.

요즈음은 출생 신고 때 한글 이름도 등록이 되지만 70년대 이전까지만 해도 출생신고는 한자(漢字)이름이 주를 이루었고, 수많은 한자에서 좋은 이름자를 찾다가 보니, 초기의 컴퓨터 프로그램으로 지원되지 않던 한자 등도 있어 기계화 및 사무의 불편이 잦아 아예 대법원 인명용(人名用) 한자를 제정하여 제한하기도 했다.

산업이 발달할수록 온갖 상품과 제품이 쏟아져 나오고 있어, 상품이나 제품의 이름은 바로 사업의 승패와 직결되기에 이르렀다. 또한 정부의 부서로 새로운 부서를 개설하기도 하고 또 두세 개의 부처를 합병하기도 부서 명칭의 작명(作名)이나 개명(改名), 철도와 지하철(地下鐵), 고속도로 항만, 공항 등의 건설로 인하여 수없이 많은 작명(作名) 내지는 개명(改名)의 벽에 부딪치게 된다. 이러다 보니 작명의 전문가가 아닌 일반인이 작명에 참여하게 되다 보니, 참으로 웃지 못 할 백태 작명의 결과를 보게 된다.

예를 들면, '가산(加山)디지털단지역'이란 기막힌 역 이름이 생겼는가 하면, '교육과학기술부', '보건복지가족부' 등 잡탕식 정부 부서가 생겼는가 하면, '초등학교, 중학교, 고등학교' 이렇게 단계성과 체계성도 없는 명칭으로 바뀌고, '힐스테이트, 엘리시아, 휴먼시아, 베르디움' 등의 국적 불명의 아파트 이름에, 'KB, KT&G, KTX' 영어 철자로 작명을 하여 우리 국어를 오염시키고 있는 수많은 사례를 보게 된다.

뿐만 아니라, 지난해엔 교육과학기술부가 한국 기술로 제작한 위성을 우주로 쏘아 올리기 위해 개발한 한국형 우주발사체의 이름을 '나로호'로 명명하였는데, '나로'란 이름은 우주발사기지가 들어선 '전라남도 고흥군 봉래면 외나로도(島)'에서 따온 명칭이다. 우주를 향하는 발사체의 이름에다 하늘의 별 이름이 아닌 지상의 섬 이름을 붙인 것은 상식적으로도 이해가 가질 않는다. 이러한 현상은 작명을 전문가에게서 답을 구하지 않고 일반 시민들에게서 이름을 공모하는 형태로 이루어진 결과이기도 하다.

지금까지 살펴본 바와 같이 오늘날 대한의 작명 현실이 이러하다. 하여 우리는 '대한작명학회(大韓作名學會)'를 중심으로 작명(作名)을 학문적 차원으로 끌어올려 체계적이고 조직적인 연구로 작명에 관한 전문가(專門家)를 지원하는 체제를 갖추고, 또한 작명 전문가들은 '대한작명가협회(大韓作名家協會)'를 통하여 상호 정보를 교류하며 그 전문성을 높이고 잘못된 작명의 결과를 바로 잡아 대한(大韓)의 작명 풍토를 개선해 나가는데 총력을 경주 하기위해 결성한 단체이다. 따라서 대한작명학회(大韓作名學會)와 대한작명가협회(大韓作名家協會)는 마치 수레의 두 바퀴요 새의 두 날개와 같아, 학회에서는 학문적인 성과를 집적하여 협회의 수준향상에 기여하고, 또 협회에서는 각 회원들의 수준향상을 위해 학회의 세미나 연수 등에 적극적으로 참여하고, 이를 통해 학회를 지원하면서 상호 발전의 계기로 삼아 나가고자 한다.

5. '곱고 바르고 좋은 이름'의 작명을 추구하며, '더 좋고 더 바르고 더 고운 이름'으로의 정명(正名) 운동을 펼쳐 나가고자 한다.

대한작명학회(大韓作名學會)와 대한작명가협회(大韓作名家協會)는 수레의 두 바퀴를 굴리며 새의 두 날개를 활짝 펼쳐, 새로운 작명에 대해서는 '곱고 바르고 좋은 이름'의 '정명(正命) 운동'을 추구하며, 이미 잘못된 작명의 결과물에 대해서는 '더 좋고 더 바르고 더 고운 이름'으로의 '정명(正名) 운동'을 펼쳐 나가고자 한다. 한글로는 두 가지 운동이 모두 '정명 운동'이나, 앞의 '정명(正命)'은 '바르게 명명(命名)'한다는 의미이고, 뒤의 '정명(正命)' '이름을 바르게 고쳐 부른다.'는 의미이다. 이 둘은 작명에 대한 '정풍(正風) 운동'이다. 지금까지 이 땅에서 행해지던 혼탁한 작명의 풍토를 '정명(正命)'과 '정명(正名)'의 '정풍(正風) 운동'으로 곱고 바르고 좋은 이름으로 가득 채워 아름답고 건강한 사회와 국가를 만들어 가는 데 앞장서 나아갈 것이다. 우리 학회 회원 동지 여러분과 협회 회원 동지 여러분이 흘린 땀방울들이 모여서 시내를 이루고 강을 이루고 바다를 이루어 나갈 때, 대한은 단군 성조나 세종 성왕의 태평성대를 재현할 수 있게 될 것이다. 학회와 협회 동지 여러분 '정명(正命)'과 '정명(正名)'의 '정풍(正風) 운동'으로 작명(作名)의 새 역사를 열어 나아갑시다.

'이름'을 제대로 부르면
그 '이름'은 우리에게 아름다운 꽃으로
다가온다.

대한작명학회 회장 문학박사 배 원 룡

 삼라만상은 모두 이름으로 이루어져 있다. 하늘에는 수많은 별들이 있지만 이름 없는 별은 하나도 없다. 천문학자들이 밤을 새우며 새로운 별을 찾다가 혹시라도 아직 등록되지 않은 새로운 별을 발견하면 그 즉시 발견자의 이름을 붙인 별이름이 천문학계에 보고되고 공인 절차를 거쳐 새로운 이름으로 등록된다. 그러므로 이름이 없는 별은 아직 발견되지 않은 별을 제외하고는 하나도 없다. 지상의 풀과 나무의 종류가 수없이 많지만 이름 없는 풀과 나무는 한 포기도 없다. 식물학자들이 온 지구의 산과 들을 헤매면서 새로운 풀이나 나무를 발견하면 역시 자신의 이름을 덧붙인 그 식물의 이름을 지어 학계에 보고하고 공인 절차를 거쳐 새로운 이름으로 등록되기 때문이다. 그러므로 이 세상에 이름 없는 풀과 나무는 없다.

 우리나라는 세계최고의 조선(造船) 국가이다. 전국의 조선소에서 현재 건조 중인 배들은 한두 척이 아니다. 이렇게 수많은 배들이 만들어지고 있지만 이름 없는 배는 바다를 항해할 수 없다. 일단 만들어진 배는 물 위에 띄우는 진수식(進水式), 이름을 붙이는 명명식(命名式)을 거쳐야 비로소 독립된 이름을 지닌 하나의 배가 되는 것이다.

다시 말하면 이름을 붙인 배라야 물 위에 떠서 항해를 할 수 있는 생명력을 지닌 배가 되는 것이다. 배만이 아니다. 비행기, 기차, 자동차 등에는 무두 이름이 붙여져 있다. 뿐만 아니라 백화점 진열대 위에 놓여 있는 수많은 상품들에도 다 이름이 붙어 있다.

그럼 '이름'이란 말 속에는 어떤 의미가 담겨 있는 것일까?

우리말 '이름'이란 명사의 어원(語源)은 '이르다'라는 동사에서 왔다. 다시 말하면 '이르다'라는 동사의 어간(語幹)에 명사형 어미 'ㅁ'을 붙여 만든 명사가 바로 '이름'이다. 그러면 이제 '이르다'라는 동사의 실체를 파악하면 '이름'의 정체에 훨씬 더 가까이 다가설 수 있다.

'이름'과 관련된 '이르다'라는 동사에는 세 가지 의미가 있다. 첫째로 '무엇이라고 말하다.'의 뜻으로 쓰이는 '이르다'이다. 예를 들면, "내가 일러 줄 것은 모두 일렀다.≪이문열, 황제를 위하여≫" 둘째로 '어떤 대상을 무엇이라고 이름 붙이거나 가리켜 말하다.'의 뜻으로 쓰이는 '이르다'이다. 예를 들면, "이를 도루묵이라 이른다." 셋째로 '어떤 장소나 시간에 닿다.'라는 뜻으로 쓰이는 '이르다'이다. 예를 들면, "목적지에 이르다./ 약속 장소에 이르다./ 자정에 이르러서야 집에 돌아왔다./ 전쟁이 끝난 뒤 이들은 서로 소식도 모른 채 오늘에 이르게 되었다."

여기에서 첫째와 둘째의 '이르다(무엇이라고 말하다./ 어떤 대상을 무엇이라고 이름 붙이거나 가리켜 말하다.)'를 '이름'의 어원(語源)으로 볼 때, 그 이름은 우리의 발음기관을 통해서 말할 때 나는 '소릿값'을 지닌다. 이 소릿값은 하나의 '의미(意味)'로 실현된다. 예를 들어 '하늘'이란 소릿값은 '天(하늘 천)'이란 의미를 지니게 되고, '땅'이란 소릿값은 '地(땅 지)'란 의미를 지니게 된다. 그리고 '길동'이란 소릿값은 '길동(吉童; 길한 아이)'란 의미를 갖게 된다.

이 의미는 다른 이름과의 변별력(辨別力)으로 작용하게 된다. 따라서 길동의 아버지 홍 판서가 '길동아!'하고 부르는 이름의 소릿값에는 '홍길동(洪吉童; 홍 판서 댁의 길한 아이)'이란 의미를 갖게 되어, 부름에 응답하는 사람은 '서동(薯童)'이 아닌 '길동(吉童)'인 것이다.

또 셋째의 '이르다(어떤 장소나 시간에 닿다.)'를 '이름'의 어원(語源)으로 볼 때, 그 이름은 '어떤 장소나 시간에 닿다.'라는 의미를 실현하는 운동 에너지를 지니게 된다. 이것은 매우 중요한 문제이다. 그렇기 때문에 홍 판서가 "길동아!"하고 부르면, 아버지의 '부름'을 받은 길동은 "예!"하고 응답하고 아버지 앞에 달려가 '이르게' 된다. 이것은 아버지의 '부름'에 응답하여 '이름'을 실현하는 것이다. 즉, '이름'을 부르면 그 이름의 '소릿값' 또는 '이름값'을 지닌 사람이 그 이름을 부른 사람한테로 달려가 이름[이르다('다다르다'의 명사형)]을 실현하는 것이다. 우리가 누군가의 '이름'을 부르면, 그 이름의 실체가 '응답'을 하거나, 달려와서 우리 눈앞에 '이름(다다름)'을 실현하게 되는 것이다.

다시 말하면, 홍 판서가 "길동아!"하고 부르는 것은 '길동'이란 '말소리'가 존재를 일컫는 '이름'인 동시에 부르는 방향으로의 운동 에너지로 실현되어, 길동은 "예!"하고 대답하고 홍 판서 앞으로 달려가 '이름(이르다; 다다르다)'을 실현하게 되는 것이다. 이처럼 모든 이름은 운동하는 에너지를 갖고 있다. 그래서 우리는 자녀를 얻었을 때 좋은 이름을 붙이기 위해 최선을 다하는 것이다. 옛날에는 마을의 훈장이나 선비들에게 특별히 부탁해서 아이들이 이름을 지어 삼신상에 올려놓고 절을 하면서 그 이름값대로 살기를 소망했던 것이다. 그러므로 이름에는 그 이름을 지어준 아버지, 어머니의 꿈과 소망이 담겨 있는 것이다.

예를 들어 '개똥'이란 이름을 부모가 지어 주었을 때는, 일반적으로 그 집안에 손이 귀해서 3대 독자나, 5대 독자인 경우가 많아 무엇보다 무병장수하기를 바라는 마음에서 이름을 천하게 지었던 것이다. 그러므로 '개똥'이란 이름에는 '무병장수'란 그 부모의 소망이 담겨 있는 것이다. 그러므로 이런 부모의 소망을 그 자식이 알게 되었을 때, 그 이름의 주인공은 그 이름을 주신 부모님께 감사하며, 그 이름값대로 무병장수하여 부모님께 효를 다해야 하겠다는 마음을 갖게 되는 것이다.

김춘수님은 「꽃」이란 시에서 이름의 중요성을 다음과 같이 노래했다.

　　내가 너의 이름을 불러 주었을 때
　　너는 내게 와서 꽃이 되었다.

여기서 이름을 불러 준다는 것은 그 이름값대로 제대로 불러 준다는 이야기다. 다시 말하면 그 이름이 지닌 소릿값과 그 의미를 제대로 살려서, 긍정적이고 적극적으로 그 이름의 주인공을 칭찬하고 격려하는 마음으로 불러 준다는 뜻이다. 그러면 그 이름의 주인공이 내게 꽃처럼 아름다운 관계로 다가온다는 뜻이다.

우리는 최근에 천안함의 장병 46명의 영결식을 하면서, 우리 국민 모두가 그들의 이름을 그 이름이 지닌 소릿값대로 제대로 불어주었다. 그래서 그들은 우리 국민들에게 모두 아름다운 꽃이 되어 구국의 영웅으로 다가왔다. 정말로 아주 모처럼 우리 국민들은 하나가 되었다. 46명의 천안함 장병들이 그들의 귀한 목숨을 조국에 바친 그 살신성인(殺身成仁)의 희생에 눈물을 흘렸고, 내 혈육을 잃은 것처럼 아파했고, 그 값진 이름을 한 마음으로 불렀다. 그래서 그들의 희생은 헛되지 않았고, 그들은 모두 우리 국민들에게 아름다운 '백색단심 무궁화'처럼 찬란한 꽃으로 피어 청사(靑史)에 길이 빛날 이름을 남긴 것이다.

  우리는 "2002년 한일월드컵"의 신화를 잊지 않고 있다. 그때 우리는 우리의 축구 용사들의 이름을 그 이름이 지닌 소릿값대로 제대로 불러 주었다. 시청 앞 광장에서, 전국 시도 광장에서, 전국의 축구장에서, 극장에서, 대형 음식점에서, 학교에서, 가정에서 모든 TV 앞에서 우리는 하나 되어 우리 용사들의 이름을 그 이름값대로 소리쳐 외쳤다. 그 결과 우리의 축구 용사들은 월드컵 역사에 4강이란 신화를 이루어냈다. 이제 '2010 남아공' 월드컵이 불과 40여 일 앞으로 다가왔다. 우리는 "2002년 한일월드컵"의 신화를 아니 그보다 더 큰 영광을 기대하고 있다. 우리의 기대를 이루기 위해서는 우리의 축구 용사들이 이름을 그 소릿값대로, 그 이름값대로 제대로 불러주기만 하면 된다. 그리고 그것은 전혀 불가능한 일이 아니다. 우리 국민이 하나 되어 우리 용사들의 이름을 그 소릿값대로 제대로 불러줄 때, 우리의 용사들은 우리에게 다신 한번 찬란한 '백색단심무궁화' 그 고운 꽃으로 우리 앞에 **활짝** 피어날 것이다. 우리가 그 이름을 제대로 불러주기만 한다면…….

천안함(天安艦), 이름에 문제 있다

대한작명학회 회장 문학박사 배 원 룡

우리는 최근에 천안함의 장병 46명의 영결식을 통해서, 우리 국민 모두가 그들의 이름을 그 이름이 지닌 소릿값대로 제대로 불어주었다. 그래서 그들은 우리 국민들에게 모두 아름다운 꽃이 되어 구국의 영웅으로 다가왔다. 정말로 아주 모처럼 우리 국민들은 하나가 되었다. 46명의 천안함 장병들이 그들의 귀한 목숨을 조국에 바친 그 살신성인(殺身成仁)의 희생에 눈물을 흘렸고, 내 혈육을 잃은 것처럼 아파했고, 그 값진 이름을 한 마음으로 불렀다. 그래서 그들의 희생은 헛되지 않았고, 그들은 모두 우리 국민들에게 아름다운 '백색단심무궁화'처럼 찬란한 꽃으로 피어 청사(靑史)에 길이 빛날 이름을 남긴 것이다.

그런데 이 시점에서 우리는 무엇이 잘못되었는지 우리 스스로를 돌아보아야 한다. 이처럼 고귀한 우리의 장병들, 우리의 아들들, 우리의 형제들, 우리의 아빠들이 왜 아침이슬처럼 사라져야 했는가를 되짚어 보아야 한다. 이것은 남북한이 대치하고 있는 현실에서 국방에 관한 문제만이 아니다.

그래서 필자는 전혀 새로운 각도에서 이번 천안함의 문제점을 짚어보려고 한다. 그것은 다름 아닌 '천안함(天安艦)'이란 우리 해군 용사들이 타고 바다를 지키던, 그러다가 불의의 사고로 우리의 귀한 장병 46명을 잃은, 그 함정의 이름에 문제점이 있다는 것이다.

지난 호에서 필자는 '이름'은 그 이름의 소릿값이 지닌 '운동에너지'를 가지고 있다는 점을 밝혔다. 이러한 운동에너지는 '하늘, 땅, 바다'는 물론이고 '나무 이름, 풀 이름'에 이르기까지 모든 이름들이 공통적으로 지니고 있는 힘이다. 다만 그 운동에너지의 크기가 다를 뿐이다.

우리는 집에서 기르는 강아지 이름을 '바둑'이라고 가정해 보자. 우리가 바둑이를 부르면 그 바둑이가 부르는 사람에게로 달려온다. 이것은 그 이름에 운동에너지가 있기 때문이다.

그래서 우리의 선인들은 이름을 바르게 짓기 위해서 고심했다. 자녀를 얻으면 훈장이나 선비 등 학식이나 덕망이 높은 분들을 찾아 부탁하기도 하고, 명리(命理)나 작명(作名)에 밝은 작명가(作名家)에게 상당한 돈을 주고 이름을 사기도 했었다. 그래서 우리의 이름에는 그 부모의 자녀에 대한 '꿈과 소망'이 담겨 있는 것이다. 그 이름에 담긴 꿈과 소망의 성취에 대한 확신을 가지고 그 이름을 불러 주고, 또 그 이름의 당사자는 그 이름값대로 살기 위해 노력하면 결국 그 이름의 꿈과 소망이 이루어지게 된다. 왜냐하면 그 이름에는 그 이름값을 이루고자 하는 운동에너지가 작용하기 때문이다. 이 운동에너지는 부르는 사람과 듣는 사람이 생각하고 있는 '꿈과 소망'대로 작용하여 그 이름값을 드러내게 되는 것이다.

필자의 친구 중에 '문혁(文赫)'이란 이름을 가진 친구가 있다. 이 친구의 이름이 지닌 소릿값은 '글로써 빛난다.'이다. 이 친구는 30대에 신춘문예 시 부문에 당선되었다. 그 이름이 지닌 소릿값대로 이름이 지닌 운동에너지가 작용한 결과이다.

이제 '천안함(天安艦)'이란 함정의 이름으로 돌아가 보자. 꼭 '천안함'만이 아니라 모든 함정(艦艇)은 바다 위를 항해하며 바다와 그 바다를 끼고 있는 육지 즉 국토를 지키는 소임을 맡고 있다. 그래서 함정이 제대로의 소임을 다하게 하게 위해서는 그 소릿값과 이름값에 어울리는 이름을 붙여야 한다.

그런데 '천안함(天安艦)'의 '천안(天安)'이란 이름은 충청남도의 도시 이름인 '천안시(天安市)'의 지명(地名)이다. 다시 말하면 육지(陸地)의 땅이름인 것이다. 더구나 '천안시(天安市)'는 바다를 끼고 있는 도시도 아니다. 완전히 바다와는 동떨어진 육지의 지명이다. 바다 위를 자유롭게 떠다니며 바다와 그 바다로 둘러싸인 육지인 국토를 지켜야 하는 함정에다 바다의 이름값이 아닌 땅의 이름값을 지닌 '천안(天安)'이란 이름을 붙였다는 것은 작명의 기본에 크게 벗어나는 이름이다.

그럼에도 불구하고 국군의 작전 수행 상 함정과 함정은 하루에도 수없이 무전으로 교신하면서 상대방 함정의 이름을 부른다. 예를 들면, "천안함! 천안함, 나와라. 여기는 평택함! 오버", "천안함! 천안함, 나와라. 여기는 속초함! 오버", "천안함! 천안함, 나와라. 여기는 해군 본부! 오버" 이런 식으로 교신을 하면서 그 이름을 불러댄다. 물론 교신할 때는 암호를 사용하겠지만 그 암호를 해독하면 '천안함(天安艦)'은 그 소릿값이나 이름값에서 '천안(天安)'이란 지명(地名)이 늘 따라 다닌다. '또 함정의 뱃머리에는 '천안함(天安艦)'이란 소릿값을 지닌 함정의 이름이 눈비에도 씻기지 않고 선명하게 새겨져 있다. 어쩌면 '천안함' 이름이 적힌 깃발이 태극기와 함께 나부끼고 있었는지도 모른다.

그런데 문제는 '천안함(天安艦)"이란 이름에 들어 있는 '천안(天安)'이란 지명(地名)이다. 이 '천안(天安)'이란 지명(地名)은 '천안함'에 은연중에 '운동에너지'로 작용한다. 이름을 부를 때마다 이 운동에너지는 '천안함'으로 하여금 '천안(天安)'이란 육지의 지명으로 향하게 한다. 따라서 천안함(天安艦)은 천안(天安)이란 지명의 이름값이 지닌 운동에너지에서 자유로울 수 없다.

만약에 '천안항(天安港)'이란 항구가 있어서 이곳을 천암함의 기항지로 사용하고 있다면, 이 항구에서 정박하면서 재충전의 시간을 갖는 것으로 작용할 수도 있다. 그러나 불행히도 '천안항(天安港)'이란 항구는 지구상 어디에도 존재하지 않는다. '천한함' 외에도 '속초함'과 '평택함'이 지난 번 백령도 근해의 작전에 동참했던 것으로 알고 있다. 그런데 유독 '천안함(天安艦)'에 사고가 생겨 반으로 조각난 함정이 인양된 후에 평택항 부두의 육지에 들려져 올라가 있는 것으로 알고 있다. 서해바다에서 천안을 가려면 평택항을 거쳐서 가는 길이 최단 코스다. 이것은 '천안함(天安艦)' 이름 가운데 천안(天安)이란 지명의 소릿값이 지닌 운동에너지가 작용한 결과이다.

이를 계기로 해군 당국자에게 정중이 요청한다. 함정 이름의 작명에 세심한 주의를 기울일 것을! 앞으로는 절대로 육지의 도시 이름을 함정에다 붙이는 우를 범하지 말고, 바다의 이름값을 지닌 함정 이름으로 제대로 붙여서, 다시는 '천안함(天安艦)' 사건과 같은 불행한 사태가 일어나지 않기를 바랄 뿐이다.

그럼 도대체 바다의 소릿값을 지닌 이름이 무엇이냐고 묻는다면, 얼마든지 밝힐 수 있다. '동해함', '남해함', '서해함', '근해함', '원해함', '대양함', '청해함', '청용함', '용귀함', '바다함', '먼바다함' '푸른바다함' '넓은바다함' 등이다. 항구나 섬도 바다의 이름값을 지니지만, 항구나 섬의 지명으로 함정을 이름을 붙이는 것은 별로 권하고 싶지 않다. 왜냐하면 항구나 섬은 고정된 지명이다. 다시 말하면 바다와 연관된 이름이긴 하지만 근본적으로는 땅이름이다. 할 수만 있다면 항구나 섬으로 된 함정의 이름도 순수하게 바다의 이름값을 지닌 작명으로 개명할 것을 권한다.

함정은 기동력 있게 바다 위를 헤엄쳐 다녀야 한다. 움직이는 것이 함정의 생명이다. 그것도 **빠르게** 전진하고 후퇴하며, 때로는 회전도 자유로워야 한다. 가끔씩 항구에 정박할 수는 있지만 그것은 급수(給水)나 급유(給油) 및 자재를 보충하거나 장병의 교체를 위한 수단으로 만족해야 한다. 항구에 정박해 있는 것이 함정의 주된 업무가 되어서는 안 되기 때문이다.

그래서 바다를 자유롭게 떠다니며 함정의 해양 방어 임무를 수행하는데, 전혀 걸림이 없는 그런 이름을 찾아서 붙여 주어야, 함정은 그 이름이 지닌 운동에너지에 의해서 능력을 제대로 발휘하는 그런 바다의 요새와 같은 역할을 감당하게 되는 것이다.

이제 "천안함(天安艦), 이름에 문제 있다."는 칼럼을 마무리 하고자 한다. 우리가 세상을 살면서 문제가 없을 수 없다. "소 잃고 외양간 고치는 것"도 지혜다. 왜냐하면 다시는 소를 잃지 않기 위한 적극적인 행동이기 때문이다. 해군 당국자에게 충심으로 제안한다. 한시 바삐 바다의 이름값을 지닌 제대로 된 함정 이름을 찾아서 우리나라의 모든 함정들에게 정명(正名; 바른 이름)을 찾아 주어, 우리의 해군력에 더 이상 결손이 없기를 바랄 뿐이다.

나로호(羅老號), 이름에 문제 있다

대한작명학회 회장 문학박사 배 원 룡

한국 최초 우주발사체 '나로호'의 2차 발사가 오는 6월 9일 오후 4시 30분에서 6시 40분 사이에 발사될 예정이다. '나로호'의 1차 발사가 2009년 8월 2일 (화) 오후 5시에 온 국민의 기대 속에서 발사 성공까지 방송으로 보도되었다가 실패로 끝난 지 10개월만이다.

이번 2차 발사는 절대로 실패해서는 안 된다. 소 잃고 외양간 고치는 심경으로 지난 1차의 분석 결과를 다시 한 번 면밀히 검토하여 똑 같은 실패를 되풀이 하지 않도록 해야 한다. 많은 과학자들이 1차의 실패 원인을 분석하고 완벽한 대책을 세웠을 줄 안다.

그런데 필자가 보기에는 아직도 2% 부족한 부분이 있어 이 문제를 제기하고 만약에 있을지도 모르는 실패를 되풀이 하지 않도록 대비하기를 촉구한다. 필자가 밝히고자 하는 문제는 비록 2% 부족한 부분이지만 이것이 전부일 수도 있는 대단히 중대한 문제이다. 그것은 다름 아닌, "나로호(羅老號), 이름에 문제 있다."는 것이다.

앞서 두 차례의 칼럼에서 이미 밝혔지만 '이름이 바로 서지 못하고서 이루어지는 일은 아무것도 없다.'는 것을 명심해야 한다. 다시 한 번 우리말의 '이름'에 담긴 뜻을 정리하면, '이름'은 '무엇이라고 말하거나, 어떤 대상을 이름 붙이거나 가리켜 말하다.'는 뜻을 지닌 동사 '이르다'의 명사형 '이름'과 '어떤 장소나 시간에 닿다.'라는 뜻을 지닌 동사 '이르다'의 명사형 '이름' 두 가지 뜻을 공유하고 있는 것이다. 그러기 때문에 '이름' 단순히 그 주체를 불러서 주의를 환기하는 데서 끝나지 않고 그 부르는 방향, 즉 이름의 소릿값이 지닌 방향으로 움직이고자 하는 운동에너지를 지닌다.

그런데 이제 40일 앞으로 다가온 '나로호'의 2차 발사를 앞두고 만에 하나를 대비하는 심정으로, '나로호'의 이름을 분석해 보고자 한다. 이번 우주계획은 우주발사체와 기술위성의 2원 구조로 되어 있다. 우주발사체의 이름이 '나로호(KSLV-I)'이고, 기술위성의 이름이 '과학기술위성2호(STSAT-2)'이다. 그 제원 등은 아래와 같다.

  한국 최초 우주발사체 '나로호(KSLV-I)'
  100kg급 소형위성을 지구저궤도에 진입시킬 수 있는 발사체
  제원 : 길이(약 33m), 직경(2.9m), 총중량(140톤 규모)

  과학기술위성2호(STSAT-2)
  한국 최초 우주발사체 '나로호(KSLV-I)'에 실려 발사될 100kg급 저궤도 소형위성
  임무 : 지구대기 수분량 측정, 위성의 정확한 궤도 측정
  제원 : 크기(615×673×898mm), 중량(99.4kg), 임무수명(2년)

이상과 같은 '나로우주센터'에서 밝힌 자료를 분석해 보면, 여기에 두 개의 이름이 있다. 하나는 '나로호(KSLV-I)'이고, 다른 하나는 '과학기술위성2호(STSAT-2)'이다. 이 두 가지 이름을 살펴보면 '나로우주계획'이 얼마나 잘못되었는지를 확연히 알 수 있다. 그것은 다름 아닌 두 가지의 이름의 실체를 제대로 파악하지 못한 데 기인한다. 이 우주계획을 '나로호 발사'라고 해서는 안 된다. 왜냐하면 '나로호'는 로켓이기 때문에 '나로호'의 임무는 '과학기술위성2호(STSAT-2)'를 지구 궤도에 올리는 것으로 임무가 끝나는 것이다. 그리고 2년 동안 우주 계획을 수행하는 것은 '과학기술위성2호(STSAT-2)'인 것이다. 그러면 이번 '나로호 발사'계획은 그 이름이 '과학기술위성2호(STSAT-2)'의 발사로 수정되어야 한다.

물론 이렇게 이름을 붙인 그 저의를 모르는 것은 아니다. 대한 최초의 발사체를 개발했고, 그 발사체에 위성을 실어서 처음으로 발사하는 것이니, 무개 중심이 자연 발사체에 주어졌던 것이 사실이다. 그러나 과거의 우주 계획을 되돌아보면 그 어느 하나도 발사체의 이름으로 우주선을 띄운 적은 한 번도 없었다. '우리별 시리즈'로 이루어진 계획이 그랬고, '무궁화 시리즈'로 이루어진 계획도 그랬다. 이들 계획은 모두 '우리별○호 발사' 또는 '무궁화위성○호 발사' 등의 이름으로 지구 궤도에 제대로 올려 졌던 것으로 기억한다.

그런데 유독 이번의 '과학기술위성2호(STSAT-2)'의 발사에만 주객이 전도되었다. 분명히 집고 넘어가야 할 것은 '과학기술위성2호(STSAT-2)'의 발사이지 그 발사체인 '나로호(KSLV-I)' 발사가 아닌 것이다.

우리가 그 동안 러시아나 프랑스 등의 발사체를 빌려서 발사할 때, 우리는 모두 '우리별○호' 또는 '무궁화위성○호'라고 해서 발사했던 경험이 있다. 다시 한 번 환기(喚起)하기니와 발사체는 위성을 지구 궤도에 무사히 올려놓는 것으로 임무가 끝나는 것이다. 그런데 어째서 '나로호 발사'라고 하는가? 이것은 이름에 문제가 있어도 크게 문제가 있는 것이다.

그렇다면 '나로호' 대신에 '과학기술위성2호(STSAT-2)'라고 이름을 바꾸면 아무런 문제가 없는가? 그것은 결코 아니다. '과학'이란 단어와 '기술'이란 단어를 묶어서 위성에다 붙여서 어쩌란 말인가? 우리 정부는 이름을 짓는데, 이것저것 뒤섞어서 마치 중국요리 '짬뽕'같은 이름 붙이기를 좋아한다. '문화관광체육부'가 그렇고 '보건복지가족부'도 그렇다. 이것은 작명의 기본을 크게 벗어나는 잘못된 작명이다. 이것은 부(部) 안에 있는 국실(局室)의 이름을 모아 놓은 것에 지나지 않는다. 이제 다시 돌아와서 '과학기술위성'이란 이름도 유치하기 짝이 없다. 이번에 발사되는 위성의 임무는 '①지구대기 수분량 측정,' '②위성의 정확한 궤도 측정' 이 두 가지다. 짐작하기는 ①은 과학적인 계획에 가깝고, ②는 기술적인 계획이 가깝다고 보고 '과학기술'이란 두 단어를 결합해서 이름을 붙인 것 같다. 그렇다고 하더라도 이것은 어디까지는 임무의 성격을 나타내는 것일 뿐이다. 위성의 이름은 보다 상징적이고 포괄적이고 우리 민족의 꿈과 이상을 담고, 국가의 비전을 담은 그런 이름으로 지어져야 한다.

이제는 우리의 발사체도 개발했고, 우리의 꿈과 비전을 저 우주에 둔다면 보다 고상하고 상징적이며 우리 대한의 위성이란 것이 드러나도록 이름을 지어야 한다. 앞서의 두 차례의 칼럼을 통해서 필자는 이름이 갖는 '운동에너지'에 대해서 밝혔고, 그 중요성도 거듭 강조했다.

우주선의 이름은 우리의 꿈과 이상을 하늘[우주]에 두고, 그 임무를 잘 수행할 수 있는 우리 민족의 염원을 담아서 붙여야 하는 것이다. 그래야만 그 우주선이 우리의 꿈과 이상과 염원의 운동에너지에 의해서 저 우주 공간에서 그 임무가 다 할 때까지 생명력을 지닌 찬란한 별로 빛나게 되는 것이다. 그렇게 될 때 우리의 우주 계획은 멋지게 성공하게 될 것이고, 우리는 우주를 개척하는 선진국의 반열에 한발 다가 설 수 있을 것이다.

이제 '나로호'의 1차 실패를 그 이름에서 찾아보고자 한다. 제2차 발사를 앞두고 있는 '나로호(羅老號)'는 현재 나로우주센터가 위치한 '전라남도 고흥군 봉래면 예내리 외나로도'의 발사대에서 발사를 기다리고 있다고 한다. 나로우주센터의 주소를 확인해 보면 '나로호(羅老號)'란 이름이 어디서 왔는가 쉽게 짐작할 수 있다. 즉 '외나로도(外羅老島)'란 섬 이름에서 '나로(羅老)'란 두 글자를 따서 붙인 것이다. 나로호(羅老號)란 이름이 정해지기까지 어떤 절차를 어떻게 거쳤는지는 모르지만 극히 상식적으로 조금한 생각해도 이 이름에 문제가 있다는 것을 쉽게 파악할 수 있다. 이 이름에 담긴 꿈과 이상은 불행하게도 우주에 있지 않고 '외나로도(外羅老島)'라는 섬에 머물러 있다. 왜냐하면 이름에는 꿈과 이상이 담겨 있는데, 그 꿈과 이상이 '나로도(羅老島)'이기 때문이다. 또한 '나로호(羅老號)'의 '나로(羅老)'란 한자가 갖은 의미가 바람직하지 못하다. '羅(새 그물 라)'자는 '실로 짠 새 잡는 그물'이고 '老(늙은이 로)'자는 글자 그대로 '낡았다'는 뜻이다. 결국 '나로(羅老)'란 '구멍이 숭숭 뚫린 아주 낡은 새 잡는 그물'이다. 잡으려고 하는 새는 뚫린 구멍으로 다 도망가고 없다. 우리 왕조의 하나인 '신라(新羅)'는 '금방 새로 짠 새 그물'이다. 금방 뽑아낸 새 실로 튼튼하게 짠 새로운 새잡이 그물, 100년이 지나도 '새 그물', 1000년이 지나도 '새 그물'이다. 그래서 신라(新羅)는 그 이름이 지닌 운동에너지에 의해서 '탐라국, 우산국, 가야국, 백제, 고구려'를 차례로 그 그물로 잡아 삼국통일을 이룬 것이다. 도대체 구멍이 숭숭 뚫린 낡은 그물로 무엇을 잡으려고 우주선 발사체에다 그 이름을 붙였는가?

지난 1차 때 발사된 '나로호'는 발사대를 벗어나서 우주를 향해 가다가, '외나로도(外羅老島)'의 이름과 관계가 있는 그 이름에 작용하는 운동에너지에 의해서 결국 되돌아왔고, 그 구멍 뚫린 그물로는 별똥별 하나도 건져 오지 못했던 것이다. 그래서 '나로호' 발사 계획은 애초부터 실패할 수밖에 없는 결함을 그 이름이 안고 있었던 것이다.

필자는 이제 한 달밖에 남지 않은 '나로호 2차 발사'를 앞두고 '나로우주센터' 관계자들에게 정중히 요청한다. '나로호'의 이름을 바로 세워 두 번 다시 국민들에게 패배감을 안기지 말 것을! 대안은 아무리 국산 발사체를 개발했다고 하더라도 우주선의 주인공은 위성이라는 사실을 명심하고 그 우주선의 주인공으로 이름을 대체하는 것이다. '과학기술위성' 같은 유치란 이름을 내리고 우리 민족의 염원과 꿈과 이상을 반영한 상징적이고 고상한 이름을 바로 세워서, 이름만

봐도 우주선 발사 계획이 성공할 것 같고, 성공하지 않을 수 없는 그런 이름을 붙여야 한다. 더 이상 우주선의 발목을 잡는 '나로호'라는 이름의 발사체 이름에 연연하지 말고, '하늘값'을 지닌 제대로 된 이름을 붙여서 우리 국민들이 한 목소리로 그 이름을 부를 때 그 이름이 지닌 소릿값대로 운동에너지를 발휘하여, 지구 대기권을 박차고 치솟아 올라 지구궤도에 안착할 수 있도록 해야 한다. 이번에 새로 발사되는 우주선은 제대로 된 이름표로 바꿔 달고 힘차게 치솟아 올라, 지구궤도에 제 자리를 잡아 그 소임을 다하는 날까지 찬란히 빛나는 '대한의 별'이 되길 소망한다.

이름이 좋아야 성공합니다.

이름이 좋다는 의미는 무엇인가? 무엇을 좋은 이름이라 하는가?
이름이란 성(姓)자 아래에 붙여 나를 대표하여 불리는 명칭이며 넓은 의미로는 성과 이름이 합해져 성명라고 합니다.
우주만물이 잉태 되어 이 세상에 태어나면 가장먼저 부여받는 것이 바로 이름이 됩니다.
사람이 태어나서 살아가는 동안 수많은 변화와 조화를 겪으면서 살아가게 되는데 삶의 여정에서 때로는 발복(發福)하기도 하고 정체되기도 하며 어떤 때에는 험한 길을 가게도 됩니다. 그런가 하면 고속도로를 달리듯 시원한 삶을 살 때도 있고 경우에 따라서는 가파른 언덕을 기어오르듯 힘들게 살게도 되는 게 인생의 삶입니다.

그러한 삶의 과정 속에서 언제가 고속도로이고 언제가 절벽인지 예측 할 수 있다면 흉(凶)은 피하고 길(吉)은 받아들여 행복한 미래를 맞이할 수 있을 것이지만 인생에서 그 흉사(凶事)를 어떻게 피할 수 있는가라는 커다란 숙제가 우리 앞에 놓이게 됩니다.
그것은 바로 우리의 육신을 대표하고 수없이 불리는 이름을 자신이 타고난 사주와 분석하여 인생여정에 필요한 장비인 음양오행을 이름에 보충하여 준다면 가파른 절벽을 만나게 되어도 미리 준비해 두었던 사다리를 타고 오르듯 어려운 고비를 잘 넘기게 될 것이지만 만약에 자신이 타고난 사주에 부합되지 않는 이름으로 살아가게 된다면 자동차가 운행 중에 빙판을 만날 수도 있는데 체인을 준비하지 못한 경우와 같아 도중에서 헤메이게 되고 때로는 좌절하여 도중에 포기하고 마는 경우도 있게 되는 것입니다. 유형이든 무형이든 존재의 이름을 불러주어 확인해 주는 것이 이름이라면 이름은 존재의 시

태어나는 순간부터 요람에서 편히 쉴 때까지 일평생 나의 분신이 되어주는 이름을 간단히 생각할 문제가 아니라는 말입니다.
나는 죽어 비록 요람에 묻이어도 내 이름만은 나를 기억하는 이 세상 모든 사람들에게 늘 불리어지고 기억되는 존재가 된다는 것을 알아야 합니다.

좋은 이름은 ?
맑은 공기 같아서 성정(性情)이 맑아집니다.
종합 영양제 같아서 건강하게 성장하며 맑은 샘물 같아서 갈증이 없어 삶이 윤택해지고 아름다운 소리와 같아 대중의 사랑을 받게 됩니다.
우리 주변에서 이름은 바꿔 성공한 사람들이 많이 있습니다.
좋은 이름이란 단순히 분신이라는 의미 보다는 심오한 원리가 숨어 있다는 사실입니다.
성공적인 삶을 살기위해서는 좋은 이름으로 지어 줌으로 하여 그만큼 자신을 사랑하고 존중케 해줌으로서 정성이 담긴 선물을 받게 되어 행복감에 젖어들게 됩니다.

좋은 이름이란 !
1. 부르기 좋고 듣기 좋으며 정확한 발음으로 구성 돼야 합니다.
2. 뜻이 좋은 글자로 구성되어야하고 미래지향적이어야 합니다.
3. 선천운인 사주팔자를 돕는 오행의 에너지가 보충되어야 합니다.
4. 음양의 조화를 잘 이루어야 좋은 이름이 됩니다.
5. 원형이정의 수리 4격이 길 격으로 구성되어야합니다.
6. 소리오행의 막힘이 없는 상생관계로 이루어져야합니다.
7. 누구나 쉽게 알 수 있는 인명용 한자로 구성되어야합니다.
8. 세련미가 있어 상대방에게 호감을 갖게 구성되어야합니다.

좋은 이름은 건강도 좋아집니다.

좋은 이름은 건강도 좋아지게 하는데 타고난 선천운세인 사주팔자에서의 부족한 기운을 채워주는 오행으로 구성 되어야 한다는 전제 조건이 있어야 하는 겁니다. 이름에는 반드시 자연에서 부여한 한자의 자원오행과 한글의 발음오행이 배속되어집니다. 아울러 자신의 사주에서 나타나는 여러 가지 예측 가능한 질병 또는 약한 신체 기관이 있을 수 있는데 그렇다면 부족하거나 넘치는 오행의 기를 보충하거나 덜어내는 이름이라면 건강도 좋아질 수 있다는 사실에 이의를 제기 할 수 없을 것 입니다. 이런 모든 점을 참고하여 사주팔자에 필요한 오행이 보충되어지도록 이름을 지어야 하는 것입니다.
우리들의 육체는 70%가 수분으로 이루어졌다고 합니다.
그러나 1%가 부족하면 갈증을 느끼게 되는 것이라고 생각해 볼 때 1%의 기를 이름에서 보충해준다면 그 갈증은 해소 될 수 있을 것이니 부족한 오행의 기를 보충하는 것이 얼마나 중요한 것인가를 생각하지 않을 수 없게 됩니다.

2). 음양의 배합에 대하여
삼라만상에 존재하는 모든 유형무형 생명 비 생명체와 한시라도 떠나서는 살 수 없는 것이 바로 음양의 이치이고 모든 우주만물에는 음(陰)과 양(陽)이 있으며 그 음양에 조화는 변화무쌍하며 예컨대 인간으로 보면 남(男)이 양(陽)이고 음(陰)이 여(女)가되며 음양(陰陽)에는 오행(五行)의 속성(屬性)으로 분류하게 됩니다.

음(陰)은 물질성(物質性)에 해당하고 양(陽)은 정신기(精神氣)에 해당하며 오행(五行) 목, 화, 토, 금, 수(木, 火, 土, 金, 水)라는 성분이 되는 것입니다. 이 물질(物質)과 정신기(精神氣)에 오행 성분의 변화

(變化)를 이용하는 지혜(知慧)가 있어야 인류사회(人類社會)에서 과학(科學)이 발전(發展)하고 문명 문화를 누리게 됩니다. 만물(萬物)에 영장인 인간은 음양오행(陰陽五行)의 변화(變化)를 일평생 자신의 영육을 대표하는 이름에 응용하고 있는 가치관은 과학의 활용범위라고 할 수 있습니다. 어떤 사람 이름이 음으로만 구성되어 있다면 그는 남자라도 근본이 여성스럽고 여리고 섬세하며 의존적인 요소가 있게 되고 반대로 양으로만 구성되어 있다면 독립적 이름의 기본기가 갖춰지게 되는 것입니다.

| 음(陰) | 여성적이다. 어둡다. 차갑다. 약하다. 느리다. 소극적이다. 의존적. 수동적 섬세하다. | 2, 4, 6, 8, 10, 짝수에 해당 |

| 양(陽) | 남성적이다. 활동적, 밝다, 강열, 곧다, 적극적, 독립적, 활동적 독선적, 투쟁적. | 1. 3. 5. 7. 9 홀수에 해당 |

<음양의 배열>

	균형된 음양의 배열 吉	순음/순양의 배열 凶
이름이 석자인 경우	양 양 음 ○○● 양 음 음 ○●● 음 음 양 ●●○ 양 음 양 ○●○ 음 양 양 ●○○ 음 양 음 ●○●	양 양 양 ○○○ 음 음 음 ●●●
이름이 두자인 경우	음 양 ● ○ 양 음 ○ ●	음 음 ● ● 양 양 ○ ○
이름이 네자인 경우	양 양 양 음 ○○○● 양 음 음 음 ○●●● 양 음 음 양 ○●●○ 음 음 음 양 ●●●○ 양 양 음 음 ○○●● 양 음 양 음 ○●○● 양 음 양 양 ○●○○ 음 음 양 양 ●●○○ 음 양 양 양 ●○○○ 음 양 양 음 ●○○● 음 양 음 양 ●○●○ 음 양 음 음 ●○●●	양 양 양 양 ○○○○ 음 음 음 음 ●●●●

<발음의 음양>

음	ㅓ. ㅕ. ㅜ. ㅠ. ㅡ. ㅣ
양	ㅏ. ㅑ. ㅗ. ㅛ

* 음은 무겁고 어두운 음(音)으로 표현됩니다.
* 양은 밝고 경쾌한 음의 느낌을 줍니다.
* 성씨의 발음에서 음양을 기본으로 중간자와 글자가 잘 배합되게 해야 합니다.

음양이 잘 배합된 이름의 예

성명	金	聖	勳
획수	8	13	16
음양	짝수(음)	홀수(양)	짝수(음)

성명	金	東	煥
획수	8	8	13
음양	짝수(음)	짝수(음)	홀수(양)

음양이 잘못 배합된 이름의 예

성명	朴	元	植
획수	6	4	12
음양	짝수(음)	짝수(음)	짝수(음)

성명	鄭	奎	姸
획수	19	9	9
음양	홀수(양)	홀수(양)	홀수(양)

3). 오행의 배합

오행이란! 木, 火, 土, 金, 水 5가지를 말합니다. 나무나 불, 흙, 쇠, 물 등의 물질로 표현하지만 그 형태와 형질이 아닌 근본적인 것은 기(氣)이며 또 정(精)이 되는데 사실은 무형(無形)인 오행의 기(氣)를 감각이나 느낌으로 표현하고 이해하기 어려우니 유형적(類型的) 예를 적용하는 것이며 또 물질(物質)과 같은 유형적인 성질의 무형(無

形)인 것으로 木, 火, 土, 金, 水의 물상(物象)으로 비유해서 논(論)하는 것입니다.

[오행의 체성에 대하여]

木 - 인(仁)으로 성품은 인자함이 있고 계절은 봄이며, 방위는 동방(東方)이죠 색은 청색(靑色)이고 아침으로 시작과 곧게 번창하는 기상(氣象)이 있다고 합니다.

火 - 예(禮)로 성품은 예의바르고 명랑하고 계절은 여름이며, 방위는 남방(南方)이죠 색은 적색(赤色)이며, 밝은 낮을 대표하며, 본래 양(陽)이 극(極)하여 열(熱)에서 화(火)가 생한 것으로 태양(太陽)과 같으며 겉은 강렬하지만 그 속에 음(陰)이 있어 그 체(體)가 내암(內暗)하다고 합니다.

土 - 신(信)으로 성품은 신용과 참되고 계절은 사계절(四季節)에 있고, 방위는 중앙(中央)이죠 색은 황색(黃色)이며, 木, 火, 金, 水, 사물(四物)을 암장(暗藏)하고 있으니 허(虛)와 실(實)을 겸(兼)하며 그 속은 매우 조화롭다고 합니다.

金 - 의(義)로서 성품은 의리와 결단성이 있으며 계절은 가을이고 색은 백색(白色)이며 저녁이죠. 서방의 소음(少陰)이나 속에 양(陽)이 있어 청강(淸剛)하다고 합니다.

水 - 지(智)로서 성품은 슬기롭고 계획성이 탁월하며 계절은 겨울이고 방위는 북방(北方)이며 밤이죠. 水는 만물에 평등하며 북방

(北方)의 음(陰)이 극(極)하여 한기(寒氣)를 생(生)하고 그 한기(寒氣)에서 수(水)가 생(生)하였으니 수(水)는 태극(太極)에 속하며 음(陰)이면서 양(陽)을 내포하고 있다고 합니다.

(1) 오행의 상생(相生)법칙에 대하여

오행의 상생(相生)은 봄, 여름, 가을, 겨울의 자연적 공전이 끊임없이 이어지는 과정과 같으며 이런 자연의 법칙은 음양과 조화를 이루어 다시 木火土金水의 다섯 가지 에너지로서 생명창조의 생(生)과 멸(滅)의 법칙을 무한히 순환하고 반복하게 된다고 합니다.
상생(常生)은 나를 희생하여 생(生)하게 하는 친화력(親和力)이라 할 수 있죠. 그러나 물이 넘치면 밖으로 넘쳐흐르게 되므로 상생(相生)의 반대적 현상도 나타난다 합니다.

木生火 나무는 불을 타게 해주고 불은 나무를 먹고 살수 있다고 합니다.
火生土 태양이 언 땅을 녹이며, 불로 흙을 구워 그릇을 만들고 흙은 불과 태양의 에너지를 받는다고 합니다.
土生金 흙은 금광석을 보존하고 생산케 해주고 금은 흙이 없이는 생성되거나 보존되지 못한다고 합니다.
金生水 바위나 쇠 속에 물을 저장하며 쏟아 흐르게 해주고 물은 바위나 쇠가 있어야 담기며 생산 될 수 있다고 합니다.
水生木 물은 나무에게 수분과 영양분을 주어 자라게 해주고 나무는 물을 먹고 살아가게 된다고 합니다.

상생 이름의 예

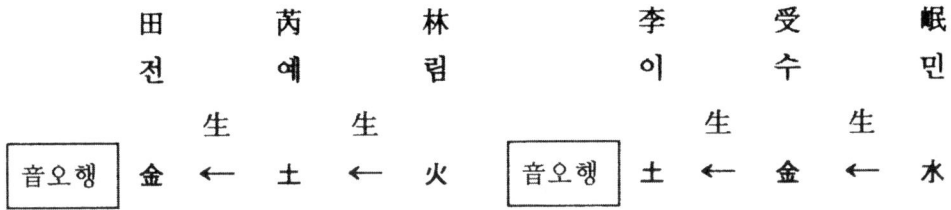

<오행 상생배열>

오행	상생배열조합							
목(木)	木火土	木水金	木木火	木火火	木水水	木木水	木火木	木水木
화(火)	火土金	火木水	火火土	火土土	火木木	火火木	火土火	火木火
토(土)	土金水	土火木	土土金	土金金	土火火	土火土	土金土	土火土
금(金)	金水木	金土火	金金水	金水水	金土土	金金土	金土金	金水金
수(水)	水木火	水金土	水水木	水木木	水金金	水水金	水金水	水木水

(2) 오행의 상극(相剋) 법칙에 대하여

상극(相剋)은 상생(相生)과 반대로 침범하고 위반, 투쟁하며 분해, 파괴하여 생사(生死)를 결단시키려는 성격이 있죠. 그러나 나무에 못을 쳐서 박고 삐거덕거리는 의자의 틈새는 억지로 끼워 맞춰야 튼튼한 법으로 생(生)과 극(剋)의 결론(結論)은 단편적(斷片的)으로 말하고 판단할 수 없다고 합니다.

木剋土	나무는 뿌리로 흙을 파고 양분을 빼낸다고 하지요. (흙이 붕괴될 때 나무뿌리가 흙을 결속해주기도 한다.)
土剋水	흙은 흐르는 물길을 막고 가둔다고 합니다. (흙이 마르면 빗물로 적셔야 비옥한 땅이 될 수 있다.)
水剋火	물은 불을 꺼버릴 수 있다. (화재 시는 물이 있어 피해를 막고, 불로 물을 끓여 밥을 짓는다.)
火剋金	불은 금을 녹여 변화시킨다고 합니다. (불이 있어야 톱을 만들며 쇠는 화롯불을 담는다.)
金剋木	쇠톱으로 나무를 자르고 깎는다고 합니다. (쇠칼로 조각품을 만들고, 쇠톱의 자루는 나무로 만든다.)

상극 이름의 예

```
      鄭    泰    文              黃    美    林
      정    태    문              황    미    림
           剋   剋                     剋   剋
[音오행] 金 ← 火 ← 水       [音오행] 土 ← 水 ← 火
```

<오행 상극배열에 대하여>

오 행	상 극 배 열 조 합							
목(木)	木土水	木金火	木木土	木土土	木金金	木木金	木土木	木金木
화(火)	火金木	火水土	火火金	火金金	火水水	火火水	火水金	火水火
토(土)	土水火	土水金	土土水	土土水	土木木	土土木	土水土	土土土
금(金)	金木土	金火水	金金木	金木木	金火火	金金火	金木金	金火金
수(水)	水火金	水土木	水水火	水火火	水土土	水水土	水火水	水土水

※ 같은 오행은 비화라고 하며 오행으로 볼 때 상호 돕는 관계이지만 성명학에서는 이와 같이 모두 하나의 오행으로 구성되는 것은 좋지 않다고 합니다.

木木木　　火火火　　土土土　　　金金金　　水水水

(3) 음양오행과 인체에 대하여

어머니의 모태에서 출생하며 첫 호흡과 동시 태양계로 종신(終身)한 오행성의 기가 우주에서 지역 지방 출생 장소 미치는 영향을 받게 된다고 합니다. 오행은 오장육부와 인체부위별로 배속되어 그 과부족에 따라 건강과 심성(心性)이 나타나게 되는 것입니다.

예를 들어 목이 왕(旺)하면 土가 상하니 위장이 나쁘고 소화기능이 떨어지게 되는 것이죠. 또한 土는 신(信)의 속성을 지닌 오행이므로 土가 상하게 되면 신뢰성이 떨어지는 사람이 된다. 바로 이런 결함을 평생 불리는 이름에서 보충하는 것이 작명의 핵심 Point가 됩니다.

즉, 이름에 土를 극하는 木을 약하게 하는 金과 土를 보충하면 사주 본질의 체성(體性)에서 나타나는 위장질환의 결함을 제거하여 건강 약화로 성공하는데 장해요소가 되었던 근심거리가 없어지게 되어 성공하는 이름이 되는 것입니다.

오행 건강 배속도

오행(五行)	목(木)	화(火)	토(土)	금(金)	수(水)
인체질병	간장 질환 쓸개질환 신경계통 두통질환 얼굴질환	심장질환 소장질환 눈병질환 편두질환 고혈압증	비장질환 위장질환 복부질환 피부질환 당뇨질환	폐장질환 호흡질환 대장질환 근골질환 사지질환	신장질환 방광질환 혈액이상 자궁질환 생식질환

<수리와 성명학>

<1> 원형이정(元亨利貞) 이란 무엇인가?

① **원격(元格)**= 이름의 끝 자와 중간자를 합한 숫자를 말하며 그 사람의 유년과 초년의 운명을 지배하며 형격과 상호 작용하게 됩니다.
② **형격(亨格)**= 성과 이름 첫 자를 합친 숫자로서 청장년의 운에 가장중요하게 영향을 미친다고 합니다. 그 사람의 인격과 재물 사업 가정 등에 지대한 영향을 미치게 하는 수리입니다.
③ **이격(利格)**=성과 이름 끝자의 숫자를 합한 것으로 중장년의 운을 지배하며 형격과의 작용을 하게 됩니다.
④ **정격(貞格)**= 이름 전체를 합한 숫자이고 중년이후 말년 운을 지배하게 됩니다.

중용이란 동양고전에서는 **원형이정(元亨利貞)**을 천도지심이라 하여 천지우주의 창조원리로 설명하고 있는데 원형이정 안에는 사람의 인성과 성품이 자연의 순리에 따라 자연스럽게 길러져야함을 말하고 있습니다. 아울러 인의예지의 4덕을 갖추고 동물과 구별되어 사람답게 살아가는 본질적인 도덕이 담겨지게 되는 것입니다.

㉮ **원(元)**은 봄에 속하여 만물의 시초로서 인(仁)이 되어 사람들과 상관관계를 맺고 어질게 人의 도리를 기르는 것을 말합니다.
㉯ **형(亨)**은 여름에 속하며 만물이 자라나서 예(禮)가 되는 것을 일컫는데 사람들과 상하좌우로 형동하여 상호간 협력하여 화목한 조화를 이루는 품성을 기르는 것을 말합니다.
㉰ **이(利)**는 가을에 속하며 만물이 이루어져 의(義)가 되는데 상호간의 협력과 조화로움 속에서 아름다운 결실을 이루어 내는 것을 말합니다.
㉱ **정(貞)**은 겨울에 속하며 만물이 거두어져 지(智)가 되는데 결실은 바르고 아름답게 성숙되어져야 한다는 의미가 이속에 들어 있게 됩니다.

원형이정의 배치도

원격(元格) 1~15세 까지의 운이고 수리에 대한 성정은 仁을 말합니다.<이름 두 자를 합한 수>

형격(亨格) 16~30세까지의 운이고 수리에 대한 성정은 義를 말합니다.<성자와 이름 첫 자를 합한 수>

이격(利格) 31~45세 까지의 운이고 수리에 대한 성정은 禮를 말합니다.<성자와 이름 끝 자를 합한 수>

정격(貞格) 46~말년까지의 총운이고 수리에 대한 성정은 智를 말합니다.<성과 이름을 합한 전체의수>

貞格(총수)29

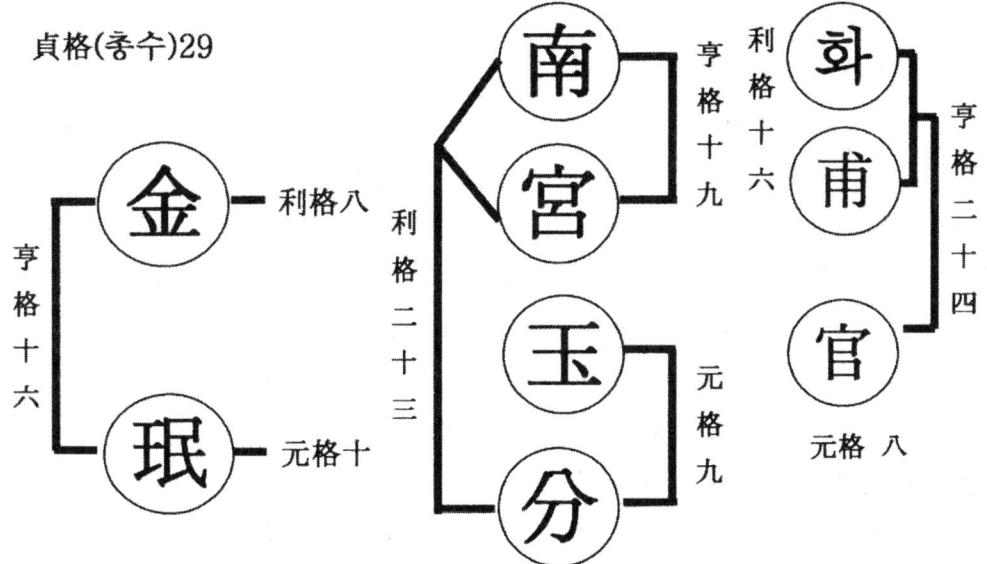

貞格(총수) 十六   貞格(총수) 二十八   貞格(총수) 二十四

수리와 이름과의 배합

자신을 대표하여 부르게 되는 이름은 독창적이고 특별해 보이는 것보다는 타고난 사주와 더불어 자원오행 발음오행 수리오행과의 배합이 잘 이루어지는 것이 더 중요합니다.

수리오행

글자에도 음(陰)과 양(陽)이 있는데 그것은 획수에 의해 정해집니다. 음수는 2, 4, 6, 8, 10의 짝수이고 양수는 1, 3, 5, 7, 9의 홀수가 됩니다.

❶은 수의 기본이며 처음수의이죠 기수(寄數)라 이름 하는데 양의 속성을 지녔다고 합니다. 조화 생명 출발 독립 등을 말합니다.

❷는 우수(偶數)에 해당 된다고 하는데 땅을 뜻하는 수이며 陰의 속성을 지녔다고 합니다. 음과 양으로 분리되면서 만들어진 수이므로 2는 분리 변동의 의미가 있고 유약 수동성 의존 여성적 특성을 지녔으며 2, 12, 22, 32, 42, 52, 62 등의 수를 말합니다.

❸은 기본수인 1이 3에 이르러 생명을 구성하는 작용을 하게 되었으므로 신장(伸長)을 뜻하기도 합니다. 음과 양이 배합되어 조화를 이루었기 때문에 형성의 수라고도 하는데 안정 완성, 풍족의 특성을 지닌다고 합니다. 3, 13, 23, 33, 43, 53, 63, … 등의 수를 말합니다.

❹는 2가 신장된 수로 4는 생명을 형성하기 위해 분파작용을 하며 음수이며 미정수(未定數)라고도 하는데 분리, 파괴, 불화, 분산(分散) 등의 뜻을 내포하고 있으며 4, 14, 24, 34, 44, 54, 64,… 등의 수를 말합니다.

❺는 기수(寄數)이자 천수(天數)이며 음의 속성을 지닌 수입니다. 생명운동의 주체가 되고 정리, 안정, 성취, 등의 의미를 지닌 수로 5,

15, 25, 35, 45, 55, 65, … 등의 수를 말합니다.

❻은 5와 대치되는 의미가 있습니다. 5가 양수(陽數)이며 동적이라면 6은 음수(陰數)이며 소극적이며 정적이죠. 긴장감과 대칭 겨루기 등의 기운이 내포되어 있고 16을 제외한 나머지는 <u>긴장과 대립을 의미하는</u> 운명적 암시를 지니고 있다고 하는데 6, 26, 36, 46, 56, … 등의 수를 말합니다.

❼은 강한 독립적인 의미를 암시하고 있으며 홀로 서기를 말하므로 강인한 정신력의 상징으로 여깁니다. 27을 제외한 나머지 수리는 <u>번성과 출세를 암시하는 수</u>로 7, 17, 27, 37, 47, 57, 67, … 등의 수를 말합니다.

❽은 우수(偶數)인 음(陰)의 수인데 기본수인 3을 발달격(發達格)이라 하는 것은 음기가 극에 달하여 양기로 변하면서 태동과 변혁의 움직임을 보이기 때문입니다. 28수를 제외하고 나머지 수리는 <u>발달과 자수성가의 암시를 지니고 있으며</u> 8, 18, 28, 38, 48, 58, … 등의 수를 말합니다.

❾는 3의 3배수로서 홀수이며 양의속성을 지녔고 끝의 의미가 있으므로 <u>완성과 도달, 성취와 은퇴, 안락, 휴식 등의 의미를 지니고 있습니다.</u> 9는 궁박, 19는 고난, 29는 성공, 39는 안락, 49는 은퇴, 59는 실망, 69는 정지, 79는 종극의 암시가 있다고 합니다.

❿은 짝수로 우수(偶數)이며 음(陰)의 속성을 지녔고 기본수의 마지막이므로 극(極)의 수이기도 하지요 따라서 우주만물이 태어나 자라고 꽉 차게 되면 다시 무의 상태로 되돌아간 다는 이치를 담고 있는 수이기도 하여 0의 수에 속하는 10, 20, 40 등의 수자는 <u>허무와 공허함을 암시한다고</u> 합니다.

∴ 한글음령오행과 획수

木	火	土	金	水
ㄱ,ㅋ	ㄴ,ㄷ,ㄹ,ㅌ	ㅇ,ㅎ	ㅅ,ㅈ,ㅊ	ㅁ,ㅂ,ㅍ

1획	ㄱ,ㄴ,ㅇ,ㅡ,ㅣ
2획	ㄷ,ㅅ,ㅈ,ㅋ,ㅏ,ㅗ
3획	ㄹ,ㅁ,ㅊ,ㅌ,ㅎ,ㅑ,ㅝ,ㅐ,ㅚ
4획	ㅂ,ㅍ,ㄸ,ㅆ,ㅉ,ㅘ,ㅝ,ㅒ,ㅖ
5획	ㅙ,ㅞ

※ 영어 알파벳 음(音)오행과 획수

木	火	土	金	水
C G K Q	N D L R T	A E O I Y U H F	S C J Z G C H	B F M P V

1획	2획	3획
C I J L O S U V Z	B D P Q T W X Y	A E G H K M N

(2) 발음오행

<우리나라 한글 발음 이름에서 중요한 것은>

○ 첫째로 발음오행과의 관계라 할 수 있습니다. 이름은 소리로 부르는 것이기 때문이죠. 소리로 표현할 때는 형태가 없는 무형의 기(氣)이므로 그 소리 자체의 오행 관계가 최우선이라는 의미입니다.
○ 두 번째로 자원오행편의 글로 표현하는 자원오행입니다. 자원오행은 한자를 보고 읽으면서 생각하고 느끼며 감정을 부여하여 발음

으로 표현하는 것이므로 발음 오행과 대등한 중요성을 지니고 있죠. 즉 洙(물가 수)자로 보면 물이 많은 것을 글자 모양을 보아 알 수 있으므로 감각적으로 느끼게 되는 것이다. 자원오행은 발음으로 표현하고 전달하는 것이니 자원오행도 매우 중요시 여기는 것입니다.

<일반적인 발음 오행과 훈민정음 해례본의 관계>

오행	한글 자음 발음 오행	훈민정음의 자음 발음 오행
木(목)	ㄱ,ㅋ	(아음) ㄱ,ㅋ
火(화)	ㄴ,ㄷ,ㄹ,ㅌ	(설음) ㄴ,ㄷ,ㄹ,ㅌ
土(토)	ㅇ,ㅎ	(순음) ㅁ,ㅂ,ㅍ
金(금)	ㅅ,ㅈ,ㅊ	(치음) ㅅ,ㅈ,ㅊ
水(수)	ㅁ,ㅂ,ㅍ	(후음) ㅇ,ㅎ

대부분의 성명 학자들은 한글자음의 발음 오행을 사용하고 있으나 일부 학자들은 훈민정음 해례본의 오행표기를 들어 다르게 표현하기도 합니다. 훈민정음의 자음 발음 오행은 한글 자음 발음에서 오행 土와 水가 음이 바뀌게 되는 것인데 훈민정음 혜례본 에서의 오행 구별은 글자를 만드는데 필요했던 오행으로 보므로 본질적인 자(字)의 표현은 한글 자음 발음 오행을 사용하는 것이 긍정적이라고 생각합니다.

즉, 물을 상징하는 물, 파도는 ㅁ, ㅂ, ㅍ에서 표현하듯 이처럼 물이 흐를 수 있는 모습과 형태이며 또한 水(물 수), 洙(물가 수)는 물이지만 金으로 발음 오행이 되는 것은 물을 생(生)해주는 것이 金이니 만일 이름자에 금수가 필요하면 사용하는데 작용이 매우 좋게 됩니다.

※소리오행의 분류

오행	자음	발음기관	五音		오행획수
木	가, 카	아음(牙音)	각(角)	ㄱㅋ	1,2
火	나, 다, 라, 타	설음(舌音)	징(徵)	ㄴㄷㄹㅌ	3,4
土	아, 하	후음(喉音)	궁(宮)	ㅇㅎ	5,6
金	사, 자, 차	치음(齒音)	상(傷)	ㅅㅈㅊ	7,8
水	마, 바, 파	순음(脣音)	우(雨)	ㅁㅂㅍ	9,10

(3) 자원오행(字源五行)

자원오행은 글자가 가지고 있는 고유의 오행을 말하는데 작명은 자원오행, 음령오행, 획수오행 등을 기준으로 하여 글자를 선택하고 이름을 지어야 하는데 이 모든 것을 다 맞추기란 성씨의 음(音), 자원(字源) 오행의 작용과 사주에서의 부합관계를 잘 고려해야 하므로 상당히 어려운 경우가 많죠. 그러나 음 오행이나 자원 오행 중 어느 것을 기준으로 해도 크게 잘못될 것은 없으나 사주에서 필요한 오행의 비중을 고려해 배합하는 것이 가장 훌륭한 작명학술이라 할 것입니다.

자원오행은 글자의 부수에 따라 정하고 부수가 木火土金水 오행이 아닌 글자인 경우에는 본질적인 의미를 파악하여 정하는데 예를 들어 재(材), 삼(衫), 석(析)의 자원 오행은 목(木)이 되지요 그러나 인(寅), 묘(卯), 각(角) 등의 자원 오행도 목(木)입니다. 이것은 후자로 예를 든 글자의 속성이 목의 기운으로 이루어 졌기 때문에 자원 오행이 목(木)이 되는 것입니다.

자원오행의 예

오행	자원오행
木	재(材), 삼(杉), 석(析), 식(植), 안(案), 유(柳), 판(板)...
火	경(炅), 열(烈), 로(爐), 병(炳), 섭(燮), 소(炤), 현(炫)...
土	곤(坤), 규(圭), 대(垈), 은(垠), 배(培), 성(城), 지(址)...
金	갑(鉀), 금(金), 단(鍛), 록(錄), 현(鉉), 호(鎬), 환(環)...
水	감(減), 강(江), 낙(洛), 동(洞), 수(洙), 영(泳), 철(澈)...

金　珉　濟
김　민　재
(金)(金)(水)　　→ 자원오행(字源五行)

이 이름 주인공의 사주에 금과 수가 보충되어야 한다면 한자(漢子)가 내포하고 있는 오행중 금수성분이 강한 자로 이름에 사용하는 것입니다.

朴　志　桓
박　지　환
(木)(火)(木)　　→ 자원오행(字源五行)

이 이름의 주인공 역시 자원오행이 길하게 배치된 예입니다.

사주와의 부합에 대하여

이름과 사주(四柱)와의 부합관계는 사주에 필요한 오행의 기(氣)를 음오행(音五行), 자원오행(字源五行)으로 보충하여주고 음성적(陰性的) 성향이면 양성(陽性)을, 양성적(陽性的) 성향이면 음성(陰性)의

조합을 해 주는 것입니다. 겨울 태생은 빛을 얻어 따뜻함을 느끼게 해주고 여름 태생은 시원한 물을 얻을 수 있도록 하여 비록 四柱<선천운>이 불리해도 姓名<후천운>을 사주에 잘 부합시켜 주면 이름이 부여됨과 동시에 수없이 불리는 파동적(波動的)인 영동(靈動)력의 힘으로 발복(發福)하게 되는 것입니다.

이름과 사주와의 부합

火 火 火 火	이 사주는 화가 치열하여 수로 식혀주고 억제하여야 하며 金으로 水를 계속 보충해주어야 길한 것이죠 이름에 金水 氣가 강하게 보충되어야 하는 것입니다.
土 火 木 金	
金　珉　洙	
(金) (金) (水) → 자원오행	사주에 부족한 오행의 기를 금과 수가 잘 보충되어 사주와의 중화(中和)를 이루어 매우 훌륭한 이름이 되었습니다.
(水) (水) (金) → 발음오행	

49

한자의 활용에 대하여

1) 획수 변 관계

한자에는 필획(筆劃)과 원획(元劃)이 있는데 성명학자들 마다 조금씩 견해가 다르고 원칙이 법(法)으로 정해지지는 않았지만 성명학에서는 원획(元劃)을 중시하게 됩니다. 한자에는 음양과 오행이 있으며 획수의 근원적인 토대에서 발원되므로 원획(元劃)을 기준 하여 사용하는 것이 바람직하다고 합니다.

<한자 획수계산의 예>
洞은 9획이지만 10획으로 보며 (水 4획)
情은 11획이지만 12획으로 보며 (心 4획)
珉은 9획이지만 10획으로 보며 (玉 5획)
育은 8획이지만 10획으로 보며 (肉 6획)
扶는 7획이지만 8획으로 보며 (手 4획)
裕는 12획이지만 13획으로 보며 (邑 7획)
都는 12획이지만 16획으로 보며 (衣7획)
英은 8획이지만 15획으로 본다. (6획)

<부수별 획수도표>

필획	원획	부수 명	획수
氵	水	삼수변	4
忄	心	마음심	4
扌	手	좌방변	4
月	肉	살육변	6
艹	草	초두변	6
辶		책받침	7
罓		그물망	6
犭	犬	개사슴록	4
王	玉	임금왕	5
礻	示	보일시	5
衤	衣	옷의변	6
阝(右)	邑	우부방	7
阝(左)	阜	좌부방	8
耂	老	늙을노	6

2) 불용한자(不用漢字)에 대하여

불용 한자는 두 가지 형태로 구분할 수 있는데 하나는 뜻이 나쁘고 흉해서 이름에 사용할 수 없는 경우이며 또 하나는 뜻은 나쁘지 않으나 이름자로 사용하면 흉한 작용이 생기게 된다는 설이 부여된 한자들입니다.

(1) 뜻이 나쁜 불용 한자

작명에 쓸 수 있는 한자 중에는 대법원에서 정한 인명용 한자라도 뜻이 나쁘거나 음(音)이 나쁜 字는 피해야 하는데 글자의 획수가 너무 복잡하거나 비슷한 글자가 많아서 잘못읽기 쉬운 글자, 이름의 첫 자가 성(姓)씨와 같은 글자, 부를 때 어감이 이상하거나 불길한 의미를 연상하게 하는 글자들은 피하는 것이 좋습니다.

① 자(字)의 뜻이 불길한 한자
② 곤충이나 날짐승, 동물의 명에 해당되는 한자.
③ 사람의 신체명칭에 해당되는 한자.
④ 두 가지 음으로 많은 착오가 유발될 수 있는 한자.
⑤ 일반인들이 착각하기 쉬운 글자 등은 이름자에 쓰지 않는 게 좋습니다.

(2) 잘 쓰면 약이 되는 한자의 예

알고 보면 상당히 많은 한자가 그 뜻과 작용이 좋음에도 불용한자로 구별되어 있죠. 파자나 역사 속에서 다소 안 좋은 작용을 하였던 인물이 있었다면 불용한자로 구분해버리는 실태에서 나타난 모순이라고 생각합니다. 이제 좁은 한자의 활용에서 그런 이유 없는 구별은 하지 않는 것이 바람직하다고 생각합니다.
불용 한자로 구분되는 한자들 중 몇 가지 좋은 예를 들어보겠으니 참고하세요.

<불용한자 사용 예 1).>
[성명] 李 桐 榮 (성씨 이. 오동나무 동, 영화로울 영)

1987년9월28일亥시생						
건명	丁卯	辛亥	壬申	辛亥		
수	4	14	24	34	44	54	64
대운	庚戌	己酉	戊申	丁未	丙午	乙巳	甲辰

1	木
1	火
0	土
3	金
3	水

사주에 보충되어야 할 오행 : 木 火
불용한자:榮(영화영)자로 사용한 예
亥월壬수가 辛亥시를 만나고 金水 태왕한 명조입니다. 일지에 申금을 놓고 월시 간에 辛금이 투출하여 왕수가 설기처가 약하므로 조후가 요구됨.

이 사주의 주인공은 水의 성분으로 태어났으며 亥월에 태어나고 월 시간의 辛금과 일지에 申금 까지 놓아 水기 태왕하여 水를 설기하는 木과 한습(寒濕)한 사주의 조후를 위해 火가 필요하니 木 火가 보충 되어야 합니다.

이름자에 榮(영화 영) 자는 木과 火로 이루어진 자원(字源)의 한자로 사주의 주인공에게 매우 중요한 한자가 되기 때문에 사용해도 무방 합니다.

南	東	明	昭	時	甲	午	巳	星	晶
남녘 남	동녘 동	밝을 명	밝을 소	때 시	갑 목	낮 오	뱀 사	별 성	밝을 정

위 한자들은 일반적으로 작명학자들이 말하는 불용 한자로 구분되어 있지만 木火가 필요한 사주에는 매우 중요한 작용을 하는 자원(字源)을 가지고 있는 한자들이죠. 그러나 선천 운이 되는 사주가 火가 부족하여 필히 火기운이 보충되어야 할 경우 좋은 자연적 자원오행을 가지고 있다는 것입니다

<불용한자 사용 예 2).>

[성명] 申 海 守 (성씨 신, 바다 해. 지킬 수)

1958년3월29일酉시생						
건명	戊戌	丁巳	甲午	癸酉		
수	7	14	24	34	44	54	64
대운	庚戌	己酉	戊申	丁未	丙午	乙巳	甲辰

1	木
3	火
2	土
1	金
1	水

위 이름 신 해수님의 사주는 巳월의 甲목이 일지에 午화를 만나고 월간에 丁화가 투출하여 火기가 태왕한 명조 입니다.
사주에 보충해야할 오행:水 金
불용한자:海(바다해)자로 사용한 예

위 사주의 주인공은 木의 성분으로 태어났으나 火가 왕한 巳月생이며 조열한 戊土에 뿌리를 내릴 수 없고 일지 또한 火가 왕 하여 시주 酉金에 생을 받는 癸가 사주내의 왕한 火를 대적하고 일간을 생해주는 역할을 하고 있으나 감당하기 어려운 구조로 구성 되었습니다.

이름에 海(바다해)는 사주의 주인공에게 필요한 水를 보충해 줌으로서 매우 좋은 한자가 됩니다.

錦	滿	淑	申	雨	鐵	淸	治
비단 금	찰 만	맑을 숙	납 신	비 우	쇠 철	맑을 청	다스릴 치

위의 한자들 또한 덥고 조열(燥熱)한 사주를 타고난 사람이 후천적으로 오행 金水가 보충 되어야 한다면 불용한자라고 볼 수 없으며 사용할 경우 매우 좋은 약(藥)이 되는 한자들이라는 점을 알아야 합니다.

한자 활용의 조건

위에서처럼 한자의 뜻이 흉하여 사용하지 못하는 경우가 있으며 또한 뜻이 나쁘지 않음에도 불용한자로 구별되어 사용하기 꺼리게 되는 경우가 종종 있는데 불용한자란 대체적으로 측자, 파자에서 많이 구별된 것으로 보며 그 구별된 근거가 상형(像形)문자로서의 해석을 부연한 것이니 작명 학 상으로 학자들이 그렇게 구애받아야 하는가에 대해서는 다시 한 번 생각해봐야 합니다.

설상가상 일부 작명가들은 이런 불용 한자로 구별된 해석을 이용하여 이름에 흉한 자가 되어 집안이나 배우자, 건강, 자녀 등에게 불길한 일이 생긴다는 혐오스러움을 피력하여 개명을 유도하기도 하는데 그래서는 안 됩니다.

작명 학은 너무 많은 것에 제약을 받아서 좋은 이름이 못될 수 있고 너무 자유스럽게 작명을 구사하게 되면 이름만 좋을 뿐 자신의 선천운을 돕지 못하는 안타까움도 있게 되는 것이니 한자를 활용하는 조건에 적재적소에 잘 이용하면 됩니다.

(3) 사주와 이름의 심성(心性)관계에 대하여

가) 사주(四柱)에 木이 피해를 당하고 이름에서 또 극(剋)하면-인정(人情)이 없고 신경이 약해지며 끈기가 없고 심성(心性)이 예민하며 짜증을 잘 낸다.

나) 사주(四柱)에 火가 피해를 당하고, 이름에서도 극(剋)하면-예의(禮意)가 없고 변덕이 심하며 겁이 많고 잘 놀라며 소심하고 심장이

약하여 큰일을 못하게 됩니다.

다) 사주(四柱)에 土가 피해를 당하고 이름에서도 극(剋)하면-신용(信用)이 없고 근심과 걱정을 많이 하며 불신하고 쉰 소리를 잘하고 소화가 안 된다고 합니다.

라) 사주(四柱)에 金이 피해를 당하고 이름에서도 극(剋)하면-의리(義理)가 없고 자격지심이 많으며 우유부단하고 공허감과 비애를 느끼는 사람이 됩니다.

마) 사주(四柱)에 水가 피해를 당하고 이름에서도 극(剋)하면-지혜(智慧)가 없고 공포감을 느끼고 기획력이 없고 생각이 어리석으며 두려움을 갖게 됩니다.

성공하는 이름 창작의 조건

아무리 좋은 이름을 짓는다 해도 반드시 지켜져야 하는 조건이 있습니다. 아래 그 조건을 열거하니 참고하기 바랍니다.

1). 이름자가 가급적 분파 되지 않아야 합니다.

분파(分破)는 분리되어 파괴되는 의미를 말하는데 이름 세자가 하나의 의미로 통합되고 결속되어야 좋은 의미가 될 수 있죠 만약 글자가 모두 나누어지면 운이 분열되는 암시가 담겨질 수 있으므로 가능한 사용하지 않는 것이 좋습니다.

<분파된 이름과 분파되지 않은 이름의 실 예>

분파된 이름

林	(성씨 임)	→	木 ⋮ 木	
相	(서로 상)	→	木 ⋮ 目	한자의 뜻은 좋으나 이름 석 자가 모두 분파되어 불안정하고 운도 분열될까 염려 된다고 합니다.
炫	(밝을 현)	→	火 ⋮ 玄	

朴	(성씨 박)	→	木 ⋮ 朴	
耿	(빛날 경)	→	耳 ⋮ 火	뜻이 좋은 한자의 이름이지만 이름이 모두 분파되어 불안정한 느낌을 준다고 합니다.
炫	(밝을 현)	→	火 ⋮ 玄	

안정된 이름

金	(성씨 김)	→	金	
玟	(옥돌 민)	→	玉 ⋮ 民	이름자의 뜻도 좋고 안정감이 있어야 길한 명이 될 수 있지만 이름 석 자 중 한자라도 분파되지 않는 것이 좋다고 합니다. 그러나 이런 경우는 다 사용하고 있습니다.
成	(이룰 성)	→	成	

李	(성씨 김)	→	李	
昌	(창성 창)	→	昌	이름자의 부르는 발음도 좋고 분파가 되지 않은 이름으로 성공 운이 북돋아지게 되는 좋은 이름 입니다.
炫	(밝을 현)	→	火 ⋮ 玄	

2) 첫 자녀와 둘째 자녀가 주위해서 써야 할 한자.

첫째 자녀	적을소(少), 작을소(小), 아우제(弟), 바꿀역(易), 아래하(下) 저물모(暮), 뒤후(後), 낮을저(低), 손자손(孫) 등등
둘째 자녀	큰대(大), 으뜸원(元), 한일(一), 처음초(初), 콩태(太), 클태(泰) 윗상(上), 높을고(高), 맏맹(孟), 거느릴령(領), 먼저선(先) 등등

한자의 뜻이 아무리 좋아도 첫째 자녀와 둘째 자녀가 피해야 할 글자가 있는 것이죠. 만일 동생이 큰대(大)를 사용하게 되면 그 의미는 좋을지는 몰라도 동생이 첫째 자녀를 앞질러 더욱 크게 된다는 암시가 있어 불길한 명이 되는 것이고 그래서 자녀의 이름을 지을 때는 자녀간의 서열에 따른 적합한 글자를 사용하는 것이 좋습니다.

이름에 함부로 사용하지 않는 한자(不用漢字30選)

九(아홉구)=숫자의 종말 뜻한다하여 쓰지 않는데 큰 재목(大材)이 무용격(無用格)이요 조난을 당하기 쉽다.
吉(길할길)=길함이 다하면 천하게 됨을 뜻하며 인품이 고결 하지 못하여 천한 격이 되기 쉽다.
極(다할극)=다했다는 의미의 글자로 부모덕이 없고 빈천해지기 쉽다.
乭(돌 돌)=돌이라 뜻이니 천한인상을 주며 단명하기 쉽다.
童(아이동)=어리석다 의뜻으로 인품이 고결하지 못하니 천하게 된다.
了(마칠료)=끝낸다 마친다. 의 의미로 사물의 종말을 뜻하게 된다.
梅(매화매)=매화나무 라의 의미로 과부 또는 화류계로 이별과 고통이 따른다하여 불길한 문자이다.

滿(찰 만)=가득 찼다는 뜻으로 달이 차면 기우는 격이니 처음은 부자로 살지만 뒤에는 빈천한 격이 된다.

馬(말 마)=말은 혼자 달린다. 의 의미로 고독하고 가난하여 천한 다.

末(끝 말)=종말을 의미하기 때문에 쓰임을 꺼리게 된다.

福(복 복)=복의 반대는 빈천이 되며 천명에 복성의 기운이 왕성 하지 못하면 복을 깨트린다 하여 때론 빈천한데서 복을 찾는 것과 같다하여 꺼리는 글자이다.

粉(가루분)=나뉜다 토막 낸다. 의뜻이 되어 과부지상이라고 한다.

分(나눌분)=나눔의 의미로 이산 또는 과부의 상이 된다.

順(순할순)=순하다함은 마음이 약하다는 뜻도 되어 눈물 격으로 여명에 쓰이면 부부이별로 하천하고 곤고하게 된다.

壽(목숨수)=단명과 천함을 암시하는 자로 불행과 박약하게 된다.

四(넉 사)=네 등분하여 쪼갠다는 의미로 단명 조난 등 흉 운을 당기 쉽다.

星(별 성)=별은 높다 최정상을 의미 하니 떨어질 일만 남았다는 뜻으로 단명 박약 불운을 뜻한다.

愛(사랑애)=비애(悲愛)를 전제하는 글자로 불행의 암시를 주며 사랑의 배반으로 부부지간에 이별의 아픔이 있게 된다.

雲(구름운)=구름이 가려 빛을 잃게 된다는 의미로 동기간에 우애 없고 재물의 모임과 흩어짐이 많다고 한다. 산재와 부진을 뜻하는데 이 글자는 아호와 상호 등에서는 구름같이 몰려든다 하여 길한자로 많이 쓰인다.

龍(용 용)=이 글자는 용이라 의미로 길한 글자이지만 선천명인 사주팔자에 辰이 있어 吉土이 되는 사주격과 또는 태몽에서 용이 오르는 형상을 보았다든지 하는 외에는 대체적으로 불길하다. 특히 戌

亥년에 태어난 자는 쓰지 않는 게 좋다고 한다.(辰戌冲 辰亥 원진살)

玉(구슬옥)=총명하고 인품이 수려하지만 일시적인 성공이지 오래가지 못하고 대개 단명 하거나 고질병에 걸리기 쉽다.

寅(범 인)=범은 포악한 동물이므로 사주팔자에 寅 木이 필요한 자 외의사람이 사용하면 성격이 불손하며 申酉년생이 함부로 사용하면 불길하게 된다.

虎(범 호=)호랑이는 포효동물로 성격이 괴팍하다. 사주팔자가 너무 허약한 자가 사용하면 길하지만 팔자가 대단히 강한자라면 포악하여 불손하게 된다.

子(아들자)=사주팔자에 아들이 필요한 사람이 사용하면 길하지만 午 未년생이 함부로 사용해서는 불길하게 된다. (子午相冲 子未 원진살)

天(하늘천)=하늘천은 글자그대로 하늘을 뜻한다. 이런 큰 글자로 이름을 지으면 윗사람이나 부모덕이 없고 빈천해지기 쉽다.

花(꽃 화)=꽃은 아름다움을 의미하여 여성의 이름에 사용하면 화류계 여성이 되거나 부부 운이 불리해진다.

海(바다해)=큰 바다는 파고가 습하기 때문에 이 글자를 사용하게 되면 인생행로가 순탄치 못하고 파란곡절이 많다.

風(바람 풍) 바람을 의미하기 때문에 이 글자를 사용하면 모아진 재산이 일시에 날아가 사라진다하여 쓰지 않는다.

豊(풍년 풍)풍년은 흉년을 의미하기도 한다 한때는 풍년이지만 풍년 후엔 흉년이 온다하여 풍성해지면 언젠가는 빈천해짐을 의미하여 사용하지 않는다.

春(봄 춘)=일장춘몽이라는 의미도 된다. 일시적인 성공은 있으되 허영심이 많아 실패하게 된다.

이름에 쓰이면 좋은 글자 10選

斗(말 두)   正(바를 정)   秉(잡을 병)   秀(빼어날 수)   哲(밝을 철)

煥(빛날 환)   承(이을 승)   洙(물가 수)   勳(공 훈)   相(서로 상)

이름에 쓰면 안 되는 불길문자(不吉文字 90選)

天	박약 부진	孝	불길 불신	法	박명 곤고
日	고독 단명	上	자손극 형극	梅	이별 고난
月	단명 파괴	千	형극 타향	貫	조난 고독
光	단명 수술	完	고독 성패	仁	고질 박덕
玉	불행 고독	貴	자손 재난	韓	단명 불운
女	불운 고독	吉	불화 파괴	金	단명 고난
明	재분 불운	好	실패 고난	竹	수심 박덕
童	빈곤 재난	順	하천 곤고	良	고독 소극
伊	곤궁 미진	星	박약 불운	平	쇠약 부진
愛	박명 귀천	初	불신 고독	代	무덕 형극
鶴	단명 박약	秋	단명 파산	壽	불행 박약
新	곤고 재액	花	곤고 단명	用	단명 재물
子	재화 불화	山	수심 실패	初	고난 고독
福	곤고 재액	石	박명 고집	昊	단명 부진
虎	고독 병고	松	고독 빈곤	殺	고독 타향
富	비애 불행	笑	박약 불운	雲	산재 부진
鐵	불운 박명	銀	퇴보 박명	德	박덕 불행
秋	단명 재운	國	조난 불행	勝	실패 파란
榮	퇴보 재화	蘭	고독 성패	風	성패 무덕
極	무덕 고독	四	단명 조난	海	파란 고통
滿	선빈 후빈	九	조난 파괴	馬	빈천 고독
寅	불손 불운	錫	부부궁 불길	淑	번뇌 고통
時	색정 재난	植	부상 곤고	巖	고난 고통
烈	수술 허약	泳	고난 고통	英	자녀운 불길
沃	박명 손실	外	불신 고독	雨	구설 시비
遠	좌절 박약	任	허약 불운	在	허약 시비
珠	허약 재액	點	무덕 불길	占	과부 홀아비
栽	고난 수술	鎭	무덕 재난	昌	실패 고독
春	주색 재액	兌	망신 구설	八	불구 병약
夏	도색 불구	華	고독 과부	勳	관재 시비

<불용문자와 중복되니 참고바람>

3)동자이음어(同字異音語)는 사용하면 안 됩니다.

동자이음어(同字異音語)는 하나의 한자가 두 가지음(音)으로 발음되는 것을 말합니다. 실제로 동자이음어(同字異音語)가 이름자 안에 있으면 혼돈이 야기되고 사회생활에 곤란을 겪게 되므로 사용을 피하는 것이 좋습니다.

<인명용 한자중 동자이음어>

更	다시갱/고칠경	奈	어찌내/나	度	법도/헤아릴탁
兩	둘량/양	梁	들 보 량/양	亮	밝을량/양
車	수레거/차	柰	벗 내/나	樂	즐길락/요
量	헤아릴양/량	糧	양식량/양	倆	공교할양/량
金	성 김/금	紐	뱃을뉴/유	良	어질량/양
凉	서늘할량/양	諒	믿을량/양	樑	들보량/양
力	힘 력/역	麗	고을려/여	呂	성 려/여
易	바꿀역/쉬울이	鍊	단련할련/연	戀	사모할련/여
禮	예도례/예	僚	동관료/요	流	흐를류/유
劉	성 류/유	侖	뭉칠륜/윤	律	법 률/율
裏	속 리/이	隣	이웃린/인	曆	책력력/역
廬	생각려/여	侶	짝 여/려	連	연할련/연
憐	사랑할련/연	蓮	연밥연/련	料	헤아릴료/요
龍	용 용/룡	類	같을유/류	倫	차례윤/륜
崙	산이름윤/륜	栗	밤 율/률	俚	속될이/리
什	열사람십/집	旅	나그네여/려	勵	힘쓸려/여
歷	지날역/력	鍊	익힐련/연	聯	이을련/연
例	견줄예/례	了	마칠료/요	留	머무를유/류
琉	유리돌유/류	輪	바퀴윤/륜	綸	벼리윤/륜
率	헤아릴율/률	莉	꽃 리/이	伶	영리할영/령

<동자이음의 실 예>

이 수 녕 (李 收 寧)
이 수 영 (李 收 寧)

이렇게 寧 (편안할. 녕. 영)으로 두 가지 발음으로 불리는 것은 좋은 이름자가 못 됩니다.

4)놀림감이 될 수 있는 발음의 이름은 피해야 합니다.

아무리 한자(漢字)의 뜻과 수리(數理)가 사주와 잘 부합되어 길(吉)하다. 하여도 발음이 주는 어감이 나쁘면 좋은 이름이 못됩니다.
이름을 부르는 사람이나 듣는 사람으로 하여금 느낌과 어감이 좋아야 좋은 이름이 되므로 놀림감이 될 수 있는 자와 불길한 생각과 연상이 되는 글자를 이름자도 사용하게 되면 사회생활에 큰 불편을 겪게 됩니다.

가)주 전 자(周 前 子): 주전자라는 뜻으로 놀림감이 된다.
나)양 재 기(梁 在 基): 양은 그릇 양재기라는 놀림의 이름이 된다.
다)조 진 아(趙 眞 娥): 진아 는 예쁘지만 조 씨 성에는 흉한 생각이 든다.
라)고 장 식(高 長 植): 고장 나는 법을 느끼게 하는 이름이다.
마)오 창 순(吳 昌 順): 번창하다는 뜻이지만 어딘가 천박한 느낌을 준다.
바)김 창 녀(金 昌 女): 빈천하고 흉한 생각을 일으키게 한다.
사)김 치 국(金 治 國): 평생 놀림을 받게 되는 이름이다.
아)조 진 형(趙 辰 亨): 의미가 흉하고 속된말로"망친다, 라는 이미지가 연상된다.

위에서 예로 든 이름들은 모두 이름에 사용한 한자(漢字)의 뜻은 좋으나 천한 느낌과 놀림감이 될 수 있는 예제들이다. 이왕이면 부르기 좋고 현대적인 감각이 들어있는 세련된 이름자를 사용하고 미래 지향적인 이미지를 고려하여 이름 짓는 것이 현대 작명 학의 필수가 아닐까 합니다.

5)일주에 따라 피해야 하는 한자가 있습니다.

가)사주의 원명은 타고난 선천 운이라 합니다. 살아가며 사용하는 이름은 후천으로서 사주의 선천 운에 과부족을 돕는 것이 목적이므로 한자의 발음이 원명의 일주와 충돌하는 것은 매우 흉하여 질병이나 배우자와의 불행을 초래할 수 있으므로 사용을 금하는 것이 좋습다.

나)또한 일례로 부모의 용신이 戊土)자라면 자녀의 이름에(진)자를 사용하지 않는 것이 좋다.

<四柱의 日 支에 있는 글자와 피해야 하는 한자의 예>

일지가 (子)일생-(오)字-午, 昨, 吾...등
일지가 (丑)일생-(미)字-未, 美, 味...등
일지가 (寅)일생-(신)字-申, 信, 愼...등
일지가 (卯)일생-(유)字-有, 由, 幼...등
일지가 (辰)일생-(술)字-術, 戌, 述...등
일지가 (巳)일생-(해)字-亥, 諧, 海...등
일지가 (午)일생-(자)字-子, 者, 字...등
일지가 (未)일생-(축)字-丑, 祝, 蓄...등
일지가 (申)일생-(인)字-寅, 仁, 引...등
일지가 (戌)일생-(진)字-辰, 眞, 鎭...등

일지가 (酉)일생-(묘)字-苗, 妙, 卯...등
일지가 (亥)일생-(사)字-士, 巳, 師...등

6)원(元), 형(亨), 이(利), 정(貞), 격의 좋은 구성

위에서 제시한 조건들이 모두 만족되어 있다 하더라도 원(元) 형(亨) 이(利) 정(貞) 격의 수리가 좋아야 합니다.

<성>
↓ 성씨는 영원히 변할 수 없는 근본(根本)이요 뿌리이므로 선천적으로 끊임없이 조상(祖上)의 명(命)과 업(業)이 이어지는 천기(天氣)라 할 수 있습니다. 모든 작명 학술은 성씨의 근본(根本)에서 시작됩니다.

<이>
○ 중간자와 성씨의 상생(相生)이 잘되고 수리가 좋고 훌륭한 격(格)이 되면 천기(天氣)를 받아 부모의 사랑을 받고 효도(孝道)를 하며 재운(財物)이 풍족하고 가정이 화목(和睦)하며 사회에서 성공 할 운으로 길하다고 합니다.

<름>
이름의 끝 자로 중간자와 또 성씨와 상생(相生)이 잘되고 음양(陰陽)의 배합이 좋으며 사주와의 부합(扶合)이 훌륭하면 성정(性情)이 아름답고 인덕이 많아 부귀공명(부귀공명)하게 되며 자손(자손)이 번창하고 성공하게 됩니다.

元 亨 利 貞 格 구성도

金 (8획) 元格 16획=이름두 자를 합 한 수를 말합니다.

度 (9획) 亨格 17획=성자와 이름 첫 자를 합한 수를 말합니다.

延 (7획) 利格 15획=성자와 이름 끝 자를 합한 수를 말합니다.

貞格 24획=성명 삼자를 합한 총 수자를 말합니다.

원격(元格)16획:덕망격(德望格) 온후유덕지상(溫厚有德之象) (大길 수)
형격(亨格)17획:건창격(健暢格) 만사통달지상(萬事通達之象) (大길 수)
이격(利格)15획:통솔격(統率格) 만물통합지상(萬物統合之象) (大길 수)
정격(貞格)24획:입신격(入身格) 등천축재지상(登天蓄財之象) (大길 수)

원격:1-15세 까지의 運이고 수리에 대한 性情 仁을 말함
형격:16-30세 까지의 運이고 수리에 대한 性情 意를 말함
이격:31-45세 까지의 運이고 수리에 대한 性情 禮를 말함
정격:45-이후 총운의 運이고 수리에 대한 性情 智를 말함

7) 발음오행, 자원오행. 수리오행이 길하고 발음이 정확해야 합니다.

	발음오행	자원오행	수리오행
이(李)	土	水	양(7 획)
동(桐)	火	木	음(10획)
혁(赫)	土	火	음(14획)
	상생 吉	상생 吉	홀.짝.짝.吉

이동혁의 이름은 발음오행 자원오행이 모두 상생되어 길한 운이 부여 된 이름입니다.

오동나무 동자와 빛날 혁 자는 단단하고 빛이 남의 의미가 담겨 져 있습니다.

부르기 쉽고 듣기 좋으며 발음이 정확해서 좋습니다.

4장 발음오행 해설

1). 木 木

木 木 木-입신출세격(入身出世格)
매사가 순조롭게 풀리고 성공이 따르니 항상 발전하고 모든 일이 뜻하는 바대로 성취해 나간다. 부모형제와 화목하고 가정에 만복이 스스로 오며 자손 운과 재물 운이 순탄하므로 편안하게 살아가는 격이다.

木 木 火-입신출세격(入身出世格)
신중하고 총명하니 경영하는 일들이 순풍에 돛 단 듯 순조롭다.
부모님께 효도하고 만인에게 도움을 받으니 일생동안 부귀영화를 누리면서 태평성대를 누리게 된다.

木 木 土-고난신고격(苦難辛苦格)
건강이 허약하여 질병에 시달리며 매사가 순조롭지 못하여 고통을 받겠지만 귀인의 도움으로 위기를 모면하고 자수성가하여 근근득실 한다. 부부 운은 불화가 잦다.-<不用格>

木木金-고난신고격(苦難辛苦格)
진취적인 기상이 있기는 하지만 부모형제와 무정하고 성공 운이 불안정하다. 인덕이 부족하고 부부 운 또한 박정하니 불화가 잦고 금전적인 손실이 많이 발생한다.-<不用格>

木木水-성공발전격(成功發展格)
운기가 좋고 재복이 왕성하니 성공 발전이 순조롭다. 부모 형제와 화목하고 자손이 번창 하며 재물과 명예를 사회에 떨치고 입신양면 하니 일생이 평탄하다.

2) 木 火

木火木 - 춘산화개격(春山花開格)
향상하고 발전하는 길한 격이니 형제와 화목하고 부부가 백년해로하며 일평생 부귀영화를 누린다. 모든 일이 형통하고 귀인의 도움으로 경영하는 일이 평탄하다.

木火火 - 고목봉춘격(枯木逢春格)
성공은 이루겠으나 끝까지 지키기 어려우니 인내력이 부족하다. 불같은 기질로 실수를 많이 저질러 실패를 맛보겠으나 큰 불행은 없다. 부모형제 화목하고 부부가 화락한다.〈선천운을 참조 쓸 수 있음)

木火土 - 대지대업격(大志大業格)
천성이 바르며 의리를 중요시 여기고 비범한 기상을 지녔다.
가정이 화목하여 부부해로 하고 자손에게는 효도를 받는다.
부귀영화와 더불어 건강과 장수의 천복을 누린다.

木火金 - 평지풍파격(平地風波格)
인덕이 없으니 부모형제와 불화하고 독좌탄식(獨坐歎息)한다.
자손이 불효하고 일시적인 성공은 도모할 수 있겠으나 운기가 불안하여 불행해지니 일생동안 질병으로 신고가 끊이지 않는다.〈不用格〉

木火水 - 선부후빈격(先富後貧格)
하고자하는 일마다 장애가 따르고 질병에 시달리니 심신이 고달프다. 뜻밖에 재앙으로 재산을 탕진하고 부부와 불화하여 천리 타향의 외로운 신세를 면하기 어렵다.-〈不用格〉

3) 木 土

木土木-사고무친격(四顧無親格)
신경에 예민하니 매사가 불안정하고 변동이 잦다. 경영하는 일마다 공허해지고 일신에 질병이 잦으니 걱정 근심이 끊이지 않는다. 부모와 떨어져 먼 타향에서 방랑하게 된다.-<不用格>

木土火-골육상쟁격(骨肉相爭格)
초년운이 고달프니 부모형제와 불화하고 타향에서 고생을 한다. 매사가 진전이 없으며 일평생 고난이 끊이지 않고 타향에서 객사할 운이다.-<不用格>

木土土-속성속패격(速成速敗格)
성공과 흥망의 변동이 심하니 인내력이 없고 심지가 약하다.
부모의 유산까지 파산시켜 일생을 가난하게 보내게 되며 부부의 정 또한 박하여 가정을 원만히 이루기 어렵다.-<不用格>

木土金-패가망신격(敗家亡身格)
실천력과 결단력이 부족하여 성공을 이루기 어렵다.
초년에는 발전을 이룰 수 있겠으나 만사가 여의치 못하여 일의 장애가 끊이지 않고 객지에서 고생을 하게 되는 격이다.-<不用格>

木土水-고목낙엽격(枯木落葉格)
의지력이 없고 인내심이 약하여 성공을 하여도 지키기 어렵다.
조상의 유입을 파산시키니 신고를 면할 날이 없다. 부부와 상별하고 질병으로 일생을 마감 한다.-<不用格>

4)木 金

木金木-골육상쟁격(骨肉相爭格)
겉보기는 화려하나 실속이 없고 금전적인 손실이 많다.
성공 운이 불안전하고 자립심이 없으니 도모하는 일마다 지연이 속출하다. 조실부모 단명 한다.-<不用格>

木金火-독좌탄식격(獨坐歎息格)
성공운이 미흡하고 불안정하니 일의 시작은 있겠으나 마무리가 흐지부지하니 매사에 장애가 속출하다. 가정에 불화가 그치지 않고 고독과 수심에 찬 인생을 살게 된다.-<不用格>

木金土-초실후득격(初失後得格)
초년운이 불길하여 고통이 심하고 좌절을 맛보겠으나 중년이후 부터는 발복하여 사업에 성공을 이루고 부모에게 효도하여 부부가 백년해로하게 된다. <선천운을 참조 쓸 수 있음)

木金金-불화쟁론격(不和爭論格)
매사가 불길하니 노력을 해도 성공을 이루기 어렵다. 시비 구설에 휘말리는 결과를 초래한다. 결혼 후에는 자손으로 인한 근심을 면하기 어렵고 재물 손실과 관재수가 있다.-<不用格>

木金水-만사불성격(萬事不成格)
성공 운이 불안정하니 열심히 노력을 하여도 결과가 미진하다.
가정에 파란이 끊이지 않고 겉보기는 좋으나 실속이 없어 재물손실이 많으니 차츰 재산이 줄어들고 몰락에 이른다.-<不用格>

5) 木 水

木水木 - 부귀쌍전격(富貴雙全格)
경영하는 일마다 순조로운 발전을 이루니 만사가 태평하고 순탄하다. 금전 운이 순탄하여 입신양면에 이르고 가정이 화목하니 부모에게 효도하고 만대에 이르기까지 번창한다.

木水火 - 속성속패격(速成速敗格)
일생이 급변화하니 결국 몰락하게 된다. 일시적인 성공은 이루겠으나 운이 불행하니 조실부모하고 가정에는 신고가 끊이지 않고 형제가 분산하는 등 일생동안 파란만장하다. -<不用格>

木水土 - 조기만패격(早期晚敗格)
하는 일마다 장애가 속출하니 초년에는 부모의 여덕으로 평안하나 중년이후 부터는 실패가 잦고 신고가 끊이지 않는다. 부부사이에 애정이 화합되지 못하니 이별하거나 사별하게 된다. -<不用格>

木水金 - 어변용성격(魚變龍成格)
기초가 튼튼하여 태업을 완성하여 일평생 무병장수 한다.
지와 덕이 겸비하고 출세가 빠르면 안락한 생활을 영위할 수 있고 명예와 금전 운이 창성하다.

木水水 - 대부대귀격(大富大貴格)
판단력과 추진력이 강해하는 일들이 발전하며 매사가 적소성대(積小成大)되니 가업이 번창하고 가족이 화목하니 부부가 백년해로 하고 자손들이 번창 하게 된다.

6) 火 木

火木木-부귀안태격(富貴安泰格)
활동력이 왕성하고 주변 사람들의 끊임없는 조력으로 하는 일마다. 대성을 이룬다. 일평생 부귀영화가 함께하고 명예를 떨치면서 부부 정이 각별하고 가문이 번창한다.

火木火-용득봉운격(龍得逢雲格)
성공운이 순조로우니 매사가 큰 어려움 없이 성공을 거두게 된다. 가정이 원만하고 자손이 대대로 번창하니 태평안과하며 매사 대성의 결실을 이루니 욱일승천 한다.

火木土-만화방창격(萬化方暢格)
부모가 후덕하니 초년부터 큰 성공을 이루다. 한 가지 일을 시작하면 끝까지 목적을 달성하여 출세가 빠르며 명진사해 하니 부부가 유정하고 자손들까지 영화로운 삶을 살게 된다.

火木金-선고후파격(先苦後破格)
실천보다 행동이 앞서 실수가 많고 주변 환경의 변화가 잦으니 주거가 불안정하고 매사가 중도에서 좌절되는 경우도 많다. 가정 운이 불길하니 부부가 생리사별 한다-<不用格>

火木水-자수성가격(自手成家格)
대인관계가 원만하므로 하는 일마다 순조롭고 원하는 목적을 달성하게 된다. 일생 금전적인 걱정을 하지 않으면 입신양면 하여 태평안과 하는 대길 격이다.

7) 火 火

火火木-성공발전격(成功發展格)
주변의 굳건한 신망 속에서 경영하는 일마다 대성을 이루게 되니 매사가 순탄하다. 부귀와 명예를 겸비하고 부부가 백년해로하니 장수하고 자손이 번창 한다.

火火火-조기만패격(早期晩敗格)
천성이 화끈하고 불같아 용맹스러운 기상은 있으나 인내력이 부족하여 매사가 용두사미 격이 된다. 융화력이 부족하여 독단으로 치닫는 경우가 많고 실패와 좌절이 끊이지 않는다.-<不用格>

火火土-만화방창격(萬化方暢格)
온순 중후한 성품으로 도모하는 일들이 순조롭다. 화목한 가정을 이루고 부부가 백년해로 하며 맡은 바 책임을 다하여 출세사도를 달리는 등 일생이 평탄하다.

火火金-백모불성격(百謨不城格)
일시적은 성공은 이룰 수 있겠으나 신경이 예민하고 인내력이 부족하여 실패를 많이 당하게 된다. 불의의 재난으로 재산 손실을 당하거나 주변 사람들로 인한 고생을 면하기 어렵다.-<不用格>

火火水-평지풍파격(平地風波格)
부모형제 덕이 무덕하며 매사에 실패가 많이 따른다. 신경질적인 면이 강하여 주변 사람들과 화합하기 힘들고 부부가 백년해로하기 어렵다.-<不用格>

8) 火 土

火土木-강상풍파격(江上風波格)
도량이 넓고 이해심이 출중하여 대인관계가 원만하나 운로가 불안정하므로 손실이 많아 일생 가난을 면키 어렵다. 부부사이에는 이별수가 있고 항상 다툼이 끊이지 않는다. -<不用格>

火土火-춘일방창격(春日芳暢格)
지혜와 덕망을 갖추었으며 성품이 원만하다.
확고한 성공 운이 보장되어 있으므로 입신양면하고 부부가 유정하여 백년해로하게 되며 자손에게 복록(福祿)이 따르게 된다.

火土土-만화방창격(萬化方暢格)
예의 바르고 매사에 인내력이 탁월하다.
일생이 평탄하고 큰 어려움과 산고 없이 원하는 목적을 조기 달성하여 사회적인 신망을 얻고 출세가도를 달리게 된다.

火土金-입신대길격(立身大吉格)
신용을 중요하게 여기므로 주변의 신망을 한 몸에 받는다.
일생이 평탄하고 순조로우며 재물과 명성을 얻어 만복 대길하고 가정이 화평하여 근심 걱정 없는 삶을 산다.

火土水-심신파란격(心身波亂格)
강직하고 청빈한 삶을 추구하므로 금전적인 면에서는 고생을 당하게 된다. 인덕이 없고 평지풍파에 시달려 실패를 거듭하게 되며 가정에 근심이 떠나지 않는다.-<不用格>

9) 火 水

火金木-개화풍란격(開花風亂格)
부모 형제덕이 박정하니 가정환경이 복잡하며 분쟁이 심하다. 자손에게 근심이 생기고 겉보기에는 좋으나 속은 비어 있으니 매사가 실속 없이 공허하다. -<不用格>

火金火-무주공산격(無主空山格)
자수성가 하여 일시성공은 있겠으나 속성속패(速成速敗)하여 매사가 공으로 돌아간다. 직업과 주거가 불안하니 금전적인 손실이 가중되고 일생 가난에 허덕인다.-<不用格>

火金土-선고후길격(先苦後吉格)
일생동안 번민(煩悶)이 많고 근심이 떠날 날이 없다. 초년에는 부모 유덕으로 조기 성공을 이루겠으나 중년 이후부터는 매사가 실속 없어 성공하기 어려우니 부부 정 마저 박(薄)하다.-<不用格>

火金金-사고무친격(四顧無親格)
뜻밖의 재난으로 고초를 당하고 부모덕이 없어 초년부터 고생이 심하다. 운의 흐름이 불안정하여 인생 또한 성공과 실패가 잦으니 수심 많은 인생을 살게 된다.-<不用格>

火金水-개화무실격(開花無實格)
초년에는 부모의 덕으로 어려움 없이 성장하겠으나 중년이후 부터는 뜻밖의 재난을 당하게 되므로 실패와 좌절을 겪는다. 재앙이 많은 운으로 부부의 정도 박(薄)하다.-<不用格>

10) 火 水

火水木-의외재란격(意外災亂格)
일평생 파산과 신병으로 고생을 면키 어렵다.
부모 형제 덕이 박정하니 매사를 스스로의 힘으로 개척해야 하니 노력에 비하여 결실이 없고 고달픈 인생이 된다.-<不用格>

火水火-유아독존격(唯我獨尊格)
활동적이며 밝고 명랑하지만 자기중심적인 사고방식이 강하다.
하는 일마다 실패가 연속이며 한 가지 일도 제대로 마무리하기 어려우므로 일평생 경재적인 고통이 따른다.-<不用格>

火水土-선고후파격(先苦後破格)
매사가 활동적이고 사교적인 면이 신망을 얻지 못한다.
가정이 불화하고 단명의 흉운이 따르게 되고 심신이 박약하여 스스로 고난을 자처하게 된다.-<不用格>

火水金-무주공산격-(無主空山格)
자신만만하게 일을 처리해 나가지만 노력에 비해 성과가 부족하고 부모형제의 덕까지 박하니 일찍부터 고생을 한다. 하는 일마다 결실을 보기 어렵고 실패가 거듭된다.-<不用格>

火水水-개화풍란격(開花風亂格)
강한 신념을 소유하고 있지만 생각이 짧고 행동이 앞서는 경향이 강해 실패가 많다. 불의의 재난을 당하고 일을 벌이기만 하고 마무리에 약하므로 좌절을 겪게 된다.-<不用格>.

11) 土 木

土木木-허명무실격(虛名無實格)
매사에 실속이 없어 손실을 당하는 격이니 내면적인 갈등이 심하다. 노력한 만큼의 대가가 적게 나타나고 외화내곤(外華內困)한 삶을 살게 되고 경영하는 일들이 일사불성(一事不成)이 된다.-<不用格>

土木火-운중지월격(雲中之月格)
형제지간 의리가 없고 부모의 덕이 부덕하니 초년고생을 면하기 어렵다. 중년부터는 점진적발 발전을 이루고 매사가 순탄하여 원하는 목적을 달성하게 된다.<선천운 참조해 쓸 수 있음>

土木土-고목낙엽격(枯木落葉格)
자기 주관이 뚜렸하고 성실히 노력하는 자세에 비하여 실패가 잦고 하는일 마다 중도 좌절된다. 일평생 경제적인 고통에 시달림을 받으며 순조롭지 못한 파란 만장한 삶을 산다.-<不用格>

土木金-선빈후고격(先貧後苦格)
자립심이 부족하고 자기 위주의 생활을 하게 되므로 결국 큰 실패를 맛보게 된다. 부모덕이 박정하고 부부지간 무정하니 일생 불행하다. 주거와 직업 변동이 잦다.-<不用格>

土木水-유두무미격(有頭無尾格)
정직하고 융화력이 뛰어나지만 자만심이 강하여 하는 일마다 배신을 당하거나 난관을 만나 실패와 좌절을 맛보게 된다. 파란곡절(波瀾曲折)이 교차되는 기구한 삶을 살게 된다.-<不用格>

12) 土 火

土火木-일광춘성격(日光春城格)
인생이 순조롭고 매사에 성공 운이 따르니 위 사람의 조력으로 출세가도를 달린다. 노력한 만큼의 대가를 얻게 되고 부귀쌍전(富貴雙全)하는 운을 만나 일평생 걱정이 없다.

土火火-춘일방창격(春日芳暢格)
명랑한 성품에 창의력이 넘치고 안정감 속에서 지속적인 발전을 누리게 된다. 시작은 순조롭고 도모하는 일마다 대성을 이루니 상하좌우의 협조와 신망이 끊이지 않는다.

土火土-입신출세격(入身出世格)
매사가 순조롭고 조상의 덕으로 초년이 행복하다. 외교수환이 능란하고 점진적인 발전으로 대지대업을 성취하니 사방에서 명성을 얻고 평생 동안 부귀영화가 따르다.

土火金-고난자성격(苦難自城格)
일신이 고독하고 매사가 순탄치 못하니 초년에는 큰 어려움이 없더라도 중년이후에는 불의의 재난을 당하고 주변 사람들에게 배신당하는 등 굴곡이 심한 인생을 살게 된다.-<不用格>

土火水-진퇴난양격(進退兩難格)
시작은 있으되 끝이 없으니 하는 일마다 낭패를 당한다.
금전적인 갈등을 많이 겪고 수입보다 지출이 많으므로 금전적인 지출이 끊이지 않는다.-<不用格>

13) 土 土

土土木-선고후패격(先苦後敗格)
조실부모하여 초년부터 고생 많이 하고 편협 적이고 융통성이 없는 성격으로 인해 주변 사람들로부터 따돌림을 당 한다 노력한 만큼의 결실이 없어 경제적인 고충이 따른다.-<不用格>

土土火-금상유문격(錦上有紋格)
초년은 큰 어려움 없이 평탄한 삶을 살게 되고 생각지 않은 횡재가 있어 일확천금을 얻게 된다. 부부가 유정하여 가정이 행복하고 자손에게 까지 영화가 미치게 된다.

土土土-일경일고격(一慶一苦格)
부모형제 유정(有情)하고 위기를 잘 모면하여 성공을 이룬다. 대인관계가 원만하여 주변으로부터 아낌없는 신망을 얻겠으나 기쁨과 슬픔이 반반이다.

土土金-고원회춘격(古園回春格)
성공운이 순조롭고 매사가 평탄하니 전도가 양양하며 부귀와 명예를 얻게 된다. 사회적으로 신망을 얻고 대기만성(大器晚成)을 이루어 가정이 화평하고 부부가 해로한다.

土土水-사고무친격(四顧無親格)
독단적인 경향이 강하고 인덕이 박하여 주변의 도움을 받을 길이 없다. 성공 운이 희박하고 노력에 비해 대가가 적고 고독단신으로 방랑생활을 하게 된다.-<不用格>

14) 土 金

土金木-봉학상익격(鳳鶴傷翼格)
실속이 없어 하는 일마다 결말이 나쁘다. 어느 정도의 노력으로 성공을 이룰 수는 있지만 결국 수포로 돌아가게 되니 허망하다 금전적인 고충이 일생을 따라 다닌다.-<不用格>

土金火-골육상쟁격(骨肉相爭格)
부부의 불화로 인한 골육상쟁격(骨肉相爭格)이니 일생동안 수심이 끊이지 않는다. 경제적인 고난 속에서 주거와 직업의 변화가 많고 늘 곤란한 일이 생기며 방탕한 배우자를 만난다.-<不用格>

土金土-일광춘풍격(日光春風格)
일생동안 경사가 끊이지 않고 주변 사람들에게 두터운 신망을 받는다. 어떤 일을 하든지 귀인의 도움이 따르게 되고 순조로운 성공의 길을 걷고 대부대귀(大富大貴)하게 된다.

土金金-유곡회춘격(幽谷回春格)
강인한 의지와 굳건한 정신력으로 하는 일마다 성공을 이룬다.
대인 관계가 원만하고 상부상조가 잘 이루어지니 매사에 명망을 얻고 이름을 사해(四海)에 널리 알리게 된다.

土金水-금상유문격(錦上有紋格)
적소성대하여 자수성가(自手成家)로 대업을 이루며 평생 동안 영화롭게 지낸다. 기백이 넘치고 활동력이 왕성하니 사회적으로 출세를 한다. 부부가 백년해로 하고 고귀한 자녀를 두게 된다.

15) 土 水

土水木-노이무공격(勞而無功格)
어떤 일을 하여도 뜻하는 바대로 성취하기 어렵고 금전적 고층이 끊이지 않는다. 인덕이 없으니 주변 사람들로 인해 피해를 당하고 부모형제와 떨어져 객지에서 고생이 심하다.-<不用格>

土水火-풍파절목격(風波折木格)
뜻하지 않은 재난으로 일생이 황패해지니 금전적인 고통을 면하기 어렵다. 좋은 기회를 놓치고 망연자실(茫然自失)하니 허송세월을 보내게 된다.-<不用格>

土水土-패가망신격(敗家亡身格)
결단력이 부족하니 기회를 놓치기 쉽다. 매사가 실속 없이 바쁘기만 하니 하는 일마다 용두사미(龍頭蛇尾)가 되어 버린다. 주거 변동과 직장관련 이직이 많으니 일생이 불안정하다.-<不用格>

土水金-사고무친격(四顧無親格)
매사에 불평불만이 많고 초년 운이 불안정하여 하는 일마다 장애가 따른다. 금전적인 갈등이 심하고 심한 고통과 번민 속에서 일생을 살게 되는 등 굴곡이 심하다.-<不用格>

土水水-일장춘몽격(一場春夢格)
운세가 안정되지 못하고 매사가 변화무쌍(變化無雙)하니 성공과 실패가 매번 교차한다. 성공을 이루더라도 어렵게 이루게 되고 실패는 쉽게 다가오니 일생이 파란만장(波瀾萬丈)하다.-<不用格>

16) 金 木

金木木-추풍낙엽격(秋風落葉格)
외유내강하고 형제 무덕(無德)하니 천신만고 끝에 성공을 이루더라도 곧 실패하게 되고 인내력이 부족하여 좋은 기회를 잡지 못한다. 부부간의 의견충돌이 심하여 해로하기 어렵다.-<不用格>

金木火-한산공가격(寒山空家格)
조실부모 하니 초년 운이 불길하고 속성속패(速成速敗)하니 겉은 화평하나 내면은 고독하고 슬프다. 하는 일마다 중도에 좌절이 많고 예기치 못한 재난을 당해 금전적 손실이 크다.-<不用格>

金木土-심신과로격(心身過勞格)
성공과 실패의 기복이 심신이 불안정하여 근심 불안이 떠나지 않는다. 분주하게 일을 하지만 실속이 없고 가정 운마저 불길하니 가산이 줄고 부부간 충돌이 심하다.-<不用格>

金木金-유전실패격(流轉失敗格)
의지력과 인내력이 약하여 심신이 불안정하다. 부모형제 덕이 박하고 주거 변화가 많고 재물이 모이지 않으니 일생에 금전적인 고통이 끊이지 않는다.-<不用格>

金木水-고통난면격(苦通難免格)
매사가 불길하여 중도에 재난이 생긴다. 동분서주하나 실효를 거두지 못하니 잎만 무성한 격이다. 가족이 합심하여 액을 면하고 대기만성을 이룰 수도 있다.-<不用格>

17) 金 火

金火木-욕구불만격(欲求不滿格)
조실부모하여 부모덕이 없고 금전적인 고충이 일생동안 따라다니므로 신변이 괴롭다. 도중에 실패가 잦고 질병으로 고생하고 사고를 당할 위협이 늘 있다.-<不用格>

金火火-병고신음격(病苦呻吟格)
극단적인 성품으로 인해 주변과의 마찰이 심하다.
중도에 실패가 많고 실속 없는 일에 분주하니 매사가 허망하다. 부부사이에 언쟁이 끊이지 않고 불행하다.-<不用格>

金火土-입신양명격(立身揚名格)
부모 형제가 화목하고 부부애가 각별하니 하는 일마다 순조롭고 재물이 불어나지만 예기치 않은 재앙으로 가산이 탕진되고 가정에 파란이 속출한다.-<不用格>

金火金-조기만패격(早期晚敗格)
초년에는 부모덕으로 무난한 여생을 보내지만 중년부터는 고생이 심하여 타향에서 고생하다가 객사하게 된다.
경제적인 고통이 끊이지 않고 배우자와도 불화가 심하다.-<不用格>

金火水-무주공산격(無主空山格)
매사가 평탄치 못하고 불행하니 부모 형제에 형액(刑厄)이 미치고 불구자손을 얻어 수심이 그치지 않는다.
병약한 배우자를 만나거나 일생을 고독하게 보낸다.-<不用格>

18) 金 土

金土木-평지풍파격(平地風波格)
부모형제 운이 박정하여 초년부터 고생이 심하고 매사 도로무공(徒勞無功)이다. 자존심이 강하고 매사 의욕적이나 운이 불안정하니 하는 일마다 성공을 이루기 어렵다.-<不用格>

金土火-고목봉춘격(枯木逢春格)
고목이 봄을 맞이한 격이니 매사가 순탄하고 풍요로운 결실을 맺게 된다. 가정이 화목하고 부귀 안정을 누리니 사회적인 신망이 끊이지 않는다.

金土土-입신출세격(立身出世格)
만인이 부러워 할 만큼 출세가도를 달리니 순풍에 배를 몰고 가는 격이다. 건실한 배우자를 만나 재물을 쌓아가고 말년까지 영화로운 삶을 살게 된다.

金土金-의외득재격(意外得材格)
초년 운이 매우 길하여 조기출세(早期出世)하고 순탄한 성공을 이루게 되고 뜻하지 않은 횡재를 만나 부귀영화를 누린다.
부부가 유정(有情)하고 건강하게 장수한다.

金土水-재변재난격(災變災難格)
일생동안 재앙이 끊이지 않으니 성공과 실패가 반복되는 과정 속에서 하는 일마다 구설과 풍파가 잦다. 부부 운과 자녀 운이 박복하니 말년이 고독하다.-<不用格>

19) 金 金

金金木-평생병고격(平生病苦格)
가정이 불화하니 매사가 불길하고 뜻밖에 재난을 당하여 고초를 면하기 어렵다. 초년 부모덕으로 인해 일시 편안하나 중년부터는 고생이 끊이지 않는다.-<不用格>

金金火-패가망신격(敗家亡身格)
독단적인 면이 강하고 매사가 용두사미(龍頭蛇尾)격이다.
금전적인 갈등과 구설이 잦고 가정에 불화가 끊이지 않으니 자손 덕이 박하고 부부가 이별한다.-<不用格>

金金土-대지대업격(大志大業格)
천성이 결백하고 의지가 강하여 외교적인 능력이 있어 만인을 통솔해 나간다. 주변의 신망이 두텁고 부모형제가 화목하니 일생동안 부귀공명(富貴功名)이 따라다닌다.

金金金-곡독재난격(孤獨災難格)
형액을 당하거나 재산을 탕진(蕩盡)당하고 병고에 신음하는 등 일생동안 불길한일이 이어진다. 부부가 생리사별 하고 육친(六親)이 무덕(武德)하니 초년부터 객지에서 고생한다.-<不用格>

金金水-발전향상격(發展向上格)
천품이 강인하고 초년 운이 튼튼하니 주변에 귀인의 도움으로 인해 출세가도를 달리고 사회적인 명성을 얻게 된다.
부부가 화락하고 영특한 자손을 얻게 된다.

20) 金 水

金水木-발전성공격(發展成功格)
성공운이 순조롭고 부모형제가 화합하니 명성이 사회에 떨치게 된다. 평탄하게 성공하고 재수가 상승하니 출세가도를 달리게 된다.

金水火-선무공덕격(善無功德格)
일을 도모하는데 있어 장애가 속출하고 상극상쟁하게 되니 하는 일마다 공으로 돌아간다. 부부가 불합하고 노력에 대한 결실이 없어 경제적인 고통이 심하다.-<不用格>

金水土-불의재난격(不意災難格)
일시 성공은 있겠으나 불의의 재화가 속출하여 가재를 탕진 당하고 경제가 어려워지니 금전적 갈등이 많다.
하는 일마다 끝맺음이 없으니 매사가 허탈하다.-<不用格>

金水金-부귀공명격(富貴功名格)
성공이 순조롭고 만사가 형통하여 부모 형제가 화합하니 자손만대에 이르러 공명(功名)이 높다. 만인의 존경을 받으며 헌신적인 협조를 하는 일마다 대성하니 일생을 평탄하다.

金水水-발전평안격(發展平安格)
인덕이 많아 주변사람의 도움을 얻어 도모하는 일들이 성공을 이룬다. 부모 형제가 상생하여 협조해주니 안팎으로 평탄하다. 자손에 영화가 따르고 일생이 순탄하다.

21) 水 木

水木木-만화방창격(萬化方暢格)
성품이 온화하고 이해심이 깊으니 공명을 세우기 부족함이 없다.
부모형제와 더불어 화목하고 부부가 대성하니 자손 대에 이르기 까지 부귀영화를 누린다.

水木火-입신출세격(立身出世格)
판단력이 빠르고 기회 포착에 민감하니 성공 운이 좋다.
사회적으로 출세하고 명예와 재물을 얻으니 부부가 화목하고 가운이 번창하다. 영리한 자손을 얻는다.

水木土-망망대해격(茫茫大海格)
주변과 유대관계가 좋아 일시적인 성공은 이루겠으나 예기치 못한 재앙을 만나 고초를 면하기 어렵다. 초년은 고생을 하지 않으나 결국 가산을 탕진하고 타향에서 객이 된다.-<不用格>

水木金-일길일흉격(一吉一凶格)
부모형제 무덕(無德)하고 일생이 파란곡절(波瀾曲折)이 많다.
상별(相別)하니 재혼을 하게 되거나 속성속패하여 패가망신하니 금전적인 고통이 심하다.-<不用格>

水木水-청풍명월격(淸風明月格)
천성이 강직하고 두뇌가 영달(榮達)하니 덕망 있는 성품을 지녔다.
매사가 초지일관(初志一貫)하여 한 번 품은 뜻은 성사시켜 나가게 되므로 자립 대성한다.

22) 水 火

水火木-병난신고격(病難辛苦格)
초년운이 불길하니 조실부모(早失父母)하고 형제지간 무정하다.
부부사이에 자식이 없으니 일생이 고독하고 생활의 안정이 어려워 금전적인 갈등이 끊이지 않는다.-<不用格>

水火火-일엽편주격(一葉片舟格)
초년 운이 튼튼하여 조기출세를 이룰 수 있으나 중년에는 실패가 잦고 하는 일마다 백전백패(白戰白敗)하니 매사에 실속이 없다.
부부싸움이 잦고 자식 덕이 박하다.-<不用格>

水火土-선빈후곤격(先貧後困格)
일의 시작이 있겠으나 마무리되는 일은 없고 중도에 좌절을 많이 겪는다. 판단력이 미흡하고 기회 포착이 미숙하여 일을 그르치는 경우가 많이 생긴다.-<不用格>

水火金-심신파란격(心身波亂格)
부모운이 박하고 형제와의 불화가 그치지 않으니 심신이 고달프다.
부부가 해로하기 어렵고 중년에는 사업에 실패를 하여 일평생 금전적인 고초와 질병으로 시달린다.-<不用格>

水火水-선무공덕격(善無功德格)
심신이 나약하여 도모하는 일들을 종잡을 수 없고 부산하다.
부모 운이 박하고 부부가 무정하니 자식을 얻기 힘들고 일평생 질환으로 고생한다.-<不用格>

23) 水 土

水土木-풍전등화격(風前燈火格)
부모덕으로 초년에는 평안하게 지낼 수 있겠으나 매사가 허영에 차 있고 편견된 마음으로 가득하기 때문에 초지일관하는 마음이 없다. 일생 실패가 연속적으로 따른다.-<不用格>

水土火-낙마실족격(落馬失足格)
초년 운이 불길하니 부모형제가 객지 산재로 고독하고 자식이 있으나 무덕하니 평생에 근심과 우환이 떠나지 않는다. 불안정과 재난이 겹쳐 주거환경 변화가 잦다.-<不用格>

水土土-강상풍파격(江上風波格)
모든 일이 장애가 따르고 실속이 없으니 재물 손실이 심하다.
노력 한만큼 대가를 바라기 어려우니 고생만 가중되는 격이다.
가정불화가 잦고 말년에는 고독하다.-<不用格>

水土金-선고후안격(先苦後安格)
친부적인 재능은 있으나 매사 소극적이고 고지식하므로 결정적인 기회를 잘 놓친다. 초지일관하지 못하여 용두사미가 되며 중반부터는 경재적인 곤란이 심하다.-<不用格>

水土水-병난신고격(病難辛苦格)
부모덕이 부족하여 초년에 고생이 심하고 성공 운이 불안정하여 하는 일마다 장애와 고초가 따른다. 성공을 이루어도 곧바로 실패를 하게 되므로 일생동안 수심이 가득하다.-<不用格>

24) 水 金

水金木 - 암야행인격(暗夜行人格)
선천적으로 기초가 불안정하여 재앙을 피할 수 없는 명이다.
수리가 좋으면 큰 재앙은 모면하겠지만 부모형제가 부덕하고 일생 질병으로 고통당하고 단명하다. -〈不用格〉

水金火 - 개화광풍격(開花狂風格)
언행이 일치하지 못하고 자기 분수를 모르므로 성공을 이루기 어렵다. 실속 없이 금전적인 지출이 많아 경제적인 안정을 이루기 어렵고 일생이 적막하다. -〈不用格〉

水金土 - 발전성공격(發展成功格)
발전적이고 친화력이 우수하니 주변으로부터 신망을 얻어 입신출세한다. 가정이 화목하여 부부가 유정(有情)하고 자녀가 효도를 다하니 일생 평탄한 삶을 살게 된다.

水金金 - 순풍순성격(順風順成格)
도모하는 일마다 순조롭고 대성을 이룬다. 인품이 고귀하고 매사에 주도면밀하니 부모 형제와 부부가 안락하며 자손 대 까지 번창하며 부귀 장수한다.

水金水 - 어변용성격(魚變龍成格)
학문에 발달을 크게 이루니 사회적인 지위와 명성을 얻어 입신양명의 길을 걷는다. 자손에게 영화가 있고 부귀영화(富貴榮華)가 따르니 후세까지 명성을 얻는다.

25) 水 水

水水木-만경창화격(萬景暢花格)
천성이 맑고 명랑하며 고집과 자존심이 강하므로 꾸준히 노력하면 성공과 발전을 이룰 수 있다. 주거와 직업이 안정되어 일생동안 큰 어려움 없이 무난하게 삶을 보내게 된다.

水水火-고독단명격(孤獨短命格)
일생 고난과 실패가 분분하니 질병으로 단명(短命)한다.
초년고생은 면할 길이 없으며 성공을 이루더라도 곧바로 실패를 하게 되니 일생이 편굴(扁屈)하다.-<不用格>

水水土-백모불성격(百謨不成格)
치밀한 계획을 세우더라도 달성하지 못하는 등 매사에 중도 좌절하는 격이다. 병난과 신고에 패가망신하고 조실부모하여 항상 수심에 쌓여 매사가 허망하다.-<不用格>

水水金-춘일방창격(春日芳暢格)
결단력이 강하고 자수성가하여 대업을 이루니 부귀영화가 따른다. 가정이 화목하니 부부가 유정하고 자손에게 이르기까지 부귀영화가 가득하다.

水水水평지풍파격(平地風波格)
예상치 못한 일로 가산이 탕진(湯진) 당하고 의탁할 곳 없으니 심신이 고달프다. 질병이나 실패로 인하여 부부사이에 불화가 따르니 일생이 굴곡(屈曲)이 심하고 고독하다.-<不用格>

5장. 81수리 해설

1.기본격(基本格)-삼양회춘지상(三陽回春之象)=<사용하면 좋은 수>

1획수는 홀수이며 陽수이다. 1획수는 모든 수자의 시작이며 기본이 되므로 분리(分離)되지 않고 자연의 모든 생기를 흡수하여 새로운 희망(希望)과 부귀영화(富貴榮華)를 누리게 되는 수리이다.
우주 본원의 으뜸을 가리키니 만물이 소생하는 기상으로 유의유덕(有意有德)하며 고귀한 인격은 세상을 통달하고 발전하여 부귀와 명예가 몸에 따르게 되는 대길한 수이며 새로운 일을 고안해 내는 일이나 과학적이고 창조적인 분야에 적합한 수리로 만사형통과 복록을 얻게 되는 좋은 수이다.

2.분산격(分散格)-제사분리지상(諸事分離之象)-<사용 불가한 수>

2획수는 둘로 분리(分離)가 되는 수리이다. 따라서 자신의 타고난 재능을 발휘하여 성공하고 부귀영화를 누릴 수는 있겠으나 마무리에 약하고 하는 일마다 공허(空虛)하며 조업을 파산하게 된다. 부부인연이 박하여 자녀와 생리사별(生離死別)하며 가정을 망실하고 역경을 당하며 고향을 떠나 객지에서 고독과 수심으로 허송세월 보내게 된다. 고독하고 번뇌하며 실천력이 부족하여 일생동안 불안(不安)하게 되는 운의 수리이다.

3.발전격(發展格)-시생만물지상(始生萬物之象)=<사용하면 좋은 수>

지혜가 뛰어나고 재치가 있어 가정이나 사회생활 하는데 있어 아무런 지장을 받지 않고 발전하는 수리이다. 자성이 영준(英俊)하여 도량(度量)이 바다와 같다. 명철한 두뇌는 용감무쌍한 과단성(果斷性)으로 활동적인 천성에 대업을 이루고 입신양명(立身揚名)하여 만인이 부러워하는 지도적인 인물이 될 수 있다. 지모(智謀)와 함께 결단력(決斷力)과 실천력이 있으므로 노력을 게을리 하지 않으면 크게 대성하는 운의 수리이다.

4.풍파격(風波格)-동서각비지상(東西各飛之象)-<사용 불가한 수>

4획수는 시작은 있으나 매사가 용두사미(龍頭蛇尾)가 되는 격으로 이익이 생기면 사방으로 흩어지는 해(害)로운 수리이다. 그러므로 노력을 기울여도 그 대가가 적으며 시간 손실과 경제적인 낭비가 많다. 성격(性格)은 온유하나 결단력이 부족하다. 근면하게 노력하여 성공은 하겠으나 오래가지 못하고 실패의 고배를 맛보게 되며 배우자와도 불화하여 이별하게 되고 패가망신(敗家亡身)하는 수라 하겠다. 애기치 않은 재앙을 당하기도 하므로 항상 강인한 정신력과 의지력을 배양함을 요구하는 운의 수리이다.

5.복덕격-성공순리지상(成功順理之象)=<사용하면 좋은 수>

5획수는 매우 길한 수리이다. 성격이 온후하여 대외적인 활동에 길하고 지와 덕이 겸비 하였고 배우지 않아도 자습으로 이치를 터득할 수 있다. 조달용문(早達龍門)하고 내활외활(內活外活)하며 천하에 양명부귀(揚名富貴)하고 만인의 장이 될 수 있다. 어디를 가든 중심에 서게 되고 지도자의 역할을 잘 감당해 나갈 수 있는 지도력을 지녔으며 두터운 신망(信望)을 받는 존재가 되는 수리이다.

6. 순성격(順成格) - 풍부순성지상(豊富順成之象) = <사용하면 좋은 수>

조상의 풍부한 가업을 안전하게 계승(繼承)받을수 있는 수리이다. 천성이 온후하며 독실하고 지덕이 건실하여 화기(和氣)가 자래하니 부귀와 영화를 누릴 것이며 확고부동한 신념과 인내력이 강하며 불요불굴의 노력으로 사회적으로 인정받는다. 큰 노력 없이 물려받은 재산으로 인해 오히려 화를 당할 수 있으므로 매사에 조심하고 자신의 명예와 재물을 지키는데 더욱 힘스도록 노력해야 하는 운의 수리이다.

7. 독립격(獨立格) - 강건전진지상(剛健前進之象) = <사용하면 좋은 수>

독립(獨立)과 인내(忍耐)의 수리로서 대장부의 지조가 철석과 같아 모든 일이 진행되며 그 세력이 맹호가 수풀로부터 뛰어나오는 것 같다. 그 위력이 강하여 다른 사람이 모두 따르게 되며 모든 어려움을 극복하고 목적을 달성하여 자기의 노력(努力)으로 기초를 확인하게 된다. 강인한 면이 오히려 화를 자초하게 되니 남의 의견을 존중하고 화합에 힘쓰고 온유함과 관대함이 필요하므로 타인과의 관계에 힘써야 더욱 발전할 수 있는 운의 수리이다.

8. 개척격(開拓格) - 자력발전지상(自力發展之象) = <사용하면 좋은 수>

외유내강(外柔內剛)한 성품을 지녔으며 강한의지로 초지일관(初志一貫)노력하는 수리이다. 아무리 힘든 고난(苦難)과 역경(逆境)이 닥쳐도 강인한 정신력으로 이겨내며 대업을 성취한다. 반면 신경이 날카롭고 독단적(獨斷的)인 면이 있어 주변 사람과 불화 할 수 있는 요소도 지니고 있다. 의지가 강건하여 독립적으로 수행하려는 신념이 강하고 노력한 만큼의 성과를 얻어 부귀와 명예를 함께 얻을 수 있는 길한 수리이다.

9.궁박격(窮迫格)-대재무용지상(大材無用之象)-<사용 불가한 수>

9획수는 시작은 있으나 끝이 없는 격으로 불길한 수리다. 타고난 지혜로 큰 꾀를 세워 민첩한 수완과 영준(英俊)한 기질로 대업을 완수하고 부귀영화(富貴榮華)로 명진 사해를 하다가 중도에 좌절을 당하거나 성공은 있겠으나 매사가 수포로 돌아가는 등 비참한 환경에 처하게 된다. 부부와 불화 하여 이중생활이 아니면 이별(離別)을 면치 못하게 되며 자손에 근심이 많게 되고 화란(禍亂)이 많고 풍파가 많은 흉한 수리이다.

10.공허격(空虛格)-만사허무지상(萬事虛無之象)-<사용 불가한 수>

재능이 있어도 소득(所得)없는 분주하고 어느 정도 발전을 이룬 뒤에는 더 이상의 성공(成功)을 이루기 어려운 불길한 수리이다. 모든 일에 능력이 풍부하여 재치(才致)와 기량이 풍성하여 일은 잘 벌이지만 의욕(意慾)만 앞서 만족한 결과를 얻기 어렵다. 육친(六親)의 덕이 없고 사교성은 민첩하나 결단력이 부족하여 언제나 좋은 기회를 잃게 되니 대게는 타향에 전진하여 온갖 산고를 겪고 형액불구 질병 등 흉운을 겪게 되는 불길한 수리이다.

11.신성격(新盛格)-신왕재왕지상(身旺材旺之象)=<사용하면 좋은 수>
새롭게 새 출발하는 수입니다.
매사가 순조롭고 스스로 노력하고 개척(開拓)하는 일마다 좋은 결과를 맺게 되는 길한 수리이다 사회적 기반을 닦고 대성하니 주변으로

부터 신망(信望)을 얻는다. 사고력이 깊으며 성실하며 자립심이 강하니 한 번 목적한 바는 끝까지 이루고야 마는 진취적(進取的)인 기상이 있으니 기문을 일으켜 번창 하게 하는 대길 수이다. 부부가 해로 하고 자녀가 번창 하며 하는 일마다 순조로워 번영(繁英)을 이루게 하는 길한 수리이다.

12. 박약격(薄弱格) - 박약고독지상(薄弱孤獨之象) - <사용 불가한 수>
의지박약으로 실천이부족한 수입니다.

신중하고 사색적이며 감성은 풍부하지만 현실성(현실성)이 떨어지는 수리이다. 이처럼 소극적(消極的)인 면으로 인해 의지가 약하여 일의 진행이 미흡하며 어려운 처지에 놓일 가능성이 크다. 재치와 기량이 있으나 결정적인 순간에 매듭을 엮어내지 못하여 좌절(挫折)을 당하거나 바라던 바를 이루기 매우 어려우므로 파란(波蘭) 많은 생활이 예상 된다. 심신이 연약하여 주변 사람들에게 피해의식(피해意識)을 느끼는 등 고독한 삶을 살게 되고 부부간의 정도 박(薄)약한 흉힌 수리이다.

13. 총명격(總明格) - 입신양명지상(立身揚名之象) = <사용하면 좋은 수>
명철한 두뇌로 크게 성공하는 수입니다.

두뇌가 상당히 명철(明哲)하고 사고력(思考力)이 깊으며 이지적이다. 처세술(處世術)에 능통하고 재주가 뛰어나 주변의 부러움을 몸에 받는 길한 수리이다. 탁월(卓越)한 지략(智略)으로 대업을 이루고 천하를 호령하는 등 대 성공의 길한 수리이니 많은 사람을 통솔하고 사회적인 명성을 얻게 된다. 응사유공(應事有功)하여 입신양명하니 가문의 발전과 명예가 있고 행복한 가정을 영위한다. 점진적인 발전이 있으니 무(無)에서 유(有)를 창조하는 천복이 따르니 매우 길한 수리이다.

14.이산격(離散格)-파난실패지상(波亂失敗之象)-<사용 불가한 수>
흩어지는 불길한 수리입니다.
일시적인 성공은 이루겠으나 매사가 분리(分離) 되는 흉한 수리이다. 지혜가 출중하고 능력은 갖추고 있으나 그 진가를 발휘하기 어렵다. 노력에 비해 대가가 적고 공이 없으니 매사가 뜻대로 이루어지기 힘들다. 가정에 파탄(破綻)이 생기고 부부와 자녀와의 생리사별(生離死別)이 있는 불길한 수리이며 혹은 타향에서 천신만고 하여 고독 번민 실패 곤고 병약 등의 흉 운을 면하기 어려운 운의 수리이다.

15.통솔격(統率格)-만물통합지상(萬物統合之象)=<사용하면 좋은 수>
지도자로 만인이 우러러보는 수리입니다.
지와 덕을 겸비하니 주변의 신망(信望)이 두터워 많은 사람들로부터 추앙(推仰)을 받아 사회적인 명성과 신뢰를 얻게 되는 대길 수리이다. 부귀지존(富貴至尊)에 부귀쌍전(富貴雙全)이니 혹 초운에 곤란함과 어려움이 따른다 하더라도 위기를 모면하여 대업을 이루니 부귀 수복이 무궁하다. 한 번 맡은 일은 반듯이 성공적으로 이루어 내고 그 능력을 발휘하게 되므로 어디를 가든지 그 명성이 그치지 않은 대길 수리이다.

16.덕망격(德望格)-온후유덕지상(溫厚有德之象)=<사용하면 좋은 수>
성격이 원만하고 덕망이 있는 좋은 수리입니다.
강유겸전(剛柔兼全)한 운성으로 인망과 재록이 풍성한 격이라 대업을 성취하여 부귀공명(富貴功名)하는 천부의 행복을 누리는 수이다. 자력(自力)으로 성공을 이루고 매사에 인정이 많아 주변의 도움이 끊이지 않는다. 사회적인 발전과 명성을 이루고 흉 운을 피하고 길 운만을 맞이하는 기회를 가지며 주변의 조력(助力)으로 큰일을 성사하게 된다. 사교술은 부족하지만 천성이 인자하여 가문이 번창한다.

17.건창격(健暢格)-만사통달지상(萬事通達之象)=<사용하면 좋은 수>
부귀와 명예가 따르는 좋은 수리입니다.
큰 뜻과 큰 계획을 품고 난관(難關)을 극복 매진하여 초지일관(初志一貫)으로써 대사를 완수하며 끈기로 결국 자립 대성하니 만인의 존중(尊重)과 존경(尊敬)을 한 몸에 받는 대길의 수리다. 의지가 강하고 매사가 적극적으로 진행하니 일단 시작을 하면 반듯이 원하는 바를 성취하는 불굴의 기상이 있다 관록(官祿)이 좋고 명예(名譽)와 부귀(富貴)를 같이 겸비하니 세상에 부러울 것이 없는 길운의 수리이다.

18.발전격(發展格)-진취발전지상(進取發展之象)=<사용하면 좋은 수>
나날히 발전 번창하는 좋은 수리입니다.
강한 의지로써 능히 대업을 수행하여 부귀영달(富貴令達)하며 뭇사람의 존경을 받아 사회적으로 상당한 지위에 군림하여 양명사해(揚名四海)하는 길 격이다. 비록 한때 곤란을 겪고 어려운 처지에서 곤난을 당하더라도 굳은 신념과 의지로 극복하여 배가 성공을 이룬다. 생각하는 바가 원대하고 그 포부와 기상이 출중하니 만사가 순탄하며 공명을 떨쳐 일신이 고귀한 지위에 올라 탁월한 실력을 발휘하게 되는 수리이다.

19.고난격(苦難格)-봉학상익지상(鳳鶴傷翼之象)=<사용 불가한 수>
고생 끝에 낙이 오는 수로 불용수리 입니다.
뛰어난 지모로 대업을 성취할지라도 일시적인 성공에 불과하며 중도에 실패하니 안타깝다. 부부의 인연이 박약하고 육친이 부덕(不德)하며 심지어는 형화(刑禍)조난처자의 생사이별 등의 흉 운을 초래하는 흉 격이다. 재주가 뛰어나도 예상치 않은 일로 인해 좌절을 당하거나 허망(虛妄)해 지는 경우가 발생하여 고통을 당한다. 부부가 해로

하기 힘들고 자녀 운도 불길하며 매사에 마무리가 약하다.

20. 허망격(虛妄格) - 만사공허지상(萬事空虛之象) - <사용 불가한 수>
공허하여 실속이 없는 수리 입니다.

일시적인 성공이 있을지라도 모든 일이 쇠퇴하고 운기(運氣)가 공허하다. 심신이 허약하고 육친(六親)이 부덕(不德)하며 혹은 부부 자녀 간에 생사이별이 있고 형액 변사 등 단명에 이르는 흉 운의 운이 수이다. 삶이 적막하며 매사가 수포로 돌아가니 좋은 자질과 재능이 있어도 빛을 발하기 어렵다 한시도 편할 날이 없으니 심신이 고달프고 매사가 허망(虛妄)하므로 일생을 고독하고 어렵게 살아가는 매우 흉한 수리이다.

21. 두령격(頭領格) - 만인앙시지상(萬人仰視之象) = <사용하면 좋은 수>
훌륭한 지도자가 되는 수입니다.

대업을 완수하여 부귀공명(富貴功名)하는 대길 운으로서 탁월한 지모(智謀)와 덕량(德量)은 만인의 신망을 한 몸에 받기에 부족함이 없다. 의지(意志)가 완고하고 매사가 의욕적(意慾的)이며 진취적이므로 주변사람들을 잘 이끌어간다. 어떠한 어려움이 닥쳐도 능히 지혜롭게 헤쳐 나가는 지략이 뛰어나고 인정이 많아 만인의 인정을 받기에 부족함이 없다.

22. 중절격(中折格) - 신상위변지상(身上危變之象) - <사용 불가한 수>
중도에 난관이 많은 불길한 수입니다.

열심히 하려는 의지(意志)는 좋으나 일시적인 성공(成功)은 얻을 수 있으나 매사에 중도 좌절하게 되는 격이다. 실패 곤고 형액 조난 역경에 처하며 가정생활이 불길하여 처자와 상별하게 된다. 심지어 자신이 질병에 시달리거나 단명(短命)하게 되는 불길한 수리이다. 성격이 편협(偏狹)하고 독립심(獨立心)이 결여되어 있어 추진력이 미흡하다. 학생의 경우 학업을 중도에서 포기하게 되거나 전반적으로 정체되어 운이 하락하게 되는 불길한 수이리다

23. 융창격(隆昌格) - 행복공명지상(幸福功名之象) = <사용하면 좋은 수>
신뢰와 존경을 받아 부귀공명 하는 수입니다.
명철한 두뇌와 탁월한 덕량(德量)으로 비천한 가운데서도 일약 출세하여 영도적 지위와 권세를 획득하는 길 격이다. 그 권위(權威)가 왕성하여 대중의 신뢰와 존경을 받아 부귀와 명예를 누린다. 뜻이 원대하니 넓은 도량(度量)과 이해심으로 주변 사람들을 이끌어 가므로 인기와 명망(名望)이 높다. 인내심(忍耐心)과 성실성(誠實性)의 발현이 뛰어나므로 반드시 큰 뜻을 이루어 널리 이름을 날릴 수 있는 대길의 수이다.

24. 입신격(入身格) - 등천축재지상(登天蓄財之象) = <사용하면 좋은 수>
출세와 축재로 큰일을 성취해내는 수입니다.
두뇌가 뛰어난 격이다. 지모(智謀)와 재략(才略)의 출중함과 불굴의 분투노력으로 점진적인 성공을 하여 대업을 완수하고 그 공명(功名)이 천하에 알려지는 대길수로서 특히 무일물(無一物)로부터 점차 축재하여 부귀영달(富貴榮達)하는 재성(財星)대길 운이다. 독립심이 강하고 외유내강(外柔內剛)한 성품으로 실속을 추구하는 목표를 달성해 나가고 부부가 백년해로 하니 자녀 또한 가문을 빛내게 된다.

25. 안강격(安康格) - 순풍항해지상(順風航海之象) = <사용하면 좋은 수>
능수능란한 수완으로 재록이 풍부한 수입니다.
추진력(推進力)이 우수하고 능수능란한 수완으로 자수성가(自手成家)하여 대업을 달성하고 제사(諸事)가 형통한다. 명예와 재물을 겸득하

는 행복의 대길수로서 재록(財祿)이 풍성한 재성(財星)운의 수이다. 가정이 화평(和平)하고 부부가 해로하고 안정적인 가정생활을 이끌어 갈수 있다. 일생(一生)의 큰 변화나 어려움 없이 평탄한 삶을 살게 되며 성실함과 노력을 아끼지 않으므로 매사가 전진적(前進的)으로 발전하여 큰 이득을 얻게 되는 길격이다.

26.시비격(是非格)-평지풍파지상(平地風波之象)-<사용 불가한 수>
영웅의수로 풍전등화와 같이 파란이 많습니다.

영웅 수리로써 위대한 발전을 얻을 수 있으나 파죽지세(破竹之勢)와 같이 공명(功名)과 대성은 일시적이요 운명이 풍전등화(風前燈火)와 같으니 파란이 중중(重重)하여 일생이 분주하고 공사가 허망하니 실속이 없는 허무한 세월을 돌이켜 탄식하게 되는 수이다. 육친(六親)의 덕(德)이 없고 외롭게 인생을 홀로 걸어가게 되며 인간관계에 장애가 많이 생기며 성공을 이룬다 하여도 반대로 크게 실패를 맛볼 수 있으니 불행이 연이어 풍파(風波)가 닥치게 되는 흉한 수리이다.

27.중단격(中斷格)-매사좌절지상(每事挫折之象)-<사용 불가한 수>
낙마접골의 수로 중도 좌절하는 수입니다.
강한 자부심(自負心)과 추진력(推進力)으로 매사에 전진하며 최선을 다하지만 노력한 만큼의 대가(代價)를 얻기 힘든 수리다. 원하는 목적을 이루는 과정에서 중도에 좌절(挫折)되는 일이 많고 실패. 곤고 조난. 형액불구. 단명 등 흥망성쇠(興亡盛衰)의 파탄(破綻)이 중첩(中疊)되는 운이다 성공을 이룬다 하여도 다시 실패를 맛보게 되므로 독단적인 사고를 줄이고 주변 사람들과 원만한 관계를 유지해 나가는 노력을 게을리 하면 안 된다.

28. 파란격(波亂格)-일엽편주지상(一葉片舟之象)-<사용 불가한 수>
파란과 풍파의 재앙이 따르는 수입니다.

만경창파(萬頃蒼波)에 일엽편주(一葉片舟)와 같은 운명으로 변란이 많으며 일신에 영화가 있으면 가정에 재앙(災殃)이 생기게 되며 가정이 평안하면 일신에 신고(身故)가 속출하게 되는 불길한 수리이다 활동은 왕성하고 영웅호걸(英雄豪傑)처럼 이름을 떨칠 수도 있겠지만 예상치 못한 난관에 부딪혀 파란만장(波瀾萬丈)한 삶을 살게 되는 일이 허다하다. 모진 세파에 시달려 뜻대로 되니 일이 없으니 이상과 현실사이에서 고민하고 방황하게 되는 흉 격의 수리이다.

29. 성공격(成功格)-신록유실지상(新綠有實之象)=<사용하면 좋은 수>
성공을 이루어 행복을 누리는 수입니다.

왕성한 활동력(活動力)과 투시로써 대업을 달성하여 부귀장수 안락 등을 누리며 사회적으로 상당한 지위를 획득하게 되는 명망(名望)이 수이다. 재주가 뛰어나고 지혜가 출중하니 처세술(處世術)에 능하여 재산과 권력을 함께 얻을 수 있다. 중도에 좌절되는 법이 없고 초지일관(初志一貫)하여 전진 발전을 이루어 부귀영달(富貴令達)하게 되며 세상에 그 명성(名聲)을 널리 알리게 되니 자손 대까지 번영하게 되는 길한 수리다.

30. 부몽격(浮夢格)-무정세월지상(無情歲月之象)-<사용 불가한 수>
무정세월의 불측 격의 수리입니다.

길과 흉이 반반인 수리이다. 일시적인 대성은 기할 수 있으나 불운이 시작되면 그 난(難)을 예측키 어렵다. 매사가 분명치 못하고 우왕좌왕(右往左往)하다가 타향객지에서 고독(孤獨)과 수심을 면키 어려운 수이다. 한번 대성을 이루면 일생에 한번은 크게 좌절하게 된다. 명석한 두뇌와 왕성한 활동력을 지녔고 매사를 의욕적(意慾的)으로 진행하지만 결국 모든 것이 한순간에 사라져버리게 되니 예상치 못한 액운(厄運)이 겹치게 된다.

31. 흥성격(興盛格)-자립영화지상(自立榮華之象)=<사용하면 좋은 수>
나날이 번창하는 좋은 수입니다.
대내외적으로 발전이 있고 견실(堅實)하고 자주적인 정신(精神)으로 성공적인 삶을 살게 된다. 의지(意志)가 곧고 바르며 통찰력(通察力)이 우수하여 대인관계도 원만하다. 지도자(指導者)적인 자질을 겸비하였으니 능히 만인을 통솔하고 다스리기에 부족함이 없는 길한 수리이다. 지략(智略)이 뛰어나 어려운 난관에 봉착하더라도 능히 극복해 나가는 위기관리 능력이 탁월하며 부귀와 명성을 누릴 대길 수리이다.

32. 순풍격(順風格)-의외형복지상(意外亨福之象)=<사용하면 좋은 수>
귀인이 도와주는 좋은 수입니다.
순풍에 돛단배 격으로 때를 만나면 의외의 생재(生財)로 생활의 기초를 확립하며 제사(諸事)가 형통하여 수복강령 하는 대길 운으로서 윗사람의 후원을 얻어 순조로운 성공을 이루거나 인생에 큰 전환점(轉換點)을 이룰만한 은인을 만나 대 성공의 기회를 얻게 되어 사회적인 대성을 이룬다. 중도 좌절되는 일이 없고 하는 일마다 좋은 결실을 만들어내니 그 명성(名聲)이 날로 발전을 이루고 존경받는 인물이 된다.

33. 왕성격(旺盛格)-욱일승천지상(旭日昇天之象)=<사용하면 좋은 수>
용이 구름을 타고 하늘로 올라가는 수입니다.
결단력(決斷力)이 출중하고 특이하게 두각을 나타내며 대지대업(大志大業)을 달성하여 권세가 충천하니 만인의 추앙(推仰)을 받으며 명성이 천하를 진동한다. 자신만만한과 적극성으로 기회를 얻으므로 성공을 이끌고 행여 어려움과 위기(危機)가 닥친다 하더라도 뛰어난 재능과 지모(智謀)로서 능히 헤쳐 나가 부귀공명하게 된다. 반면 성격이 강하고 투명하여 타인의 경쟁 상대가 잘 되므로 큰 덕을 쌓아 나간다면 훌륭한 대인관계를 유지하여 만인을 통솔하는 훌륭한 지도자의 인물이 된다.

34.파멸격(破滅格)-재해풍파지상(災害風破之象)-<사용 불가한 수>
파란만장한 수로 사용하지 않는 수리입니다.
파멸(破滅)의 운으로서 불의의 재화(災禍)가 속출하여 만사가 지체되며 화란(禍亂)을 초래 한다. 일시적인 성공도 실패로 이어지고 부부가 해로하기 어렵고 자녀와 상별하게 되거나 심지어는 형액패가망신 등의 흉 운이 속출되는 운의 수이다. 파괴(破壞)와 파멸(破滅)로 파란만장(波瀾萬丈)한 인생을 살게 되고 원하지 않는 재난이 속출하여 되는 일이 하나도 없다 그러나 타고난 천성이 밝고 명랑하여 주변의 도움을 받게 되지만 성공 후에는 반드시 실패가 따르게 되는 불길한 수이다.

35.태평격(泰平格)-만물평화지상(萬物平和之象)=<사용하면 좋은 수>
온순 태평으로 만사형통하는 수리입니다.
자기분수에 합당한 천부(天賦)에 근면하며 충직 성실하게 선심일관(善心一貫)하여 유익한 사업가에 안과종사(安過從事)하고 행복 부귀 장수하는 길 상수이다. 성품이 온순하고 대인관계가 원만하여 두터운 신망(信望)을 받게 되고 지모(智謀)와 지략(智略)이 뛰어나서 사회적으로도 큰 발전을 이루기에 전혀 손색이 없다. 가정생활이 원만하고 부부 운이 좋아 서로를 아끼고 사랑해주니 가정이 발전하고 자손에게 까지 그 영화로움이 미치게 되는 길한 수리다

36. 실패격(失敗格) - 골육상쟁지상(骨肉相爭之象) - <사용 불가한 수>
영웅시비의수로 변화무쌍한 변동의 수리입니다.

의협(義俠)적인 영웅 운으로서 인생이 파란곡절이 심하다. 혹 만인이 부러워하는 권세에 이를 수는 있으나 자만하면 변동(變動)과 극쇠를 내포한 희비쌍곡(喜悲雙曲)을 이루게 되고 변화무쌍(變化無雙)의 생을 살게 되며 파멸할 수 있는 운수이다. 타고난 명석함과 뛰어난 지략이 있다하나 운이 도와주지 못하니 재난(災難)을 면하기 어렵다. 재운이 미약하니 늘 근심과 걱정이 떠날 날이 없으며 의협심(義俠心)으로 인해 패가망신(敗家亡身)하는 지경에 이르게 되는 흉한 수리다.

37. 태공격(泰功格) - 유의유덕지상(有義有德之象) = <사용하면 좋은 수>
부귀명예가 따르는 좋은 수입니다.

강호(剛豪)한 과단성으로 능히·천하의 어려운 일을 선도(善導)처리하고 대업을 성취하여 명성이 사회에 진동하는 영웅으로서 천부(天賦)의 행복과 부귀영화를 향수 하는 대길 수이다. 지모와 자략이 탁월하고 매사가 공평무사(公平無私)하니 주변으로부터 아낌없는 신망을 얻는다. 부귀와 명성이 함께 따르니 결코 아쉬울 것이 없다. 재물이 풍요로우며 자손이 번창 하고 가정이 평화로우니 부귀 영화롭고 이름을 사해에 떨치게 되는 대길 수리다.

38. 복록격(福祿格) - 학사입신지상(學士入身之象) = <사용하면 좋은 수>
입신양명하는 수리입니다.

천재적 재능(才能)과 명철한 두뇌는 문학예술 창작 발명 등의 방면으로 대단한 발달을 초래하며 선진적 인물로서 입신양면(立身揚名)하고 부귀공명(富貴功名)하는 대길 수이다. 무에서 유를 창작해 내는 능력이 우수하고 목적의식이 뚜렷하여 매사가 전진적인 발전을 이룬다. 때로는 이상주의적(理想主義的)인 발상으로 현실을 무시하고 독단적(獨斷的)인 사고로 인해 고생을 스스로 자처하는 경우가 있지만 대부분 평탄한 인생을 살고 사회적으로도 두터운 신망을 얻는 길한 수리다.

39.안태격(安泰格)-안락다복지상(安樂多福之象)=<사용하면 좋은 수>
부귀영화로 안락하게 살아가는 수입니다.
천성(天性)이 고결(高潔)하여 존경을 받게 되며 모든 일을 현철(賢哲)하게 계획하고 처리하는 민활성이 있어 파죽지세(破竹之勢)로 성공하게 되며 부귀 명예가 따르고 일령지하(一令之下)에 만민을 통솔하는 격이다. 사회적으로는 출세를 보장받으며 가정적으로도 복록이 따르게 되니 부부사이에 정이 좋으며 자손이 대대로 형통을 누리게 된다. 비로 역경(逆境)이 있다 하더라도 지혜와 인내로 위기를 모면하게 되고 노력하면 반드시 그 대가를 얻게 된다.

40.무상격(無常格)-도로무공지상(徒勞無功之象)-<사용 불가한 수>
도로 아미타불로 공허한 수입니다.
일시적인 대성은 기할 수 있으나 운기(운기)가 공허하고 변화무상하다. 모든 일이 도로무공(徒勞無功)하니 가석(可惜)하다. 조업(祖業)은 지키기 어렵고 투기적 허욕으로 패가망신하는 운의 수이다. 인덕(人德)이 부족하여 하는 일마다 실패를 면하기 어렵고 주변 사람으로 인해 금전적인 어려움을 겪게 되는 일이 허다하다. 노력한 만큼의 대가를 이루기 어렵고 겉은 좋아 보여도 실속이 없어 항상 손해를 면하기 어려운 불길한 수리다.

41.고명격(高名格)-명진사해지상(名振四海之象)=<사용하면 좋은 수>
대업을 이루는 수리입니다.
영명 준수한 인품으로 현출(顯出)하여 제중(濟衆)의 대망(大望)을 품고 실천하는 수리다. 지도자(指導者)의 자질이 풍부하고 대망의 포부를 지녔으니 사회적인 명망과 인기를 한 몸에 얻을 수 있는 길 격이다. 강한 의지와 담력을 지니고 있으며 재물과 덕망까지 함께 갖추고 있으므로 세인의 존경(尊敬)을 받아 명성을 얻으니 지도자로서 제도중생 하여 그 역할을 충분히 발휘할 수 있다.

42.실의격(失意格)-진퇴고고지상(進退苦孤之象)-<사용 불가한 수>
고행이 따르는 수입니다.
성품이 완강하여 굽힐 줄 모르니 대인관계(對人關係)가 원만하지 못하다. 편견이 심하고 스스로를 힘겹게 하므로 가족 간의 인연 또한 박(薄)하다. 잦은 변동으로 한 곳에 오래 머물기 힘들고 질병(疾病)과 형액(刑厄)등을 모면하기 어려운 흉수이다. 타고난 지혜와 지모가 출중하여도 호운(好運)을 만나기 어렵고 노력한 일에 비해 결과가 미흡하므로 매사에 중도 좌절하는 일이 많다. 실천력이 없어 결정적인 기회를 잘 놓치는 등 일에 시작은 있어도 끝맺음이 항상 아쉬운 흉수다.

43.산재격(散財格)-육친무덕지상(六親無德之象)-<사용 불가한 수>
재산이 흩어지는 수입니다.
일시적(一時的)인 성공으로 행복한 듯하나 내면은 곤고하고 정신착란(精神錯亂)으로 실의하여 불의의 재난 산재의 파란(波瀾)을 당하게 된다. 겉은 화려하고 좋아보여도 내면세계는 부실하고 실속이 없어 손해 보는 일을 많이 당하므로 주변 사람들에게 이용을 잘 당하는 흉 운이다. 비록 지혜(智慧)와 모략(謀略)이 뛰어나다 하여도 의지

가약하고 결단력이 없어 사소한 일에도 고민에 휩싸여 큰일을 이루어 내기 어려우니 매사에 중도 장애가 많이 있게 된다.

44.파멸격(破滅格)-평지풍파지상(平地風波之象)-<사용 불가한 수>
평지풍파가 생기는 수입니다.
일생동안 끊임없는 곤액(困厄)으로 평탄하지 못한 삶을 살게 된다. 일시적인 성공을 이룰 수는 있어도 하루아침에 파멸(破滅)할 수도 있는 수리로서 제사(諸事)가 쇠패하니 병난. 불구. 피살. 돌발. 급변. 가정이산. 단명. 등의 흉 운이 늘 암시되어 있는 흉 격이다. 신경이 예민하여 창의력(創意力)은 있어 보이나 기초가 불안하여 일을 진행하여도 끝까지 진행되는 일이 드물고 일이 잘 진행된다 하더라도 예기치 못한 돌발사고로 인해 공사가 허망해지는 흉수다.

45.현달격(顯達格)-명월광채지상(明月光彩之象)=<사용하면 좋은 수>
만인이 우러러 보며 그 명성이 천하를 진동케 된다.
지모(智謀)가 뛰어나게 경륜이 깊고 순풍에 돛을 달고 잔잔한 물결을 저어가는 것과 같다. 대지대업을 성취하고 일세에 관절(冠絶)한 명성과 영예가 무비하여 특히 달세(達世)의 선견지명이 있어 만인의 사표(師表)가 되는 길 격이다. 고귀한 인격으로서 타인의 신망과 지덕으로 모든 일을 현명하게 처리하여 마침내 대의 대성하게 되니 그 명성이 미치지 않는 곳이 없다.

46.부자격(不知格)-암행심야지상(暗行深夜之象)-<사용 불가한 수>

자립대성이 어렵고 모든 일이 부운지격(浮雲之格)과 같이 허무한 결과로써 어두운 밤길을 가는 나그네와 같아 답답함과 수심으로 자탄만을 거듭할 뿐으로 불길한 수이다. 또한 병 약과 고독(孤獨)으로 단명(短命)하기까지 이르는 불행을 암시하는 흉수이다. 비록 포부와 이상이 있다한들 의지가 약하고 실천력과 융통성이 부족하니 발전을 이루기 매우 어렵다. 깊은 수심에서 벗어나지 못해 홀로 고독한 여생을 보내게 되는 흉수다.

47.득세격(得世格)-일확천금지상(一攫千金之象)=<사용하면 좋은 수>
권세와 재물을 함께 얻는 수입니다.
준걸(俊傑)한 영웅(英雄)이 때를 얻어 재명(才名)과 권세를 사회에 떨치는 길운으로서 제사(諸事)가 순조 발전하여 재산이 풍부하고 자손만대 번창하는 대길 수이다. 굳은 성품과 더불어 온유한 심성을 같이 겸비했으므로 주변 사람들로부터 신망(信望)을 얻으며 군계일학(群鷄一鶴)의 타고난 지도자적 재능을 발휘한다. 맡은바 책임을 완수하고 매사에 성실하고 정직하게 충성을 다하므로 순조로운 발전과 함께 권세와 명예를 함께 얻게 되는 매우 길한 수리다.

48.유덕격(有德格)-식록유덕지상(食祿有德之象)-<사용하면 좋은 수>
덕이 있는 수로 부귀영달 하는 좋은 수리입니다.
모든 일이 사오 통달하는 발전하는 운이 있으며 지모(智謀)와 재능(才能)이 가득하여 천하지사를 호령하게 되며 만인의 지도자가 될 수 있고 한평생을 태평 성대하게 보내게 되며 때가 오면 세사를 받아 덕으로 치정 하게 되어 백성들은 태평으로 세월을 즐기게 되는 길수라 하겠다. 물고기가 물을 만나 힘차게 헤엄을 치고 있는 격이니 만사가 원하는 대로 이루어지고 실패가 없으며 부부가 화합하고 자손이 번창 하게 된다.

49.흥망격(凶妄格)-변화성채지상(變化成敗之象)-<사용 불가한 수>
일진일퇴의수로 흥패가 거듭되는 수리입니다.

일성일패(一盛一敗)격으로 대성하면 실패하고 실패하면 다시 성공하여 길흉의 변화가 상반되는 운성으로 대길하고 흉한즉 대흉으로 전락되는 운의 수이다. 비록 특출하고 영특한 재능으로 자수성가를 한다. 하여도 다시 실패를 맛보게 되는 변화무쌍(變化無雙)한 운의 수리다. 심리상태가 불안정하고 자신감이 결여되기 쉬우므로 쉽게 좌절을 당하게 된다. 주거 이동이 잦고 직업 변동도 잦으므로 매사가 불안정한 흉수이다.

50. 불행격(不幸格)-미래혼미지상(未來昏迷之象)-<사용 불가한 수>
불행이 따르는 수리입니다.
위인(爲人)이 혼미(昏迷)하여 자립 불능하고 타력으로 간혹 소성(小成)은 있으나 풍전등화와도 같이 위험한 불행이 초래되며 심신이 허약하고 병난과 고액을 야기하여 결국 단명하게까지 되는 흉수이다. 다른 사람의 도움으로 성공을 거둔다하여도 뿌리 약한 나무와 같으니 성공이 오래 지속되기는 어렵다. 말년으로 갈수로 고독하고 실패를 거듭하여 급기야 패가망신(敗家亡身)하여 불행한 생을 보내게 되는 흉 격이다.

51. 만성격(晩成格)-대기만성지상(大器晩成之象)-<사용 불가한 수>

진출(進出)하는 기상이 강건하고 위인이 정직하여 처음 난경을 극복하여 나가면 대업(大業)을 성취하게 되며 안과세월(安過歲月)하게 된다. 또한 자손의 운에 있어서도 공명을 떨치게 되고 명예가 세상에 거듭나게 된다. 진취적이며 자립심이 강하여 한때 큰 성공을 이룰 수도 있겠지만 일장춘몽(一場春夢)으로 물거품이 될 수 있는 소지가 많으므로 항상 몸가짐을 바로하고 수련하는 일을 게을리 하면 안 된다.

52.능통격(能通格)-전진형통지상(前進亨通之象)=<사용하면 좋은 수>

자성(資性)이 영준(英俊)하여 사물처리에 능하고 대업을 창립하여 자수성가하여 명영투철(明英透徹)하여 대사를 성취할 수 있으며 대학자나 정치가를 배출 할 수 있는 길수이다. 선경지명이 있어 큰일을 도모함에 있어 그 지혜로움을 따를 자가 없으며 어떤 어려움에 봉착하더라도 절망하는 법이 없이 불굴(不屈)의 정신으로 이겨낸다. 경영하는 일들이 해가 거듭할 수로 배가성장을 이루니 그 명성이 온 세상에 가득하게 되는 길한 수이다.

53.불화격(不和格)-불화쟁론지상(不和爭論之象)-<사용 불가한 수>
외부내빈의수로 겉으로는 좋으나 안에서는 재화가 따른다.
겉으로 볼 때는 평온해 보이나 실속이 없는 외부내빈격(外富內貧格)이며 의지가 견고하지 못하여 대개 반생은 길운이 있겠으나 만년에는 길변파가(吉變破家)로 망신하게 되며 완강한 성질이 있어 목적은 달성하나 박약 불합의 흉수이다. 생각과 행동이 일치하기 어렵고 성품이 심약하여 현실적인 것과 거리가 먼 이상주의적(理想主義的)인 발상에 사로잡혀 진척되는 일이 없다. 삶에 굴곡(屈曲)이 심하여 부부 생리사별(生離死別) 횡액수술 등의 불길한 일을 당하게 되는 흉운의 수리이다.

54.패망격(敗亡格)-패가망신지상(敗家亡身之象)-<사용 불가한 수>
낙마 골절 불구 단명 고독 등 불길한 수입니다.
분투성과 완강한 운성은 일시적인 성공을 기할 수 있으나 도로무공이요 운로가 불행하여 근심과 고난이 끊일 사이 없으니 패가망신(패가망신)혹은 형액(刑厄) 불구 변사 등의 흉 운이 초래되는 수이다. 지혜가 남다르고 그 용모가 출중하여 대업을 이룬다 하더라도 모든

것이 일시에 사라지는 격이므로 역경(逆境)을 피하기 어려운 수이다. 계획하는 일마다 장애가 생기고 근심과 걱정이 끊이지 않는 흉 격의 수리다.

55.불안격(不安格)-만사불성지상(萬事不成之象)-<사용 불가한 수>
재화가 따르는 수리입니다.
매우 융성한 운인 것 같지만 용동수중(龍動水中)격으로서 재화(災禍)가 있어 매사 불안정하며 이별의 비애 등 수난을 피하기 어려운 수리이다. 걸보기에는 화려하고 아무런 근심과 걱정이 없어 보여도 실패로 인한 우울증(憂鬱症)에 시달리게 되고 절망에 빠지기 쉽다. 역경이 닥칠 때는 인내력이 부족하여 쉽게 좌절하고 성급한 결단으로 일시에 무너져 버리는 결과를 초래하기 쉬우므로 파산.병고.재화의 위협을 모면하기 어려운 흉 격이다.

56.부족격(不足格)-부족부진지상(不足不振之象)-<사용 불가한 수>
만사불성으로 허망한 수입니다.
모든 일에 실행력이 부족하며 진취성(進就性)이 박약하고 하는 일마다 실패가 거듭되는 흉 격의 수리이다. 자립정신이 전혀 없어 일찍이 탕o에서 많은 신고와 고통 끝에 행복할 수도 있겠으나 대게는 욕대심소(慾大心小)하여 뜬구름에 한숨이 서리게 되는 격이므로 매사가 순조롭지 못하여 끝에 가서는 병고와 재난으로 패가망신(敗家亡身)하게 되는 흉수다. 의지가 박약하고 인내력이 (忍耐力)이 부족한데다 주변의 도움조차 받기 어려우니 일평생을 고난(苦難)과 고통 속에 머물게 되는 흉수이다.

57.노력격(努力格)-성취대기지상(成就大起之象)=<사용하면 좋은 수>
노력하면 성사되어 부귀영달 하는 수입니다.

굳은 의지(意志)와 불굴의 정신으로 매사 하는 일마다 형통(亨通)함을 도모하게 되는 길한 수리다. 자성(資性)이 강의(剛毅)한 재질이 천부(天賦)되어 대달(大達)할 운으로 부귀영화를 누리게 된다. 어려움과 고난은 잠시이며 이를 극복한 뒤에는 반듯이 대업을 도모하게 되니 꾸준한 노력과 불굴의 정신으로 마침내 번영(繁英)을 이루게 된다. 가정에 만복이 깃들고 부부가 유정하며 자손에게까지 부귀와 영화가 미치게 되는 길 격의 수리이다.

58. 후복격(後福格) - 우후향화지상(雨後香花之象) - <사용 불가한 수>
대기만성으로 유종의미를 이루는 수입니다.
성패(成敗)파란이 심하여 길흉이 겹치는 운으로서 꾸준한 인내와 노력으로 결국 성공 영달하는 운이다. 처음에는 고난과 역경으로 고생(苦生)을 모면하기는 어렵지만 인내와 끈기로 극복을 하게 되고 말년으로 갈수록 그동안 노력(努力)한 일들이 아름답게 결실을 맺어주니 대기만성 격이라 할 수 있다. 처음과 끝이 초지일관(初志一貫)으로 한결같으니 한번 맡은 일은 끝까지 책임을 다하므로 결국 행복한 여생을 마치게 되는 길한 수이다.

59. 불우격(不遇格) - 매사불우지상(每事不遇之象) - <사용 불가한 수>
낙엽이 떨어지는 수입니다.
의지가 박약하고 인내력(忍耐力)이 부족하므로 모든 일이 불성(不成)이요 재화가 속출해서 역경에 빠지며 가산을 탕진하는 비운의 수리이다 가족 간의 인연이 박약하여 전혀 도움을 받을 수 없으며 오히려 불화(不和)가 잦아 손실과 파산의 지경에 이르게 된다. 한 번의 재난이 생기면 그것을 극복하기도 전에 다른 역경(逆境)으로 더욱 힘들게 되니 아무리 노력을 하여도 역경을 이겨내기 어렵다. 고독하게 생을 마감하게 되고 병고(病苦)에 시달리게 되는 흉격의 수이다.

60. 재화격(災禍格)-상하동요지상(上下動搖之象)-<사용 불가한 수>
노고가 많아 좌절하기 쉽고 깊은 밤길을 걷는 형상이다

매사가 무계획적이며 중심 없는 격으로서 하는 일이 불성하다. 또한 망망대해(茫茫大海)에 외로운 쪽배 격이므로 화란(禍亂)을 헤아리기 어려운 수로서 실패. 곤고. 형액. 피하. 병약. 단명 등의 흉재(凶災)를 초래하는 운의 수이다. 결국 어느 한 자리에 안주하지 못하고 심한이동과 변동으로 고통을 당하고 실패를 거듭하게 된다. 한 가지 일이라도 꾸준하게 진행하기 어려우며 가족간의 인연 또한 박(薄)하여 일생을 외롭고 고독하게 지내게 되는 흉수이다.

61. 영화격(榮華格)-개화만발지상(開花萬發之象)=<사용하면 좋은 수>
무해 무덕한 보통의수입니다.

견고한 지조와 매사에 결단성이 있고 재치가 출중하여 대지대업을 순성(順成)하고 상하의 신망을 얻게 되며 능히 목적을 달성하게 되니 부귀안정(富貴安定)하다. 사회적인 신망(信望)이 돈독하여 만인의 사표(師表)가 되고 주변의 신망을 얻어 사회적인 명성을 얻게 되는 길한 수리이다. 재물과 명예를 겸비(兼備)하게 되니 사업으로 대성을 이룬 뒤 정치계에 진출하게 되어 노력한 만큼의 만족스런 결과를 얻을 수 있게 된다.

62. 막막격(寞寞格)-일생신고지상(一生辛苦之象)-<사용 불가한 수>
고독한수로 푸른 물결에 배가 조각나는 형상 입니다.

운기(運氣)가 쇠퇴하여 만사가 불성이요 사회적 권위와 신용도 타락(墮落)하여 패가망신(敗家亡身)하고 병약 곤고 등이 따르게 되는 흉운의 수이다. 하는 일마다 실패를 거듭하고 사회적으로는 신망(信望)을 얻기 어려우니 심신이 고달프다.

산 넘어 산이라 힘겹게 성공(成功)을 이루면 예기치 못한 재앙(災殃)으로 사면초가(四面楚歌)에 막막함이 가중되니 인생이 답답하고 파란만장(波瀾萬丈)한 비운의 생을 살게 된다. 부부 생리사별(生離死別)하고 먼 타향에서 무의 도식하는 삶을 산다.

63.길상격(吉祥格)-만사발전지상(萬事發展之象)=<사용하면 좋은 수>
회춘동산지상으로 좋은 수리입니다.

경영하는 모든 일이 순조로이 발전하여 목적을 달성하고 명예(名譽)와 행복을 행운의 길 상수이다. 고난이 닥치더라도 인내(忍耐)와 끈기로 이겨내며 노력에 비해 그 결실이 풍요로우니 마음만 먹으면 못 이룰 일이 없다. 기품과 재략(才略)이 뛰어나고 부귀와 공명을 함께 얻을 수 있는 길한 격이므로 일생동안 행운이 따르게 된다. 사방에 도움을 주기 위해 기다리는 귀인(貴人)들로 가득하니 영화로운 삶을 살 수 있는 길한 수리이다.

64.고행격(苦行格)-매사만운지상(每事滿雲之象)-<사용 불가한 수>
입산수도하는수로 안 좋은 수리입니다.

꽃봉오리가 찬 서리를 만난 격으로서 운기(運氣)가 쇠퇴하여 좋은 계획을 세워도 모두 실패(失敗)하고 패가망신 재난이 끊일 새 없으니 병난 단명 등의 흉 운의 수리이다. 의욕(意慾)만을 앞세워 일을 진행하니 일의 시작은 있으나 끝마무리가 어렵고 무리한 결단력으로 중대사를 그르치게 되니 한평생 굴곡(屈曲)이 심한 생을 살게 된다. 실패가 계속 되므로 근심과 질병이 떠날 줄 모르고 재산과 손실을 겪게 된다.

65. 달성격(達成格)-순풍항해지상(順風港海之象)=<사용하면 좋은 수>
순풍에 항해하니 매사가 형통하는 수리입니다.

해가 충천한 격으로 제사(諸事)가 형통하여 금과 옥이 집에 가득하고 사회적으로 상당한 지위에서 만인을 지휘하며 가문이 번창하는 수복강녕(壽福康寧)한 대길상의 수이다. 성품이 온화하고 마음이 너그럽고 신의(信義)와 성실(誠實)로서 주변의 사람들로 신망을 받으니 모든 일이 뜻대로 잘 풀려가고 재물과 명예가 부족하지 않다. 부부가 유정하고 자손까지 복을 받으니 한 평생을 평탄하고 행복하게 보내게 되는 길 격이다.

66. 망망격(茫茫格)-진퇴양난지상(進退兩難之象)-<사용 불가한 수>
이러지도 저러지도 못하는 안 좋은 수리입니다.

어두운 밤에 행인이 등불을 잃은 격이니 진퇴양난(進退兩難)에 진도가 암담하여 재화가 속출하고 가정 불안. 패가망신. 병약 곤고 등이 따른다. 매사에 계획성이 없으므로 착오가 생기고 끝까지 마무리 되는 일이 없으니 하는 일마다 장애(障碍)가 생겨 제대로 진행되는 일이 없다. 부부간의 불화(不和)가 끊이지 않고 일치하기가 어렵다. 의지가 약하여 주변의 도움만을 구하니 스스로 노력하여 극복하고자 하는 자세가 빈약하다.

67. 성장격(成長格)-승승장구지상(乘勝長驅之象)=<사용하면 좋은 수>
초목이 무성한 형상으로 부귀영화 누리는 수입니다.

모든 난관을 돌파하여 세사(世事)에 통효(通曉)하니 경영하는 일이 순조롭게 발전한다. 천부의 행운으로 가도흥왕 부귀행복을 누리는 길상의 행운 수이다. 지와 덕을 겸비하니 하는 일마다 순조로운 발전을 이루고 만사가 형통(亨通)하다. 주변의 신망까지 얻어 귀인의 도움으로 경영하는 일들이 대성을 이루게 되니 자수성가 (自手成家)

하여 풍성한 재물로 부귀영화를 일평생 누리게 되는 길한 수이다.

68. 발명격(發明格)-명실상부지상(名實相符之象)=<사용하면 좋은 수>
노객이 지팡이를 잡은 형상으로 좋은 수입니다.
명석한 두뇌로 사물에 대한 궁리가 세밀하여 창의적(創意的)인 발명의 특질로 창작발명에 대성을 기하여 전진발전하며 가정의 기초를 확립하여 행복을 누리는 길상의 운수이다. 무(無)에서 유(有)를 창출해내는 능력이 우수하고 실속 있게 일을 처리해 나가므로 주변으로부터 인정을 받는다. 건실(健實)하고 근면한 노력으로 하는 일들이 거듭 성공을 이루니 부귀영화(富貴榮華)가 따르게 되고 가정이 안정되니 천하에 부러울 것이 없는 길한 수리이다.

69. 궁박격(窮迫格)-고목풍운지상(古木風雲之象)-<사용 불가한 수>
고목이 바람을 만난 격으로 불안초조한 수입니다.
시작은 그럴듯하나 점차 운이 쇠퇴되어 모든 일이 불안전(不安全)하고 파란(波瀾)이 돌출하니 상하좌우(上下左右)에 인덕이 없어 의지할 대상이 없다. 가족이 뿔뿔이 흩어져 사는 등 부부가 융화하지 못하고 가족이 화합하지 못해 고독하게 되고 병약. 곤난. 자살. 단명 등 악운중의 악운을 유도하는 수이다. 마음이 항상 불안하고 근심이 끊이지 않으니 의지가 박약하고 우유부단(優柔不斷)하여 제대로 일을 처리할 능력을 상실하는 흉 격이다.

70. 공허격(空虛格)-몰락멸지지상(沒落滅之之象)-<사용 불가한 수>
깊은 밤에 도적을 만난 격으로 암울하고 힘든 형상입니다.
암울한 성품에 매사에 자신감(自信感)이 결여되어 있고 주변에 늘 걱정거리가 생긴다. 부부 운마저 악인연을 만나 서로 원수(怨讐)처럼 생각하는 등 형액. 불구. 횡사. 단명 등의 비참한 운세를 유도 하는

수이다. 계획하는 일마다 제대로 진행되는 일이 없으며 사방을 둘러 보아도 적막할 뿐 한숨이 그칠 날이 없다. 선조(先祖)의 덕이 없으며 부모 형제와의 인연도 박(薄)하니 일찍부터 객지에서 떠돌아다니면서 고생하는 곤궁(困窮)한 운이다.

71.견실격(堅實格)-선고후감지상(先苦後甘之象)-<사용 불가한 수>
처음은 어렵지만 후일은 좋은 수입니다.
착실한 성품에 용모가 준수(俊秀)하고 사교적이다. 장래성이 밝으며 사회적으로 덕망과 능력을 인정받아 출세를 한다. 가정적으로 모범적(模範的)인 배우자 상이 되어 다복하고 부부애로 가득 차있으니 만인의 부러움과 존경을 한 몸에 받는다. 비록 선천운(先天運)이 비약하여 초년에 역경(逆境)을 겪을 수 있으나 능히 극복해내고 자수성가(自手成家)하여 대업을 이루니 말년을 향할수록 만사가 대길 하는 운수이다.

72.상반격(相半格)-길흉상반지상(吉凶相半之象)-<사용 불가한 수>
겉으로는 좋으나 실속이 없어 잘못하면 모든 것을 잃는 수입니다.
외행내흉격(外幸內凶格)으로서 길흉이 반반이요 선부후곤(先富後困)이라. 전반은 행복하나 흉 운으로 빠져드는 운의 수이다. 그러나 극단적(極端的)인 인생의 반전은 없이 무난하고 소탈한 삶을 살게 되는 경우도 있다. 처음엔 뜻하는 바대로 만사가 진행되어 순탄한 여정을 보내게 되지만 중반 이후부터는 돌발적(突發的)인 사고와 재난으로 그 동안 이루어 놓은 부와 명예가 한 순간에 실추(失墜)되는 일이 생기게 되는 흉한 상수이다.

73.평범격(平凡格)-행복길상지상(幸福吉祥之象)-<사용하면 좋은 수>
고목이 봄을 만난 격으로 분수를 지키면 좋은 수입니다.

실천력(實踐力)과 인내력(忍耐力)이 부족하여 대업을 이루나 자연의 복지를 향수하고 있는 고로 생애가 무난하고 평길(平吉)안과 하는 수이다. 비록 지혜와 용기와 결단력이 부족하다 하여도 평범함을 추구하고 작은 행복 속에서 만족한 삶을 영위하므로 무난하고 평탄한 삶을 살게 된다. 그러나 자신의 능력 이외의 일을 욕심을 내어 진행하면 패가망신(敗家亡身)하고 형액(刑厄)을 면하기 어려우니 자숙(自潚)하고 자족하는 마음을 가져야 한다.

74.우매격(愚昧格)-일생신고지상(一生身故之象)-<사용 불가한 수>
항해 중에 뱃길을 잃은 형상으로 불길한 수입니다.

다방면으로 재주는 풍부하나 부침과 동요(動搖)가 많아 재능이 사멸되고 일에 실패가 많다. 뜻하지 않는 불의의 재액(災厄)과 사고로 웅지(雄志)를 펴 볼 수도 없는 운이 야기되며 한평생 무위도식(無爲徒食)하게 되는 등 변란. 변고. 횡액. 조난. 불구 등을 유도한다. 지모가 부족하고 매사가 무계획 속에서 즉흥적으로 진행되니 실패를 당하여 고난을 면하기 어렵다. 소비가 심하고 지출이 과다하니 일생을 빈천(貧賤)하게 살게 되는 흉 격의 수리이다

75.안길격(安吉格)-개문복래지상(開門福來之象)=<사용하면 좋은 수>
반길 반흉 하니 매사 불여튼튼으로 성찰하는 수입니다.

타고난 심성이 온유유덕(溫柔有德)하고 지적이며 냉철한 사고력이 겸비되어 있으므로 매사에 능수능란하여 스스로 대성하고 만인의 신망을 얻는다. 적극적인 모습보다는 소극적이지만 실속을 차릴 줄 알며 신중한 자세를 잃지 않는다. 사회적으로는 안정된 기반을 만들 수 있으며 다정다감한 부부애로 백년해로(百年偕老) 할 수 있다.

분수를 지킬 줄 알고 끊임없이 자신을 되돌아보고 성찰하는 자세로 살면 자손이 잘 되는 등 매사가 순조롭다.

76.후길격(後吉格)-선흉후길지상(先凶後吉之象)-<사용 불가한 수>
평지에 풍파가 일어나는 수로 이산으로 슬픔을 당하게 됩니다.
조상으로부터 물려받은 유산(遺産)이 없고 육친(六親)이 무덕(無德)하고 가진 것 하나 없는 빈손에서 끈기 있는 노력으로 생활의 기초가 확립된다. 초년에는 곤궁하고 좌절을 피할 수 없지만 인내로서 극복하여 말년으로 갈수록 추진하는 업무도 발전하고 금전 운도 상승하여 대내외적 안정 속에 복록(福祿)을 누리게 된다. 가세도 흥왕(興旺)하고 부부 해로하는 선흉후길(先凶後吉)의 수이다.

77.활성격(活盛格)-춘성회춘지지상(春城回春之象)=<사용하면좋은 수>
봄을 만난 고갯길에 꽃이 핀 형상으로 강건한 좋은 수입니다.
초년에는 고생을 모면하기 어려우나 점차로 발전(發展)하는 상으로 변한다. 사색적(思索的)이고 치밀한 계산력과 판단력이 출중한 성품이다. 꾸준히 노력하는 자세를 인정받고 경영하는 일마다 귀인(貴人)의 도움이 그치지 않으므로 위기를 지혜롭게 극복하여 큰 성공을 이룬다. 중년부터는 순조로운 성공운(成功運)이 지속되어 뜻한 바를 성취하고 부귀현달(富貴顯達)하는 운세 속에 효성이 지극한 자손을 두며 부부 백년해로(百年偕老)하는 대길수이다.

78.무력격(無力格)-공성후퇴지상(功成後退之象)-<사용 불가한 수>
시행착오로 무력해지는 수입니다.
타고난 재능으로 초년(初年)에는 어느 정도 성공을 이루고 재물과 명예를 얻겠으나 중반으로 갈수록 운이 쇠퇴하여 곤란한 일을 당하게 되니 심신이 고달프다. 재치(才致)가 있고 성품이 섬세하여 주변

에 따르는 사람이 많지만 도움을 줄만한 귀인(貴人)은 없다. 실천력이 부족하여 목적 달성이 용이하지 않고 점차 운세가 쇠퇴(衰退)하여 금전적 고충을 겪고 인간적 갈등을 일으킨다. 가정적으로 이별수는 없으나 부부간에 언쟁이 심하고 자손 덕도 적다.

79.불신격(不伸格)-궁극불신지상(窮極不伸之象)-<사용 불가한 수>
날개 없이 나르다 떨어지는 형상으로 불길한 수입니다.
행운이 따르지 않으므로 뜻을 이루지 못하고 중도에 좌절(挫折)하거나 질병(疾病)으로 단명하게 되는 흉 격이다. 정신이 혼미하고 의지가 박약하여 자립이 힘들며 병고가 있어 활동을 제대로 못하는 형상(形象)이다. 아무리 노력을 하여도 그 결과는 불만족스럽거나 이익보다는 손실이 크니 매사가 퇴보(退步)하고 경제적 고충을 겪게 된다. 부부 운마저 불길해 생리사별(生離死別)이 있게 되고 교통사고. 횡액. 조난. 단명 등 흉 운을 유도하는 흉 격의 수리이다.

80종말격(終末格)-구사일생지상(九死一生之象)-<사용 불가한 수>
망령되이 움직이면 크게 패망하는 수입니다.
애서 이룬 일들이 좋은 결실을 맺기 어렵다. 일생동안 고난(苦難)이 끊이지 않으니 생각이 좁고 고집이 강해 타인(他人)과 융화(戎華)하기 어렵고 운세마저 밝은 태양에 먹구름이 끼는 형상이니 뜻하는 일이 제대로 이루어 지지 않는다. 인덕(人德)과 금전 복이 없으며 부부가 한집에 같이 산다고 해도 남남과 같은 형상이다. 자신의 분수를 지키고 과욕을 삼가면 재물이 풍족하지 못하더라도 행복한 삶을 영위할 것이다.

81.환희격(還喜格)-청룡등룡지상(靑龍登龍之象)=<사용하면 좋은 수>
자립정신으로 대성하는 칠전팔기의 형상입니다.

자획수중 가장 최 극수로서 양수인 1로 다시 환원(還元)되는 수리이다. 시작하면 크게 성공을 이룰 수 있는 수리이며 운기 력이 왕성하고 매사에 경사가 따른다. 명예를 실추했다 하더라도 회복(회복)할 수 있고 새롭게 시작하더라도 성공을 보장 받을 수 있다. 인내(忍耐)와 끈기로서 성공을 하는 격이므로 주변 사람들로부터 인정을 받으며 칠전팔기(七顚八起)의 불굴의 정신으로 화(화)를 복(福)으로 바꾸는 자립정신(自立精神)이 투철하다.

6장 성씨별 좋은 수리 배열

2획 성씨
정(丁) 복(卜) 내(乃) 인(人) 도(刀) 우(又)

2	2	2	2	2	2	2	2	2	2	2	2	2	2	2	2
1	5	1	14	1	22	3	12	4	9	4	11	4	19	5	6
5	1	14	1	22	1	12	3	9	4	11	4	19	4	6	5

2	2	2	2	2	2	2	2	2	2	2	2	2	2	2
5	11	5	16	6	9	6	15	6	23	9	14	9	22	11	22
11	5	16	5	9	6	15	6	23	6	14	9	22	9	22	11

2	2	2	2	2	2	2	2	2	2	2	2	2	2
13	16	13	22	14	15	14	19	14	21	15	16	16	19
16	13	22	13	15	14	19	14	21	14	16	15	19	16

3획 성씨
우(于) 천(千) 궁(弓) 간(干) 대(大) 범(凡) 산(山) 야(也)

3	3	3	3	3	3	3	3	3	3	3	3	3	3	3
2	13	3	10	3	12	3	18	4	4	14	5	8	5	10
13	2	10	3	12	3	18	3	4	14	4	8	5	10	5

3	3	3	3	3	3	3	3	3	3	3	3	3
5	13	8	10	8	13	8	21	10	22	12	20	13	22
13	5	10	8	13	8	21	8	22	10	20	12	22	13

3	3	3	3	3	3	3	3	3	3
14	15	14	18	14	21	15	20	18	20
15	14	18	14	21	14	20	15	20	18

4획 성씨

윤(尹) 문(文) 원(元) 공(孔) 왕(王) 태(太) 방(방) 변(卞) 모(毛) 부(夫)
공(公) 구(仇) 오(午) 천(天) 화(化) 정(井) 우(牛) 일(日) 인(仁) 목(木)
파(巴) 재(才) 중(中) 수(水) 금(今) 윤(允) 편(片) 항(亢) 아(牙)

4	4	4	4	4	4	4	4	4	4	4	4	4	4
2	9	3	4	3	14	4	7	4	9	4	13	4	17
9	2	4	3	14	3	7	4	9	4	13	4	17	4

4	4	4	4	4	4	4	4	4	4	4	4	4	4
4	21	7	14	9	12	9	20	11	14	11	20	12	13
21	4	14	7	12	9	20	9	14	11	20	11	13	12

4	4	4	4	4	4	4	4	4	4	4	4	4	4
12	17	12	19	12	21	13	20	14	17	17	20	14	19
17	12	19	12	21	12	20	13	17	14	20	17	19	14

4	4
14	20
20	19

5획 성씨

신(申) 백(白) 전(田) 현(玄) 석(石) 태(台) 옥(玉) 구(丘) 평(平) 피(皮) 소(召) 홍(弘) 점(占) 영(永) 공(功) 거(巨) 배(北) 책(冊) 포(包) 령(令) 과(瓜) 지(只) 화(禾) 사(司) 좌(左) 을지(乙支) 감(甘) 사(史) 무(戊) 영(永)

5	5	5	5	5	5	5	5	5	5	5	5	5
1	10	2	6	2	11	2	3	8	3	10	6	10
10	1	6	2	11	2	16	8	3	10	3	10	6

5	5	5	5	5	5	5	5	5	5	5	5	5
6	12	6	18	8	8	10	8	16	8	24	12	12	20
12	6	18	6	8	10	8	16	8	24	8	12	20	12

5	5	5
13	20	16
20	13	16

6획 성씨

박(朴) 안(安) 백(百) 전(全) 임(任) 주(朱) 길(吉) 이(伊) 미(米) 인(印) 수(守) 선(先) 호(好) 택(宅) 우(羽) 재(在) 규(圭) 광(光) 유(有) 장(庄) 렬(列) 앙(仰) 노(老) 서(西) 모(牟) 이(伊) 곡(曲) 후(后)

6	6	6	6	6	6	6	6	6	6	6	6	6	6
1	7	1	10	2	5	2	9	2	15	2	23	5	10
7	1	10	1	5	2	9	2	15	2	23	2	10	5

6	6	6	6	6	6	6	6	6	6	6	6	6	6
5	12	5	18	5	26	7	10	7	11	7	18	7	25	9
12	5	18	5	26	5	10	7	11	7	18	7	25	7	9

6	6	6	6	6	6	6	6	6	6	6	6	6	6	6	6
9	23	10	15	10	19	10	23	11	12	11	18	12	17	12	19
23	9	15	10	19	10	23	10	12	11	18	11	17	12	19	12

6	6	6	6	6	6	6	6
12	23	15	17	15	18	17	18
23	12	17	15	18	15	18	17

7획 성씨

이(李) 오(吳) 송(宋) 신(辛) 서(徐) 지(池) 차(車) 우(羽) 여(汝) 두(枓) 성(成) 여(余) 강(江) 하(何) 양(良) 군(君) 좌(佐) 극(克) 견(見) 초(初) 정(廷) 효(孝) 판(判) 초(初) 여(呂) 이(利) 보(甫) 두(杜)

7	7	7	7	7	7	7	7	7	7	7	7	7	7	7	7
1	10	1	6	1	24	4	4	14	6	10	6	11	6	18	8
10	1	16	1	24	1	4	14	4	10	6	11	6	18	6	8

7	7	7	7	7	7	7	7	7	7	7	7	7	7	7	7
8	9	8	10	8	16	8	17	8	24	9	16	9	16	9	22
9	8	10	8	16	8	17	8	24	8	16	9	16	9	22	9

7	7	7	7	7	7	7	7	7	7	7	7	7	7
10	14	10	22	11	14	14	17	14	18	16	22	17	24
14	10	22	10	14	11	17	14	18	14	22	16	24	17

8획 성씨

김(金) 구(具) 임(林) 탁(卓) 채(채) 방(房) 심(沈) 장(長) 명(明) 석(昔) 맹(盟) 경(京) 주(周) 승(昇) 봉(奉) 표(表) 종(宗) 지(知) 승(承) 문(門) 어(於) 충(忠) 숙(叔) 기(奇) 상(尙) 창(昌) 화(和) 야(夜) 사(舍) 호(虎) 내(㮈) 애(艾) 송(松)

8	8	8	8	8	8	8	8	8	8	8	8	8	8
3	5	3	10	3	13	3	21	5	8	5	10	5	16
5	3	10	3	13	3	21	3	8	5	10	5	16	5

8	8	8	8	8	8	8	8	8	8	8	8	8	8	8
5	24	7	8	7	9	7	10	7	16	7	17	7	24	8	9
24	5	8	7	9	7	10	7	16	7	17	7	24	7	9	8

8	8	8	8	8	8	8	8	8	8	8	8
8	13	8	15	8	17	8	21	9	15	9	16	10	13
13	8	15	8	17	8	21	8	15	9	16	9	13	10

8	8	8	8	8	8	8	8	8	8	8
10	15	10	21	13	16	15	16	16	17	16	21
15	10	21	10	16	13	16	15	17	16	21	16

9획 성씨

강(姜) 류(柳) 유(兪) 하(河) 우(寓) 남(南) 선(宣) 함(咸) 준(俊) 편(扁) 성(星) 단(段) 상(相) 정(貞) 추(秋) 위(偉) 초(肖) 신(信) 언(彦) 사(思) 향(香) 호(胡) 요(要) 요(姚) 시(施) 배(排) 기(紀) 준(俊)

9	9	9	9	9	9	9	9	9	9	9	9	9	9	9
2	4	2	6	2	14	4	4	12	4	20	6	9	6	23
4	2	6	2	14	2	4	12	4	20	4	9	6	23	6

9	9	9	9	9	9	9	9	9	9	9	9	9	9	9
7	8	7	16	7	22	8	8	15	8	16	9	14	9	20
8	7	16	7	22	7	8	15	8	16	8	14	9	20	9

9	9	9	9	9	9	9	9	9	9	9	9	9	9
9	23	12	12	20	14	15	15	23	15	24	16	16	22
23	9	12	20	12	15	14	23	15	24	15	16	22	16

10획 성씨

고(高) 손(孫) 서(徐) 조(曺) 홍(洪) 강(剛) 마(馬) 석(席) 계(桂) 예(芮) 궁(宮) 옹(翁) 진(晉) 골(骨) 구(俱) 기(起) 당(唐) 방(芳) 소(素) 승(乘) 원(袁) 진(眞) 진(晋) 창(倉) 하(荷) 화(花) 환(桓) 후(候) 원(員) 익(益) 상(桑) 양(凉) 시(柴) 공(貢) 원(原) 재(宰) 수(洙) 시(時) 태(泰) 반(班) 은(殷) 당(唐)

10	10	10	10	10	10	10	10	10	10	10	10	10
1	5	1	6	1	7	1	14	1	22	3	3	5
5	1	6	1	7	1	14	1	22	1	3	5	3

10	10	10	10	10	10	10	10	10	10	10	10	10	10
3	8	3	22	5	6	5	8	6	7	6	15	6	19
8	3	22	3	6	5	8	5	7	6	15	6	19	6

10	10	10	10	10	10	10	10	10	10	10	10	10	10
6	23	7	8	7	14	7	22	8	13	8	15	8	21
23	6	8	7	14	7	22	7	13	8	15	8	21	8

10	10	10	10	10	10	10	10	10	10	10	10	10	10	10
8	23	11	14	13	22	14	15	14	21	15	22	15	23	19
23	8	14	11	22	13	15	14	21	14	22	15	23	15	19

11획 성씨

최(崔) 장(張) 허(許) 주(珠) 강(康) 호(扈) 국(國) 마(麻) 양(梁) 어(魚) 방(邦) 매(梅) 반(班) 건(乾) 빈(彬) 상(常) 설(卨) 어(御) 위(尉) 이(異) 범(范) 형(邢) 표(票) 해(海) 호(胡) 건(乾) 전(專) 영(英) 장(章) 랑(浪) 팽(彭) 사(邪)

11	11	11	11	11	11	11	11	11	11	11	11	11	11
2	4	2	5	2	22	4	14	4	20	6	7	6	12
4	2	5	2	22	2	14	4	20	4	7	6	12	6

11	11	11	11	11	11	11	11	11	11	11	11	11
6	18	7	14	10	14	12	13	24	14	20	20	27
18	6	14	7	14	10	12	24	13	20	14	27	20

12획 성씨

황(黃) 민(閔) 선(善) 정(程) 팽(澎) 경(景) 능(能) 구(邱) 삼(森) 소(邵) 순(淳) 순(舜) 안(雁) 요(堯) 운(雲) 승(勝) 풍 조(朝) 순(筍) 유(庾) 지(智) 하(賀) 회(會) 동방(東方) 대실(大室) 소실(小室) 이선(以先) 삼(森) 고(賈) 전(傳) 강(强) 필(弼) 간(簡) 순(順)

12	12	12	12	12	12	12	12	12	12	12	12	12
1	4	1	12	1	20	3	3	20	4	9	4	13
4	1	12	1	20	1	3	20	3	9	4	13	4

12	12	12	12	12	12	12	12	12	12	12	12	12	12
4	17	4	19	4	21	5	6	5	12	5	20	6	11
17	4	19	4	21	4	6	5	12	5	20	5	11	6

12	12	12	12	12	12	12	12	12	12	12	12
6	17	6	23	9	12	9	20	9	26	11	12
17	6	23	6	12	9	20	9	26	9	12	11

12	12	12	12	12	12	12	12	12	12	12	12	12
12	13	12	17	12	21	12	23	13	20	19	6	19	20
13	12	17	12	21	12	23	12	20	13	6	19	20	19

13획 성씨

양(楊) 목(睦) 금(琴) 신(新) 렴(廉) 로(路) 뢰(雷) 아(阿) 전(傳) 웅(雄)
욱(郁) 자(慈) 장(張) 초(초) 춘(椿) 등(登) 경(敬) 돈(頓) 가(賈) 우(虞)
육(陸) 탕(湯) 령고(令孤) 사공(司空) 망전(罔田) 온(溫) 봉(鳳) 목(睦)

13	13	13	13	13	13	13	13	13	13	13	13	13
2	3	2	16	2	22	3	8	3	22	4	4	22
3	2	16	2	22	2	8	3	22	3	4	12	4

13	13	13	13	13	13	13	13	13	13	13	13
4	20	5	20	8	8	10	8	16	8	24	10	22
20	4	20	5	8	10	8	16	8	24	8	22	10

13	13	13	13	13	13	13	13	13	13	13	13
12	12	20	16	16	19	16	22	18	20	22	26
12	20	12	16	19	16	22	16	20	18	26	22

14획 성씨

조(趙) 배(裵) 봉(鳳) 신(愼) 채(菜) 국(菊) 견(甄) 기(箕) 련(蓮) 영(榮) 석(碩) 야(耶) 연(連) 온(溫) 제(齊) 화(華) 경(競) 윤(閨) 수(壽) 단(端) 대(對) 실(實) 서문(西門) 공손(公孫) 석말(石抹) 빈(貧)

14	14	14	14	14	14	14	14	14	14	14	14	14	14
1	10	1	17	1	23	2	9	2	15	2	19	2	21
10	1	17	1	23	1	9	2	15	2	19	2	21	2

14	14	14	14	14	14	14	14	14	14	14	14	14	14
2	23	3	4	3	15	3	18	3	21	4	7	4	11
23	2	4	3	15	3	18	3	21	3	7	4	11	4

14	14	14	14	14	14	14	14	14	14	14	14	14	14
4	17	4	19	2	21	7	10	7	11	7	17	7	18
17	4	19	4	21	2	10	7	11	7	17	7	18	7

14	14	14	14	14	14	14	14	14	14	14	14
7	24	9	9	15	9	24	10	15	10	23	15	18
24	7	9	15	9	24	9	15	10	23	10	18	15

14	14	14	14
17	18	18	19
18	17	19	18

15획 성씨

곽(郭) 유(劉) 엽(葉) 한(漢) 로(魯) 경(慶) 가(價) 갈(葛) 광(廣) 구(歐)
표(標) 묵(墨) 덕(德) 동(董) 노(魯) 만(滿) 동(東) 만(蔓) 중실(仲室)
사마(司馬) 계(稧) 탄(彈)

15	15	15	15	15	15	15	15	15	15	15	15	15	15
1	2	1	16	1	22	2	4	2	6	2	14	2	16
2	1	16	1	22	1	4	2	6	2	14	2	16	2

15	15	15	15	15	15	15	15	15	15	15	15	15
2	22	3	14	3	20	6	10	6	17	6	18	8
22	2	14	3	20	3	10	6	17	6	18	6	8

15	15	15	15	15	15	15	15	15	15	15	15	15
8	9	8	10	8	16	9	14	9	17	9	23	10	14
9	8	10	8	16	8	14	9	17	9	23	9	14	10

15	15	15	15	15	15	15	15	15	15	15	15	15
10	22	10	23	14	18	14	23	16	16	17	17	20
22	10	23	10	18	14	23	14	16	17	16	20	17

16획 성씨

노(盧) 진(陳) 육(陸) 연(燕) 교(橋) 담(潭) 반(潘) 도(道) 도(陶) 용(龍)
곽(藿) 예(豫) 음(陰) 전(錢) 제(諸) 황보(皇甫) 육(陸) 포(鮑) 진(陣)

16	16	16	16	16	16	16	16	16	16	16	16	16	16	16
1	7	1	16	1	22	2	5	2	13	2	15	2	19
7	1	16	1	22	1	5	2	13	2	15	2	19	2

16	16	16	16	16	16	16	16	16	16	16	16	16	16
2	21	2	23	5	8	5	16	7	8	7	9	7	16
21	2	23	2	8	5	16	5	8	7	9	7	16	7

16	16	16	16	16	16	16	16	16	16	16	16	16	16
7	22	8	9	8	13	8	15	8	17	8	21	9	16
22	7	9	8	13	8	15	8	17	8	21	8	16	9

16	16	16	16	16	16	16	16	16	16	16	16
9	23	13	16	13	19	13	22	15	16	15	17
23	9	16	13	19	13	22	13	16	15	17	15

16	16	16	16	16	16
19	16	19	22	23	28
16	19	22	19	28	23

17획 성씨

한(韓) 채(蔡) 종(鐘) 장(蔣) 양(陽) 향(鄕) 택(澤) 독(獨) 국(鞠) 사(謝)
상(償) 손(遜) 양(襄) 연(連) 위(尉) 촉(燭) 채(菜)

17	17	17	17	17	17	17	17	17	17	17	17	17
1	4	1	6	1	14	1	15	1	16	1	20	4
4	1	6	1	14	1	15	1	16	1	20	1	4

17	17	17	17	17	17	17	17	17	17	17	17	17	17
4	12	4	20	6	12	6	15	6	18	7	8	7	14
12	4	20	4	12	6	15	6	18	6	8	7	14	7

17	17	17	17	17	17	17	17	17	17	17	17
7	24	8	8	16	12	14	21	15	16	15	20
24	7	8	16	8	12	21	14	16	15	20	15

18획 성씨

안(顔) 호(鎬) 전(戰) 간(簡) 구(瞿) 위(魏) 귀(歸)

18	18	18	18	18	18	18	18	18	18	18	18	18
3	3	14	3	20	5	6	6	7	6	11	6	15
3	14	13	20	3	6	5	7	6	11	6	15	6

18	18	18	18	18	18	18	18	18	18
6	17	7	14	13	20	14	15	14	19
17	6	14	7	20	13	15	14	19	14

19획 성씨

정(鄭) 감(鑑) 나(羅) 설(薛) 관(關) 담(譚) 방(龐) 온(蘊) 남궁(南宮) 재회(再會) 강(疆)

19	19	19	19	19	19	19	19	19	19	19	19	19	19
2	4	2	14	2	16	4	12	4	14	6	10	6	12
4	2	14	2	16	2	12	4	14	4	10	6	12	6

19	19	19	19	19	19	19	19	19	19	19	19	19
10	19	12	20	13	16	13	20	14	18	14	19	16
19	10	20	12	16	13	20	13	18	14	19	14	16

19	19	19	19
16	22	19	20
22	16	20	19

20획 성씨

엄(嚴) 석(釋) 사마(司馬) 선우(鮮于) 우후(憂候) 나(羅)

20	20	20	20	20	20	20	20	20	20	20	20	20	20
1	4	1	12	1	17	3	12	3	15	3	18	4	9
4	1	12	1	17	1	12	3	15	3	18	3	9	4

20	20	20	20	20	20	20	20	20	20	20	20	20	20
4	11	4	13	4	17	4	21	5	12	5	13	9	9	12
11	4	13	4	17	4	21	4	12	5	13	5	9	12	9

20	20	20	20	20	20	20	20	20	20	20	20
12	13	12	19	13	18	13	19	15	17	17	21	19
13	12	19	12	18	13	19	13	17	15	21	17	19

21획 성씨

고(顧) 등(藤) 학(鶴) 부정(負鼎)

21	21	21	21	21	21	21	21	21	21	21	21	21	21
2	4	2	6	2	9	2	14	2	16	3	8	3	14
4	2	6	2	9	2	14	2	16	2	8	3	14	3

21	21	21	21	21	21	21	21	21	21	21	21
3	24	4	4	12	4	14	4	20	6	10	6	11
24	3	4	12	4	14	4	20	4	10	6	11	6

21	21	21	21	21	21	21	21	21	21	21	21
6	12	6	18	8	8	9	8	10	8	16	9	18
12	6	18	6	8	9	8	10	8	16	8	18	9

21	21	21	21	21	21	21	21	21	21	21	21	21
10	14	10	17	11	16	11	20	12	14	17	17	20
14	10	17	10	16	11	20	11	12	17	14	20	17

22획 성씨

권(權) 변(邊) 소(蘇) 은(隱) 습(襲)

22	22	22	22	22	22	22	22	22	22	22	22	22	22
1	10	1	15	1	16	2	9	2	11	2	15	2	21
10	1	15	1	16	1	9	2	11	2	15	2	21	2

22	22	22	22	22	22	22	22	22	22	22	22	22	22
3	10	3	13	7	9	7	10	7	16	9	16	10	13
10	3	13	10	9	7	10	7	16	7	16	9	13	10

22	22	22	22
13	16	16	19
16	13	19	16

25획 성씨

독고(獨孤) 명임(明臨)

25	25	25	25	25	25	25	25	25	25	25	25	25	25
4	4	6	4	12	4	19	4	23	6	7	6	17	
4	6	4	12	4	19	4	23	4	7	6	17	6	

25	25	25	25	25	25	25	25	25	25	25	25	25	25
6	6	8	6	14	6	10	6	16	7	16	10	13	
6	8	6	14	6	10	6	16	6	16	7	13	10	

25	25	25	25	25	25	25
10	22	12	20	13	20	16
22	10	20	12	20	13	16

31획 성씨
제갈(諸葛)

31	31	31	31	31	31	31	31	31	31	31	31	31
1	6	1	16	1	20	2	4	2	6	2	14	4
6	1	16	1	20	1	4	2	6	2	14	2	4

31	31	31	31	31	31	31	31	31	31	31	31
4	17	4	20	6	10	7	10	7	14	8	16
17	4	20	4	10	6	10	7	14	7	8	16

31	31	31	31
16	21	17	20
21	16	20	17

"인명용한자사전"

자원오행
한자4,794자

제2부
자원오행
한자4,794자

발음오행	한자	뜻	부수	획수오행	자원오행	발음오행	한자	뜻	부수	획수오행	자원오행
	加	더할, 있을	力	5(土)	水		嫁	시집갈, 떠넘길	女	13(火)	土
	佳	아름다울, 좋을	人	8(金)	火		駕	멍에, 수레	馬	15(土)	火
	架	시렁, 세울	木	9(水)	木		迦	부처이름, 막을	辶	12(木)	土
	可	옳을, 찬성할	口	5(土)	水		柯	가지, 자루	木	9(水)	木
	家	집, 집안	宀	10(水)	木		伽	절	人	7(金)	火
	嘉	아름다울, 착할	口	14(火)	水		呵	꾸짖을, 웃을	口	8(金)	水
	街	거리, 대로	行	12(木)	火		痂	헌데딱지, 옴	疒	10(水)	水
	暇	겨를, 여유 있을	日	13(火)	火		苛	매울, 사나울	艹	11(木)	木
	賈	姓, 값, 장사	貝	13(火)	金		訶	꾸짖을, 야단할	言	12(木)	金
가(木)	稼	농사, 심을	禾	15(土)	木		各	각각, 시각	口	6(土)	水
	珂	옥이름	玉	10(水)	金		角	뿔, 견줄	角	7(金)	木
	茄	연 줄기, 연	艹	11(木)	木		閣	문설주, 세울	門	14(火)	木
	哥	노래, 노랫소리	口	10(水)	水		覺	깨달을, 터득할	見	20(水)	火
	跏	책상다리할	足	12(木)	土	각(木)	刻	새길, 벗길	刀	8(金)	金
	袈	가시; 승려의 옷	衣	11(木)	木		珏	쌍옥	玉	10(水)	金
	軻	굴대	車	12(木)	火		恪	삼갈, 정성	心	10(水)	火
	枷	도리깨	木	9(水)	木		慤	성실함	心	16(土)	火
	歌	노래, 읊을	欠	14(火)	金		殼	껍질, 씨	殳	12(木)	金
	價	값, 가치	人	15(土)	火		脚	다리, 정강이	肉	13(火)	水
	假	거짓, 임시	人	11(木)	火		却	물리칠, 그칠	卩	7(金)	木

발음오행	한자	뜻	부수	획수오행	자원오행	발음오행	한자	뜻	부수	획수오행	자원오행
간 (木)	間	사이, 가까울	門	12 (木)	木	갈 (木)	柬	가릴, 분간	木	9 (水)	木
	看	볼, 지킬	目	9 (水)	木		桿	나무이름	木	11 (木)	木
	刊	책 펴낼, 깎을	刀	5 (土)	金		磵	산골물	石	17 (金)	金
	幹	줄기, 몸	干	13 (火)	木		稈	짚, 볏짚	禾	12 (木)	木
	干	방패, 방어할	干	3 (火)	木		艱	어려울, 괴로워할	艮	17 (金)	土
	肝	간, 충정	肉	9 (水)	水		癎	간기, 경풍	疒	17 (金)	水
	簡	글, 편지	竹	18 (金)	木		鞨	가죽신, 두건	革	18 (金)	金
	侃	강직할, 화락할	人	8 (金)	火		葛	칡, 넝쿨	艸	15 (土)	木
	杆	지레, 나무이름	木	7 (金)	木		渴	목마를, 급할	水	13 (火)	水
	竿	장대, 죽순	竹	9 (水)	木		乫	땅이름	乙	6 (土)	木
	揀	가려낼, 구별할	手	13 (火)	木		曷	어찌, 언제	曰	9 (水)	火
	諫	고칠, 충고할	言	16 (土)	金		碣	비, 돌을 세울	石	14 (火)	金
	玕	옥돌, 아름다운 돌	玉	8 (金)	金		竭	다할, 물마를	立	14 (火)	金
	栞	깎을, 도표	木	10 (水)	木		褐	털옷, 베옷	衣	15 (土)	木
	澗	산골 물	水	16 (土)	水		喝	더위 먹을	口	12 (木)	水
	姦	간사할, 거짓	女	9 (水)	土		蝎	나무좀	虫	15 (土)	木
	懇	정성, 간절할	心	17 (金)	火	감 (木)	感	느낄, 감동할	心	13 (火)	火
	艮	괘이름, 그칠	艮	6 (土)	土		敢	굳셀, 용감할	攴	12 (木)	金
	墾	개간할, 다스릴	土	16 (土)	土		鑑	거울, 성찰할	金	22 (木)	金
	奸	범할, 간통할	女	6 (土)	土		鑒	鑑과 同字	金	22 (木)	金

발음오행	한자	뜻	부수	획수 오행	자원오행	발음오행	한자	뜻	부수	획수 오행	자원오행
	甘	姓, 달, 상쾌할	甘	5 (土)	土		閘	물문, 수문	門	13 (火)	木
	減	덜, 줄일	水	13 (火)	水		匣	작은 상자	匚	7 (金)	木
	監	볼, 보살필	皿	14 (火)	金		江	강, 큰내	水	7 (金)	水
	勘	헤아릴, 조사할	力	11 (木)	土		講	강론할, 익힐	言	17 (金)	金
	堪	견딜, 뛰어날	土	12 (木)	土		強	姓, 굳셀, 강할	弓	12 (木)	金
	瞰	내려다볼, 멀리 볼	目	17 (金)	木		强	強의 俗字	弓	11 (木)	金
	嵌	산이 깊을	山	12 (木)	土		康	姓, 평안할, 즐거울	广	11 (木)	木
감(木)	柑	감자나무, 재갈	木	9 (水)	木		姜	姓, 굳셀	女	9 (水)	土
	橄	감람나무	木	16 (土)	木		剛	姓, 굳셀, 강철	刀	10 (水)	金
	紺	감색, 밤물	糸	11 (木)	木		鋼	강철, 강쇠	金	16 (土)	金
	邯	땅이름, 강이름	邑	12 (木)	土	강(木)	綱	벼리, 법	糸	14 (火)	木
	龕	감실	龍	22 (木)	土		杠	깃대, 다리	木	7 (金)	木
	憾	한할, 서운해할	心	17 (金)	火		堈	언덕, 항아리	土	11 (木)	土
	戡	칠, 평정할	戈	13 (火)	金		橿	나무이름, 굳센 모양	木	17 (金)	木
	坎	구덩이, 험할	土	7 (金)	土		彊	굳셀, 힘센 활	弓	16 (土)	金
	疳	감질, 감병	疒	10 (水)	水		糠	겨, 쌀겨	米	17 (金)	木
	甲	첫째 천간, 껍질	田	5 (土)	木		絳	진홍색	糸	13 (火)	木
갑(木)	鉀	갑옷	金	13 (火)	金		羌	종족이름, 굳셀	羊	8 (金)	土
	岬	산허리, 산골짜기	山	8 (金)	土		舡	배	舟	9 (水)	木
	胛	어깨	肉	11 (木)	水		薑	생강	艸	19 (水)	木

발음오행	한자	뜻	부수	획수(오행)	자원오행	발음오행	한자	뜻	부수	획수(오행)	자원오행
	襁	포대기	衣	18(金)	木		豈	어찌, 개가	豆	10(水)	水
	鱇	아귀	魚	22(木)	水		鎧	갑옷, 무장할	金	18(金)	金
	岡	산등성이, 언덕	山	8(金)	土		慨	분개할, 슬퍼할	心	15(土)	火
	崗	언덕, 산봉우리	山	11(木)	土		蓋	덮을, 대개	艸	16(土)	木
	降	내릴,(항)항복할	阜	14(火)	土		盖	蓋의 俗字	皿	11(木)	木
	慷	강개할, 슬퍼할	心	15(土)	火		愾	성낼, 가득할	心	14(火)	火
	畺	지경	田	13(火)	土		疥	옴, 학질	疒	9(水)	水
	疆	지경, 끝	田	19(水)	土		芥	티끌, 먼지	艸	10(水)	木
	腔	속이 빌	肉	14(火)	水		槪	대개, 대강	木	15(土)	木
개(木)	改	고치다, 바꿀	攴	7(金)	金	객(木)	客	손님, 나그네	宀	9(水)	木
	皆	다, 함께	白	9(水)	火		喀	토할	口	12(木)	水
	個	낱, 단위	人	10(水)	火		更	다시, 고칠	曰	7(金)	火
	箇	낱(個와 공통)	竹	14(火)	木	갱(木)	坑	구덩이, 빠질	土	7(金)	土
	開	열, 개척할	門	12(木)	木		粳	메벼	米	13(火)	木
	价	착할, 클	人	6(土)	火		羹	국, 땅이름	羊	19(水)	土
	介	姓, 끼일, 갑옷	人	4(火)	火	갹(木)	醵	술잔치, 추렴할	酉	20(水)	金
	凱	즐길, 함성	几	12(木)	木		車	수레, 수레바퀴	車	7(金)	火
	愷	즐거울, 편안할	心	14(火)	火	거(木)	擧	들, 오를	手	18(金)	木
	漑	물댈, 씻을	水	15(土)	水		巨	클, 많을	工	5(土)	火
	塏	높고 건조할	土	13(火)	土		鉅	강할, 클	金	13(火)	金

발음오행	한자	뜻	부수	획수오행	자원오행	발음오행	한자	뜻	부수	획수오행	자원오행
	炬	횃불, 태울	火	9(水)	火		鍵	열쇠, 빗장	金	17(金)	金
	居	살, 있을	尸	8(金)	木		愆	허물, 과실	心	12(木)	火
	距	떨어질, 클	足	12(木)	土		腱	힘줄	肉	15(土)	水
	拒	막을, 방어할	手	9(水)	木		騫	이지러질, 손상할	馬	20(水)	火
	據	의지할, 증거	手	17(金)	木		蹇	절, 멈출	足	17(金)	土
	渠	개천, 클	水	13(火)	水		傑	뛰어날, 클	木	12(木)	木
	遽	급할, 두려울	辵	20(水)	土	걸(木)	杰	傑의 俗字	人	8(金)	火
	据	일할, 의거할	手	12(木)	木		桀	홰, 뛰어날	木	10(水)	木
	踞	웅크릴, 걸터앉을	足	15(土)	土		乞	빌, 구할	乙	3(火)	木
	去	갈, 버릴	厶	5(土)	水		儉	검소할, 적을	人	15(土)	火
	鋸	톱, 톱질할	金	16(土)	金		檢	검사할, 교정할	木	17(金)	木
	祛	쫓을, 보낼	示	10(水)	木		劍	칼, 찌를	刀	15(土)	金
	倨	거만할, 멸할	人	10(水)	火	검(木)	劒	劍과 同字	刀	16(土)	金
	虔	정성, 공경할	虍	10(水)	木		瞼	눈꺼풀	目	18(金)	木
	健	건강할, 튼튼할	人	11(木)	火		鈐	비녀장	金	12(木)	金
	建	세울, 일으킬	廴	9(水)	木		黔	검을, 그을릴	黑	16(土)	水
건(木)	乾	하늘, 마를	乙	11(木)	金		怯	겁낼, 무서워할	心	9(水)	火
	件	사건, 구별할	人	6(土)	火	겁(木)	迲	갈	辵	14(火)	土
	巾	수건, 덮을	巾	3(火)	木		劫	위협할, 빼앗을	刀	7(金)	水
	楗	문빗장, 방죽	木	13(火)	木	게(木)	憩	쉴, 휴식할	心	16(土)	火

149

발음오행	한자	뜻	부수	획수오행	자원오행	발음오행	한자	뜻	부수	획수오행	자원오행
	揭	높이들, 올릴	手	13(火)	木	결(木)	結	맺을, 마칠	糸	12(木)	木
	偈	쉴, 굳센모양	人	11(木)	火		決	결단할, 터질	水	8(金)	水
격(木)	格	격식, 바로잡을	木	10(水)	木		潔	깨끗할, 바를	水	16(土)	水
	擊	부딪힐, 방해될	手	17(金)	木		缺	이지러질, 모자랄	缶	10(水)	土
	激	과격할, 흐를	水	17(金)	水		訣	이별할, 작별할	言	11(木)	金
	隔	막을, 멀	阜	18(金)	土		抉	도려낼, 폭로할	手	8(金)	木
	檄	격문, 편지	木	17(金)	木	겸(木)	兼	겸할, 쌓을	八	10(水)	金
	膈	흉격, 종틀	肉	16(土)	水		謙	겸손할, 공손할	言	17(金)	金
	覡	박수, 남자무당	見	14(火)	火		鎌	낫, 모서리	金	18(金)	金
견(木)	堅	굳을, 튼튼할	土	11(木)	土		慊	흐뭇하지 않을	心	14(火)	火
	犬	개	犬	4(火)	土		箝	끼울, 재갈 먹일	竹	14(火)	木
	甄	질그릇, 가마	瓦	14(火)	土		鉗	칼	金	13(火)	金
	繭	누에고치	糸	21(木)	木	경(木)	京	서울, 클	亠	8(金)	土
	譴	꾸짖을, 허물	言	21(木)	金		景	볕, 경치	日	12(木)	火
	見	볼, 보일	見	7(金)	火		經	경서, 경영할	糸	13(火)	木
	肩	어깨, 견딜	肉	10(水)	水		敬	성, 공경할, 훈계할	攴	13(火)	金
	絹	비단, 명주	糸	13(火)	木		慶	성, 경사, 착할	心	15(土)	火
	遣	보낼, 파견할	辵	17(金)	土		境	지경, 장소	土	14(火)	土
	牽	당길, 거느릴	牛	11(木)	土		竟	다할, 마칠	立	11(木)	金
	鵑	두견새, 접동새	鳥	18(金)	火		徑	지름길, 곧을	彳	10(水)	火
							檠	등잔대, 경	木	17(金)	木
							痙	힘줄당길	疒	12(木)	水

발음오행	한자	뜻	부수	획수(오행)	자원오행	발음오행	한자	뜻	부수	획수(오행)	자원오행
경(木)	卿	姓, 벼슬	卩	12(水)	木		絅	끌어질	糸	11(木)	木
	硬	굳을, 단단할	石	12(木)	金		頸	목줄기	頁	16(土)	火
	倞	굳셀, 다툴	人	10(水)	火		瓊	옥, 주사위	玉	20(水)	金
	坰	들, 땅이름	土	8(金)	土		擎	높이들, 높을	手	17(金)	木
	耿	빛날, 비출	耳	10(水)	火		儆	경계할, 위급할	人	15(土)	火
	炅	姓, 빛날, 깨끗할	火	8(金)	火		俓	지름길, 곧을	人	9(水)	火
	暻	밝을, 환할	日	16(土)	火		逕	좁은 길, 지름길	辵	14(火)	土
	璟	옥빛	玉	17(金)	金		焑	빛날, 밝을	火	11(木)	火
	熲	빛날, 불빛	火	15(土)	火		璥	경옥	玉	18(金)	金
	勍	셀, 강할	力	10(水)	水		涇	통할, 흐름	水	11(木)	水
	冏	빛날, 밝을	冂	7(土)	火		輕	가벼울, 모자랄	車	14(火)	火
	莖	줄기, 근본	艸	13(火)	木		警	경계할, 방어할	言	20(水)	金
	勁	힘, 굳셀	力	9(水)	金		驚	놀랄, 두려울	馬	23(火)	火
	庚	일곱째 천간, 나이	广	8(金)	金		傾	기울, 누울	人	13(火)	火
	耕	밭갈, 평평하게 할	耒	10(水)	土		競	겨룰, 나아갈	立	20(水)	金
	頃	밭이랑, 요사이	頁	11(木)	火		鏡	거울, 비출	金	19(水)	金
	鯨	고래, 쳐들	魚	19(水)	水	계(木)	癸	열째 천간, 헤아릴	癶	9(水)	水
	更	고칠, 개선할	日	7(金)	火		季	끝, 막내	子	8(金)	水
	梗	대강, 가시나무	木	11(木)	木		界	지경, 경계	田	9(水)	土
	憬	깨달을, 그리워할	心	16(土)	火		計	셈할, 계획	言	9(水)	金
	脛	정강이	肉	13(火)	水		溪	시내, 산골짜기	水	14(火)	水

151

발음오행	한자	뜻	부수	획수오행	자원오행	발음오행	한자	뜻	부수	획수오행	자원오행
	鷄	닭, 가금	鳥	21 (木)	火		固	굳을, 단단할	囗	8 (金)	水
	系	이을, 실마리	糸	7 (金)	木		高	姓, 높을	高	10 (水)	火
	係	걸릴, 이을	人	9 (水)	火		告	알릴, 고할	口	7 (金)	水
	桂	姓, 월계수	木	10 (水)	木		皐	못, 늪	目	14 (火)	木
	啓	가르칠, 인도할	口	11 (木)	水		沽	팔, 매매할	水	9 (水)	水
	階	섬돌, 계단	阜	17 (金)	土		膏	살찔, 기름진 땅	肉	14 (火)	水
	烓	화덕, 밝을	火	10 (水)	火		菰	줄, 진고	艸	11 (木)	木
	繼	이을, 계통	糸	20 (水)	木		蒟	향초, 옥이름	艸	14 (火)	木
	契	맺을, 약속	大	9 (水)	木		誥	고할	言	14 (火)	金
	堺	지경	土	12 (木)	土		賈	장사	貝	13 (火)	金
	屆	이를, 다다를	尸	8 (金)	木	고 (木)	羔	새끼양, 흑양	羊	10 (水)	土
	悸	두근거릴	心	12 (木)	火		古	옛, 오랠	口	5 (土)	水
	棨	창	木	12 (木)	木		故	옛, 원래	攴	9 (水)	金
	戒	경계할, 삼가다	戈	7 (金)	金		苦	쓸, 괴로울	艸	11 (木)	木
	械	형틀, 기구	木	11 (木)	木		考	상고할, 밝힐	老	8 (金)	土
	誡	경계할, 훈계할	言	14 (火)	金		攷	考의 古字	攴	6 (土)	土
	稽	머무를, 쌓을	禾	15 (土)	木		枯	마를, 수척할	木	9 (水)	木
	繫	맬, 죄수	糸	19 (水)	木		姑	시어머니, 아직	女	8 (金)	土
	谿	막힌 시내	谷	17 (金)	水		庫	곳집, 창고	广	10 (水)	木
	磎	谿와 同字	石	15 (土)	金		稿	볏짚, 원고	禾	15 (土)	木
							顧	돌이볼, 관찰할	頁	21 (木)	火

발음 오행	한자	뜻	부수	획수 오행	자원 오행	발음 오행	한자	뜻	부수	획수 오행	자원 오행
	叩	두드릴, 물어볼	口	5 (土)	水		穀	곡식, 기를	禾	15 (土)	木
	敲	두드릴, 회초리	攴	14 (火)	金		哭	울, 노래할	口	10 (水)	水
	皐	고할, 언덕	白	11 (木)	水		斛	휘, 헤아릴	斗	11 (木)	火
	暠	흴, 밝을	日	14 (火)	火		鵠	고니, 흴	鳥	18 (金)	火
	呱	울	口	8 (金)	水		梏	쇠고랑, 묶을	木	11 (木)	木
	孤	외로울, 고아	子	8 (金)	水		坤	땅, 괘이름	土	8 (金)	土
	鼓	북, 두드릴	鼓	13 (火)	金		琨	옥돌, 패옥	玉	13 (火)	金
	尻	꽁무니, 자리 잡을	尸	5 (土)	水		昆	형, 맏	日	8 (金)	火
고 (木)	拷	칠, 빼앗을	手	10 (水)	木		崑	산이름	山	11 (木)	土
	槁	마를	木	14 (火)	木		困	괴로울, 부족할	口	7 (金)	水
	痼	고질	疒	13 (火)	水	곤 (木)	錕	구리, 붉은 쇠	金	16 (土)	金
	股	넓적다리	肉	10 (水)	水		梱	문지방, 두드릴	木	11 (木)	木
	藁	마를	艸	20 (水)	木		滾	흐를, 샘솟을	水	15 (土)	水
	蠱	독, 벌레	虫	23 (火)	水		袞	곤룡포	衣	11 (木)	木
	袴	바지, 사타구니	衣	12 (木)	木		鯤	고니, 물고기알	魚	19 (水)	水
	辜	허물	辛	12 (木)	金		棍	몽둥이, 곤장	木	12 (木)	木
	錮	땜질할, 가둘	金	16 (土)	金		骨	성, 뼈, 강직할	骨	10 (水)	金
	雇	품살, 새 이름	隹	12 (木)	火	골 (木)	汨	빠질, 잠길	水	8 (金)	水
곡 (木)	谷	골짜기, 좁은 길	谷	7 (金)	水		滑	미끄러울, (활) 어지러울	水	14 (火)	水
	曲	굽다, 휘다	曰	6 (土)	土		工	장인, 공교할	工	3 (火)	火

발음오행	한자	뜻	부수	획수(오행)	자원오행	발음오행	한자	뜻	부수	획수(오행)	자원오행
	功	일, 공로	力	5 (土)	木		鍋	냄비, 대통	金	17 (金)	金
	共	함께, 한가지	八	6 (土)	金		顆	낟알, 흙덩이	頁	17 (金)	火
	公	귀, 공변될	八	4 (火)	金		過	지날, 초월할	辶	16 (土)	土
	孔	姓, 구멍	子	4 (火)	水		戈	창, 전쟁	戈	4 (火)	金
	供	이바지할, 공손할	人	8 (金)	火		瓜	姓, 오이, 참외	瓜	5 (土)	木
	恭	공손할, 조심할	心	10 (水)	火		誇	자랑할, 자만할	言	13 (火)	金
	貢	바칠, 천거할	貝	10 (水)	金		寡	적을, 과부	宀	14 (火)	木
공(木)	珙	큰 옥, 옥이름	玉	11 (水)	金		菓	과일, 과자	艸	14 (火)	木
	拱	당길, 고할	手	10 (水)	木		郭	姓, 성곽, 둘레	邑	15 (土)	土
	蚣	지네	虫	10 (水)	水	곽(木)	廓	둘레, 클	广	14 (火)	木
	鞏	묶을	革	15 (土)	金		槨	덧널, 궤	木	15 (土)	木
	空	빌, 없을	穴	8 (金)	水		藿	콩잎, 쥐눈이콩	艸	22 (木)	木
	攻	칠, 공격할	攴	7 (金)	金		官	벼슬, 관청	宀	8 (金)	木
	恐	두려울, 협박할	心	10 (水)	火		觀	볼, 드러낼	見	25 (土)	火
	控	고할, 아뢸	手	12 (木)	木		管	주관할, 피리	竹	14 (火)	木
곶(木)	串	곶, 익힐, 꿸	丨	7 (金)	金		冠	姓, 갓, 벗	冖	9 (水)	木
	果	과실, 이룰	木	8 (金)	木	관(木)	寬	너그러울, 넓을	宀	15 (土)	木
과(木)	課	매길, 고시	言	15 (土)	金		款	정성, 사랑	欠	12 (木)	金
	科	과정, 과거	禾	9 (水)	木		琯	옥피리, 옥돌	玉	13 (火)	金
	跨	타넘을, 건너갈	足	13 (火)	土		萱	난초, 등골나무	艸	14 (火)	木

발음오행	한자	뜻	부수	획수오행	자원오행	발음오행	한자	뜻	부수	획수오행	자원오행
관(木)	串	익힐, 꿸	ㅣ	7(金)	金		鑛	쇳돌, 광석	金	23(火)	金
	罐	두레박	缶	24(火)	土		侊	클, 성할	人	8(金)	火
	貫	꿰뚫을, 적중할	貝	11(木)	金		洸	姓, 물 솟을, 성낼	水	10(水)	水
	慣	버릇, 익숙할	心	15(土)	火		珖	옥피리, 옥이름	玉	11(木)	金
	館	객사, 관청	食	17(金)	水		桄	광랑나무	木	10(水)	木
	舘	館의 俗字	舌	16(土)	水		匡	바르다, 구제할	匚	6(土)	土
	灌	물댈, 따를	水	22(木)	水		曠	밝을, 황야	日	19(水)	火
	瓘	옥이름	玉	23(火)	金		筐	광주리	竹	12(木)	木
	梡	도마, 장작	木	11(木)	木		壙	들판, 공허할	土	18(金)	土
	關	빗장, 잠글	門	19(水)	木		狂	미칠	犬	7(金)	土
	錧	쟁기, 비녀장	金	16(土)	金		胱	방광	肉	12(木)	水
	棺	널, 입관할	木	12(木)	木	괘(木)	掛	걸, 걸어놓을	手	12(木)	木
괄(木)	括	묶을, 단속할	手	10(水)	木		卦	걸, 매달	卜	8(金)	木
	适	빠를, 신속할	辵	13(火)	土		罫	줄, 거리낄	网	14(火)	木
	刮	깎을, 갈	刀	8(金)	金	괴(木)	傀	클, 좋을	人	12(木)	火
	恝	걱정 없을	心	10(水)	火		魁	으뜸, 우두머리	鬼	14(火)	火
광(木)	光	빛날, 경치	儿	6(土)	火		槐	회나무	木	14(火)	木
	炚	빛날, 뜨거울	火	8(金)	火		塊	흙덩어리	土	13(火)	土
	廣	姓, 넓을	广	15(土)	木		愧	부끄러워할, 탓할	心	14(火)	火
	広	廣의 俗字	广	5(土)	木		怪	기이할 도깨비	心	9(水)	火

발음 오행	한자	뜻	부수	획수 오행	자원 오행	발음 오행	한자	뜻	부수	획수 오행	자원 오행
	壞	무너질	土	19(水)	土		皎	달빛, 햇빛	白	11(木)	金
	拐	속일, 꾀일	手	9(水)	木		翹	꼬리, 날개	羽	18(金)	火
	乖	어그러질	丿	8(金)	火		蕎	메밀, 풀	艸	18(金)	木
굉 (木)	宏	클, 광대할	宀	7(金)	木		蛟	상어, 교룡	虫	12(木)	水
	紘	갓끈, 밧줄	糸	10(水)	木		轎	가마	車	19(水)	金
	肱	팔뚝	肉	10(水)	水		餃	경단	食	15(土)	水
	轟	울릴, 천둥소리	車	21(木)	火		鮫	상어, 교룡	魚	17(金)	水
	交	사귈, 서로	亠	6(土)	火		驕	교만할, 무례할	馬	22(木)	火
	校	학교, 교정할	木	10(水)	木		嶠	높을, 산길	山	15(土)	土
	敎	가르칠, 본받을	攵	11(木)	金		攪	어지러울, 뒤섞을	手	24(火)	木
	教	敎의 俗字	攵	11(木)	金		狡	교활할, 간교할	犬	9(水)	土
	郊	성밖, 교외	邑	13(火)	土		絞	목맬, 꼴	糸	12(木)	木
	較	견줄, 비교할	車	13(火)	火		橋	다리, 강할	木	16(土)	木
교 (木)	巧	공교할, 예쁠	工	5(土)	火	구 (木)	求	구할, 청할	水	7(金)	水
	矯	바로잡을	矢	17(金)	金		救	도울, 구원할	攵	11(木)	金
	僑	높을, 거처	人	14(火)	火		具	姓, 갖출, 온전할	八	8(金)	金
	喬	높을, 솟을	口	12(木)	水		俱	姓, 함께, 갖출	人	10(水)	火
	嬌	아리따울, 맵시	女	15(土)	土		構	얽을, 지을	木	14(火)	木
	膠	아교, 굳을	肉	17(金)	水		球	지구, 공	玉	12(木)	金
	咬	새소리	口	9(水)	水		坵	언덕	土	8(金)	土

발음오행	한자	뜻	부수	획수오행	자원오행	발음오행	한자	뜻	부수	획수오행	자원오행
	玖	옥돌, 아홉	玉	8 (金)	金		購	살, 화해할	貝	17 (金)	金
	丘	높을, 언덕	一	5 (土)	土		鳩	비둘기, 모을	鳥	13 (火)	火
	邱	언덕, 땅이름	邑	12 (土)	土		軀	몸, 신체	身	18 (金)	水
	九	아홉, 많을	乙	9 (水)	水		耉	늙을, 늙은이	老	11 (木)	土
	口	입, 구멍	口	3 (火)	水		枸	구기자, 레몬	木	9 (水)	木
	究	궁리할, 다할	穴	7 (金)	水		謳	노래할	口	14 (火)	水
	久	오랠, 기다릴	丿	3 (火)	水		絿	급할, 구할	糸	13 (火)	木
	句	글귀, 굽을	口	5 (土)	水		臼	절구질할	臼	6 (土)	土
	舊	옛, 오랠	臼	18 (金)	土		舅	시아버지	臼	13 (火)	土
구 (木)	區	구역, 나눌	匚	11 (木)	土		衢	네거리, 도로	行	24 (火)	火
	驅	달릴, 몰아낼	馬	21 (木)	火		謳	노래할, 읊조릴	言	18 (金)	金
	鷗	갈매기	鳥	22 (木)	火		逑	짝, 배우자	辵	12 (木)	土
	苟	진실로, 다만	艸	11 (木)	木		駒	망아지, 말	馬	15 (土)	火
	拘	잡을, 거리낄	手	9 (水)	木		鉤	갈고리, 낫	金	13 (火)	金
	狗	개, 강아지	犬	9 (水)	土		垢	때, 티끌	土	9 (水)	土
	懼	놀랄, 위태로울	心	22 (木)	火		寇	도둑, 원수	宀	11 (木)	木
	龜	거북, 나라이름	龜	16 (土)	水		嶇	험할, 피로워할	山	14 (火)	土
	矩	곱자, 법	矢	10 (木)	金		廐	마구, 마구간	广	14 (火)	木
	銶	끌	金	15 (土)	金		仇	원수	人	4 (火)	火
	溝	도랑, 개천	水	14 (火)	水		勾	긁을, 갈고리	勹	4 (火)	金

발음오행	한자	뜻	부수	획수 오행	자원 오행	발음오행	한자	뜻	부수	획수 오행	자원 오행
	咎	허물, 재앙	口	8 (金)	水	굴 (木)	屈	굽을, 다할	尸	8 (金)	土
	柩	널, 나무상자	木	9 (金)	木		窟	움, 굴	穴	13 (火)	水
	歐	토할, 뱉을	欠	15 (土)	火		堀	굴, 땅굴팔	土	11 (木)	土
	毆	때릴, 구타할	殳	15 (土)	金		掘	팔, 파낼	手	13 (火)	木
	毬	공, 둥근 물체	毛	11 (木)	木	궁 (木)	弓	姓, 활, 궁술	弓	3 (火)	火
	灸	뜸, 뜸질할	火	7 (金)	火		躬	몸, 자신	身	10 (水)	水
	瞿	볼, 놀라서볼	目	18 (金)	木		宮	집, 담	宀	10 (水)	木
국 (木)	局	판, 판국	尸	7 (金)	木		窮	다할, 궁할	穴	15 (土)	水
	鞠	공, 궁할	革	17 (金)	金		芎	궁궁이, 천궁	艸	9 (水)	木
	國	나라, 고향	口	11 (木)	水		穹	하늘, 막다름	穴	8 (金)	水
	国	國의 俗字	口	8 (金)	水	권 (木)	權	姓, 권세, 저울	木	22 (木)	木
	菊	국화, 대국	艸	14 (火)	木		勸	권할, 도울	力	20 (水)	土
	鞫	국문할, 다할	革	18 (金)	金		券	문서, 확실할	刀	8 (金)	土
	麴	누룩, 술	麥	19 (水)	木		眷	돌아볼, 그리워할	目	11 (木)	木
군 (木)	君	임금, 주권자	口	7 (金)	水		卷	책, 접을	卩	8 (金)	木
	郡	고을, 관청	邑	14 (火)	土		拳	주먹, 힘쓸	手	10 (水)	木
	軍	군사, 진칠	車	9 (水)	火		圈	우리, 감방	口	11 (木)	水
	群	무리, 떼	羊	13 (火)	土		倦	게으를, 피로할	人	10 (水)	火
	窘	막힐, 궁해질	穴	12 (木)	水		捲	걷을, 힘쓸	手	12 (木)	木
	裙	치마, 속옷	衣	13 (火)	木		港	물 돌아 흐를	水	12 (木)	水

발음오행	한자	뜻	부수	획수오행	자원오행	발음오행	한자	뜻	부수	획수오행	자원오행
궐(木)	厥	그것, 다할	厂	12(木)	土		奎	별이름, 가랑이	大	9(水)	土
	闕	대궐, 문	門	18(金)	木		珪	서옥, 이름	玉	11(木)	金
	獗	사납게 날뛸	犬	15(土)	土		揆	헤아릴, 법	手	13(火)	木
	蕨	고사리, 고비	艸	18(金)	木		逵	큰길, 거리	辵	15(土)	土
	蹶	넘어질, 엎어질	足	19(水)	土		葵	해바라기	艸	15(土)	木
궤(木)	軌	길, 궤도	車	9(水)	火		窺	엿볼, 볼	穴	16(土)	水
	机	책상, 나무이름	木	6(土)	木		叫	부르짖을, 울	口	5(土)	水
	櫃	함, 궤	木	18(金)	木		槻	물푸레나무	木	15(土)	木
	潰	무너질, 성낼	水	16(土)	水		硅	규소, 깨뜨릴	石	11(木)	金
	詭	속일, 기만할	言	13(火)	金		竅	구멍, 통할	穴	18(金)	水
	饋	먹일, 대접할	木	21(木)	水		糾	끌어모을, 거둘	糸	8(金)	木
귀(木)	貴	귀할, 소중할	貝	12(木)	金		赳	용감할, 재능	走	9(水)	土
	歸	돌아갈, 시집갈	止	18(金)	土	균(木)	均	고를, 평평할	土	7(金)	土
	鬼	귀신, 도깨비	鬼	10(水)	火		鈞	고를, 가락	金	12(木)	金
	龜	나라이름, 거북	龜	16(土)	水		畇	일굴, 개간	田	9(水)	土
	句	구절, 구	口	5(土)	水		菌	버섯, 세균	艸	14(火)	木
	晷	그림자, 햇빛	日	12(木)	火		勻	적을, 흩어질	勹	4(火)	金
규(木)	規	모범, 규범	見	11(木)	火		筠	대나무	竹	13(火)	木
	閨	규수, 계집	門	14(火)	木		龜	틀	龜	16(土)	水
	圭	홀, 모서리	土	6(土)	土	귤(木)	橘	귤나무, 귤	木	16(土)	木

발음오행	한자	뜻	부수	획수(오행)	자원오행	발음오행	한자	뜻	부수	획수(오행)	자원오행
극(木)	極	다할, 극진할	木	13(火)	木		覲	뵐, 볼	見	18(金)	火
	克	이길, 능할	儿	7(金)	木		斤	姓, 도끼, 벨	斤	4(火)	金
	劇	심할, 연극	刀	15(土)	金		僅	겨우, 조금	人	13(火)	火
	剋	이길, 능할	刀	9(水)	金		墐	매흙질할, 묻을	土	14(火)	土
	隙	틈, 여가	阜	18(金)	土		饉	흉년 들	食	20(水)	水
	戟	창	戈	12(木)	金	글(木)	契	부족이름	大	9(水)	木
	棘	가시나무	木	12(木)	金		昑	밝을	日	8(金)	火
근(木)	根	뿌리, 근본	木	10(水)	木		金	쇠, 돈, 황금	金	8(金)	金
	漌	맑을, 적실	水	15(土)	水		今	이제, 이에	人	4(火)	火
	近	가까울, 닮을	辵	11(木)	土		錦	비단, 아름다울	金	16(土)	金
	勤	부지런할, 일	力	13(火)	土		琴	姓, 거문고	玉	13(火)	金
	嫤	고울, 아름다울	女	14(火)	土		衾	이불, 침구	衣	10(水)	木
	劤	강할, 힘셀	力	6(土)	水	금(木)	襟	옷깃, 가슴	衣	19(水)	木
	筋	힘줄, 기운	竹	12(木)	木		禽	날짐승, 새	内	13(火)	火
	槿	무궁화	木	15(土)	木		禁	금할, 꺼릴	示	13(火)	木
	瑾	아름다운 옥	玉	16(土)	金		妗	외숙모, 방정맞을	女	7(金)	土
	懃	은근할, 일에 힘쏟	心	17(金)	火		擒	사로잡을, 생포할	手	17(金)	木
	芹	미나리	艸	10(水)	木		檎	능금나무	木	17(金)	木
	菫	오랑캐꽃, 오두	艸	14(火)	木		芩	풀이름	艸	10(水)	木
	謹	삼갈, 엄할	言	18(金)	金		衿	옷깃, 옷고름	衣	9(水)	木

발음오행	한자	뜻	부수	획수오행	자원오행	발음오행	한자	뜻	부수	획수오행	자원오행
급(木)	給	넉넉할, 더할	糸	12(木)	木		沂	물이름	水	8(金)	水
	級	등급, 순서	糸	10(水)	木		圻	경기, 지경	土	7(金)	土
	及	미칠, 이름	又	4(火)	水		己	자기, 몸	己	3(火)	土
	急	급할, 빠를	心	9(水)	火		記	기록할, 적을	言	10(水)	金
	汲	길을, 분주할	水	8(金)	水		起	일어날, 시작할	走	10(水)	火
	伋	속일, 인명	人	6(土)	火		其	그, 어조사	八	8(金)	金
	扱	미칠, 이를	手	8(金)	木		期	기약, 정할	月	12(木)	水
긍(木)	肯	옳을, 여길	肉	10(水)	水		基	터, 기초	土	11(木)	土
	亘	걸칠, 펼	瓦	6(土)	火		氣	기운, 공기	气	10(水)	水
	亙	亘의 本字	二	6(土)	火		伎	재주, 기술	人	6(土)	火
	兢	삼갈, 두려워할	儿	14(火)	水		技	재주, 묘기	手	8(金)	木
	矜	자랑할, 가엾게 여길	矛	9(水)	金		祁	성할, 클	示	8(金)	木
기(木)	企	꾀할, 바랄	人	6(土)	火		紀	벼리, 실마리	糸	9(水)	木
	棋	바둑, 장기	木	12(木)	木		奇	怪, 기이할	大	8(金)	土
	碁	棋와 同字	石	13(火)	金		畿	경기, 지경	田	15(土)	土
	淇	강이름	水	12(木)	水		飢	주릴, 기아	食	11(木)	水
	琪	옥이름	玉	13(火)	金		器	그릇, 쓰일	口	16(土)	水
	玘	패옥, 노리개	玉	8(金)	金		機	틀, 기계	木	16(土)	木
	杞	버들, 나무이름	木	7(金)	木		璣	옥, 꾸미개	玉	16(土)	金
	暣	볕 기운	日	14(火)	火		祺	복, 즐거움	示	13(火)	木

발음오행	한자	뜻	부수	획수오행	자원오행	발음오행	한자	뜻	부수	획수오행	자원오행
	麒	기린	鹿	19 (水)	土		豈	어찌, 바랄	豆	10 (水)	水
	埼	언덕머리	土	11 (木)	土		棄	버릴, 폐할	木	12 (木)	木
	崎	험할, 산길	山	11 (木)	土		祈	빌, 고할	示	9 (水)	木
	琦	클, 옥	玉	13 (火)	金		錤	호미	金	16 (土)	金
	綺	비단, 아름다울	糸	14 (火)	木		騏	천리마, 얼룩말	馬	18 (金)	火
	錡	솥, 가마	金	16 (土)	金		耆	늙은이, 어른	老	10 (水)	土
	箕	키, 쓰레받기	竹	14 (火)	木		璣	구슬, 거울	玉	17 (金)	金
	岐	갈림길	山	7 (金)	土		磯	물가, 자갈밭	石	17 (金)	金
	汽	김, 증기	水	8 (金)	水		夔	조심할, 두려울	夂	19 (水)	土
기(木)	譏	나무랄, 원망할	言	19 (水)	金		妓	기생	女	7 (金)	土
	冀	바랄, 원할	八	16 (土)	土		朞	돌, 1주년	月	12 (木)	火
	驥	천리마	馬	27 (金)	火		畸	뙈기밭	田	13 (火)	土
	嗜	즐길, 좋아할	口	13 (火)	水		祇	마침, 다만	示	9 (水)	木
	幾	기미, 조짐	幺	12 (木)	火		羈	굴레, 재갈	网	25 (火)	火
	旣	이미, 처음부터	无	11 (木)	水		穖	갈	禾	18 (金)	木
	忌	꺼릴, 증오할	心	7 (金)	火		肌	근육, 신체	肉	8 (金)	水
	旗	기, 표지	方	14 (火)	木		饑	굶주릴, 흉년	食	21 (木)	水
	欺	속일, 업신여길	欠	12 (木)	金	긴(木)	緊	감길, 오그라질	糸	14 (火)	木
	騎	기병, 말 탈	馬	18 (金)	火	길(木)	吉	姓, 길할	口	6 (土)	水
	寄	부칠, 위탁할	宀	11 (木)	木		佶	건장할, 바를	人	8 (金)	火

발음 오행	한자	뜻	부수	획수 오행	자원 오행	발음 오행	한자	뜻	부수	획수 오행	자원 오행
길(木)	桔	도라지	木	10(水)	木		落	(락)떨어질	艸	15(土)	木
	姞	姓, 삼갈	女	9(水)	土		酪	(락)즙, 식초	酉	13(火)	金
	拮	일할, 겨룰	手	10(水)	木		煖	따뜻할	火	13(火)	火
김(木)	金	姓, 쇠, 돈	金	8(金)	金		暖	따뜻할	日	13(火)	火
끽(木)	喫	마실, 먹을	口	12(木)	水		卵	(란)알, 기를	卩	7(金)	水
	娜	아리따울, 모양	女	10(水)	土		蘭	(란)난초, 목련	艸	23(火)	木
	奈	어찌, 능금나무	木	9(水)	木	난(火)	爛	(란)익을, 밝을	火	21(木)	火
	那	姓, 어찌, 나라이름	邑	11(木)	土		瀾	(란)물결	水	21(木)	水
	羅	(라)비단, 벌릴	网	20(水)	木		瓓	(란)옥 광채	玉	22(木)	金
나(火)	奈	어찌, 나락	大	8(金)	火		難	어려울, 근심	隹	19(水)	火
	拿	붙잡을, 사로잡을	手	10(水)	木		亂	(란)어지러울	乙	13(火)	木
	儺	공손한 모양	人	21(木)	火	날(火)	捺	누를, 찍을	手	12(木)	木
	喇	나팔, 말할	口	12(木)	水		捏	이길, 반죽할	手	11(木)	木
	挐	잡을, 비빌	手	9(水)	木		南	姓, 남녘	十	9(水)	火
	愞	나약할, 무력할	心	18(金)	火		男	사내, 아들	田	7(金)	土
	諾	대답할, 승낙할	言	16(土)	金	남(火)	楠	녹나무	木	13(火)	木
	樂	(락)즐거울,(요)좋아할	木	15(土)	木		湳	강이름	水	13(火)	水
낙(火)	絡	(락)솜, 명주	糸	12(木)	木		枏	녹나무	木	8(金)	木
	珞	(락)구슬, 조약돌	玉	11(木)	金		藍	(람)남루할, 쪽	艸	20(水)	木
	洛	(락)낙수, 물이름	水	10(水)	水		濫	(람)넘칠, 담글	水	18(金)	水

발음오행	한자	뜻	부수	획수(오행)	자원오행	발음오행	한자	뜻	부수	획수(오행)	자원오행
납(火)	納	바칠, 수확할	糸	10(水)	木	년(火)	年	해, 나이	干	6(土)	木
	衲	옷 수선할	衣	10(水)	木		秊	年의 俗字	禾	8(金)	木
	娘	아가씨, 어머니	女	10(水)	土		撚	비틀	手	16(土)	木
낭(火)	郎	(랑)사내, 남편	邑	14(火)	土	념(火)	恬	편안할, 조용할	心	10(水)	火
	朗	(랑)밝을	月	11(木)	水		拈	집어들	手	9(金)	木
	琅	(랑)옥이름	玉	12(木)	金		念	생각할, 욀	心	8(金)	火
	瑯	(랑)고을이름	玉	15(土)	金		捻	비틀, 비꿀	手	12(木)	木
	浪	(랑)물결, 파도	水	11(木)	水	녕(火)	寧	편안할, 어찌	宀	14(火)	火
	廊	(랑)복도, 행랑	广	13(火)	木		寗	차라리	宀	13(火)	火
	囊	주머니	口	22(木)	水		獰	모질, 흉악할	犬	17(金)	土
내(火)	內	안, 들일	入	4(火)	木	노(火)	努	힘쓸	力	7(金)	土
	乃	姓, 곧, 이에	丿	2(木)	金		勞	(로)일할, 근심할	力	12(木)	火
	奈	어찌, 어찌할	大	8(金)	火		路	(로)길, 클	足	13(火)	土
	耐	견딜, 감당할	而	9(水)	水		露	(로)이슬, 적실	雨	20(水)	水
	柰	능금나무, 어찌	木	9(水)	木		爐	(로)화로, 향로	火	20(水)	火
	來	(래)올, 부를	人	8(金)	火		盧	(로)姓, 밥그릇, 화로	皿	16(土)	水
	萊	(래)명아주	艸	14(火)	木		鷺	(로)해오라기	鳥	23(火)	火
	崍	(래)산이름	山	11(木)	土		弩	쇠뇌	弓	8(金)	火
냉(火)	冷	(랭)찰, 맑을	冫	7(金)	水		駑	둔할, 미련할	馬	15(土)	火
녀(火)	女	계집, 너	女	3(火)	土		瑙	마노	玉	14(火)	金

발음오행	한자	뜻	부수	획수오행	자원오행	발음오행	한자	뜻	부수	획수오행	자원오행
노(火)	怒	성낼, 화낼	心	9(水)	火	뇌(火)	賴	(뢰) 힘입을, 의뢰할	貝	16(土)	金
	奴	종, 포로	女	5(土)	土		雷	(뢰) 우레, 천둥	雨	13(火)	水
	老	(로) 늙은이	老	6(土)	土		腦	뇌, 정신	肉	15(土)	水
	魯	(로) 둔할, 미련할	魚	15(土)	水		惱	괴로워할	心	13(火)	火
뇨(火)	尿	오줌	尸	7(金)	水	누(火)	漏	(루) 샐, 스며들	水	15(土)	水
	鬧	시끄러울	鬥	14(火)	金		累	(루) 묶을, 누끼칠	糸	11(木)	木
	撓	어지러울, 휠	手	16(土)	木		樓	(루) 다락, 포갤	木	15(土)	木
녹(火)	祿	(록) 녹봉	示	13(火)	木		屢	(루) 여러, 자주	尸	14(火)	水
	錄	(록) 기록할	金	16(土)	金		淚	(루) 눈물	水	12(木)	水
	綠	(록) 초록빛	糸	14(火)	木	눈(火)	嫩	어릴, 예쁠	女	14(火)	土
	鹿	(록) 사슴	鹿	11(木)	土	눌(火)	訥	말더듬을	言	11(木)	金
	彔	(록) 근본, 깎을	彑	8(金)	火	뉴(火)	紐	맺, 끈 맬	糸	10(水)	水
논(火)	論	(론) 말할, 고할	言	15(土)	金		鈕	맺, 단추	金	12(木)	金
농(火)	農	농사, 농업	辰	13(火)	土		杻	감탕나무	木	8(金)	木
	濃	무성할, 짙을	水	17(金)	水	늠(火)	凜	(름) 찰, 의젓할	冫	15(土)	水
	瀧	(롱) 젖을, 비올	水	20(木)	水		能	능할, 재주	肉	12(木)	水
	瓏	(롱) 옥 소리	玉	21(木)	金	능(火)	陵	(릉) 언덕, 높을	阜	16(土)	土
	籠	(롱) 대그릇, 삼태기	竹	22(木)	木		綾	(릉) 비단	糸	14(火)	木
	弄	(롱) 희롱할	廾	7(金)	金		菱	(릉) 마름, 모날	艸	14(火)	木
	膿	고름, 짓무를	肉	19(水)	水	니(火)	泥	진흙, 흐릴	水	9(水)	水

165

발음오행	한자	뜻	부수	획수오행	자원오행	발음오행	한자	뜻	부수	획수오행	자원오행
	尼	여승, 비구니	尸	5(土)	水		袒	웃통 벗을	衣	11(木)	木
닉(火)	匿	숨을, 숨길	匸	11(木)	水		鄲	나라이름	邑	19(水)	土
	溺	빠질, 잠길	水	14(火)	水		短	짧을, 적을	矢	12(木)	金
다(火)	多	많을, 넓을	夕	6(土)	水		段	姓, 구분, 조각	殳	9(水)	金
	茶	차	艸	12(木)	木		斷	끊을, 근절할	斤	18(金)	金
	旦	아침, 밤 세울	日	5(土)	火		達	통달할, 깨달을	辶	16(土)	土
	丹	붉을, 정성스러울	丶	4(火)	火		撻	매질할	手	17(金)	木
	但	다만, 무릇	人	7(金)	火	달(火)	㺚	미끄러울	水	17(金)	水
	單	姓, 하나, 오직	口	12(木)	水		獺	수달	犬	19(水)	土
	端	바를, 곧을	立	14(火)	金		疸	황달	疒	10(水)	水
	壇	제터, 뜰	土	16(土)	土		憺	편안할	心	17(金)	火
	檀	박달나무	木	17(金)	木		談	말씀, 언론	言	15(土)	金
단(火)	團	둥글, 모일	囗	14(火)	水		潭	깊을, 물가	水	16(土)	水
	緞	비단	糸	15(土)	木		譚	이야기, 완만할	言	19(水)	金
	鍛	쇠 불릴, 숫돌	金	17(金)	金	담(火)	澹	담박할, 조용할	水	17(金)	水
	亶	믿음	亠	13(火)	土		啖	먹을, 탐할	口	11(木)	水
	彖	판단할	彑	9(水)	火		湛	즐길, 탐닉할	水	13(火)	水
	湍	여울, 급류	水	13(火)	水		聃	주(周)의 나라이름 (耼의 俗字)	耳	11(木)	火
	簞	대광주리	竹	18(金)	木		薥	지모	艸	18(金)	木
	蛋	새알	虫	11(木)	水		坍	무너질	土	7(金)	土

발음오행	한자	뜻	부수	획수오행	자원오행	발음오행	한자	뜻	부수	획수오행	자원오행
담(火)	曇	흐릴, 구름이낄	日	16(土)	火		螳	사마귀	虫	17(金)	水
	膽	쓸개, 담력	肉	19(水)	水		糖	사탕, 엿	米	16(土)	木
	淡	묽을, 싱거울	水	12(木)	水		撞	칠, 두드릴	手	16(土)	木
	擔	멜, 책임질	手	17(金)	木		鐺	쇠사슬, 종고소리	金	21(木)	金
	覃	미칠, 퍼질	襾	12(木)	金		垈	집터, 밭	土	8(金)	土
	痰	가래, 천식	疒	13(火)	水		玳	대모	玉	10(水)	金
	錟	창, 찌를	金	16(土)	金		昊	햇빛	日	7(金)	火
답(火)	畓	논	田	9(水)	土	대(火)	岱	대산, 클	山	8(金)	土
	答	대답할, 맞출	竹	12(木)	木		大	姓, 클, 넓을	大	3(火)	木
	踏	밟을, 디딜	足	15(土)	土		代	대신, 시대	人	5(土)	火
	沓	유창할, 합할	水	8(金)	水		待	기다릴, 갖출	彳	9(水)	火
	遝	뒤섞일, 미칠	辶	17(金)	土		對	대답할, 상대	寸	14(火)	木
당(火)	堂	집, 평평할	土	11(木)	土		帶	띠, 찰, 장식	巾	11(木)	木
	當	당할, 적합할	田	13(火)	土		臺	돈대, 관청	至	14(火)	土
	唐	당나라, 허풍	口	10(水)	水		袋	자루, 부대	衣	11(木)	木
	黨	무리, 바를	黑	20(水)	水		戴	느낄, 생각할	戈	17(金)	金
	塘	못, 방죽	土	13(火)	土		擡	들어올릴	手	18(金)	木
	幢	기, 휘장	巾	15(土)	木		坮	대	土	8(金)	土
	棠	팥배나무, 해당화	木	12(木)	木		黛	눈썹 먹, 여자의 눈썹	黑	17(金)	水
	戇	어리석을, 외고집	心	28(金)	火		貸	빌릴, 갚을	貝	12(木)	金

발음오행	한자	뜻	부수	획수 오행	자원오행	발음오행	한자	뜻	부수	획수 오행	자원오행
	隊	무리	阜	17(金)	土		覩	볼	見	16(土)	火
덕(火)	德	덕, 선행	彳	15(土)	火		賭	걸, 노름	貝	16(土)	金
	悳	德의 俗字	心	12(木)	火		韜	감출, 갈무리할	韋	19(水)	金
댁(火)	宅	댁, 집	宀	6(土)	木		道	길, 이치	辶	16(土)	土
	到	이를, 주밀할	刀	8(金)	金		島	섬	山	10(水)	土
	度	법, 제도	广	9(水)	木		桃	복숭아, 앵도	木	10(水)	木
	徒	무리, 동아리	彳	10(水)	火		都	姓, 도읍, 서울	邑	16(土)	土
	渡	건널, 통할	水	13(火)	水		圖	그림, 꾀할	囗	14(火)	水
	途	길, 도로	辶	14(火)	土		陶	질그릇, 옹기장이	阜	16(土)	土
	堵	담장, 주거	土	12(木)	土		稻	姓, 벼, 땅이름	禾	15(土)	木
	塗	진흙, 바를	土	13(火)	土		嶋	섬	山	14(화)	土
도(火)	棹	노, 키	木	12(木)	木		屠	잡을, 무찌를	尸	12(木)	水
	導	이끌, 인도할	寸	16(土)	木		悼	슬퍼할, 떨	心	12(木)	火
	禱	빌, 기원	示	19(水)	木		搗	찧을, 두드릴	手	14(火)	木
	鍍	도금할	金	17(金)	金		倒	넘어질, 거꾸로	人	10(水)	火
	櫂	노, 상앗대	木	18(金)	木		刀	칼, 작은 배	刀	2(木)	金
	淘	일, 씻을	水	12(木)	水		挑	휠, 굽을	手	10(木)	木
	滔	물넘칠	水	14(火)	水		跳	뛸, 달아날	足	13(火)	土
	睹	볼, 분별할	目	14(火)	木		逃	달아날, 숨을	辶	13(火)	土
	萄	포도, 풀이름	艸	14(火)	木		盜	훔칠, 도둑질	皿	12(木)	金

발음오행	한자	뜻	부수	획수오행	자원오행	발음오행	한자	뜻	부수	획수오행	자원오행
도(火)	濤	물결, 씻을	水	18(金)	水		沌	어두울	水	8(金)	水
	壽	비출, 덮을	木	18(金)	火		豚	돼지, 복어	豕	11(木)	水
	跳	밟을	足	13(火)	土		頓	조아릴, 깨질	頁	13(火)	火
독(火)	讀	읽을, 풍류	言	22(土)	金	돌(火)	乭	돌, 사람이름	乙	6(土)	金
	篤	도타울, 굳을	竹	16(土)	木		突	갑자기, 부딪힐	穴	9(水)	水
	督	살펴볼, 거느릴	目	13(火)	木		東	姓, 동녘	木	8(金)	木
	纛	둑, 소꼬리	糸	25(土)	木		桐	오동나무	木	10(水)	木
	牘	편지, 나뭇조각	片	19(木)	木		董	바를, 동독할	艸	15(土)	木
	犢	송아지	牛	19(水)	土		同	한가지, 모을	口	6(土)	水
	瀆	도랑, 하수도	水	19(水)	水		洞	골짜기, 동굴	水	10(水)	水
	禿	대머리, 벗어질	禾	7(金)	木		垌	항아리	土	9(水)	土
	獨	홀로, 외로울	犬	17(金)	土		童	아이, 어리석을	立	12(木)	金
	毒	독, 해칠	母	8(金)	土		動	움직일, 자주	力	11(木)	水
돈(火)	敦	姓, 도타울	攵	12(木)	金		銅	구리	金	14(火)	金
	惇	도타울, 인정많을	心	12(木)	火		棟	마룻대, 용마루	木	12(木)	木
	暾	아침해 돋을	日	16(土)	火		潼	강이름	水	16(土)	水
	燉	불빛, 이글거릴	火	16(土)	火		瞳	눈동자	目	17(金)	木
	墩	돈대, 흙더미	土	15(土)	土		蝀	무지개	虫	14(火)	水
	旽	밝을, 친밀할	日	8(金)	火		仝	한가지	人	5(土)	火
	焞	어스레할, 성할	火	12(木)	火		憧	그리워할, 그리움	心	16(土)	火

발음오행	한자	뜻	부수	획수 오행	자원 오행	발음오행	한자	뜻	부수	획수 오행	자원 오행
	疼	아플, 욱신거릴	疒	10 (水)	水		遯	달아날, 피할	辶	18 (金)	土
	胴	창자	肉	10 (水)	水	득(火)	得	얻을, 탐할	彳	11 (木)	火
	冬	겨울	冫	5 (土)	水		登	오를, 이룰	癶	12 (木)	火
	凍	얼을, 추울	冫	10 (水)	水		橙	등자나무	木	16 (土)	木
	斗	말, 별이름	斗	4 (火)	火		嶝	고개, 비탈길	山	15 (土)	土
	豆	콩, 제기	豆	7 (金)	木		等	가지런할, 등급	竹	12 (木)	木
	枓	두공, 기둥머리	木	8 (金)	木	등(火)	燈	등잔, 등불	火	16 (土)	火
	頭	머리, 두목	頁	16 (土)	火		藤	등나무	艸	21 (木)	木
	杜	姓, 아가위, 막을	木	7 (金)	木		騰	값 오를, 오를	馬	20 (水)	火
두(火)	荳	콩	艸	13 (木)	木		謄	베낄	言	17 (金)	金
	讀	구절, (독) 읽을	言	22 (木)	金		鄧	姓, 고을이름	邑	19 (水)	土
	逗	머무를, 무덤	辶	14 (火)	土		邏	순행할	辶	26 (土)	土
	兜	투구, 쓰개	儿	11 (木)	木		羅	姓, 새그물, 벌릴	网	20 (水)	木
	痘	천연두	疒	12 (木)	水		螺	소라	虫	17 (金)	水
	竇	구멍, 물길	穴	20 (水)	水	라(火)	喇	나팔	口	12 (木)	水
	鈍	무딜, 둔할	金	12 (木)	金		蘿	무, 미나리	艸	25 (土)	木
	屯	진칠, 주둔군	屮	4 (火)	木		懶	게으를, 나른할	心	20 (水)	火
둔(火)	遁	달아날, 끊을	辶	16 (土)	土		癩	약물중독	疒	21 (木)	水
	芚	채소이름	艸	10 (水)	木		裸	벌거벗을	衣	14 (火)	木
	臀	볼기	肉	19 (水)	水	락(火)	樂	즐길, 풍류 (요) 좋아할	木	15 (土)	火

발음오행	한자	뜻	부수	획수오행	자원오행	발음오행	한자	뜻	부수	획수오행	자원오행
락(火)	洛	낙수, 강이름	水	10(水)	水	람(火)	藍	쪽, 남루할	艹	20(水)	木
	絡	묶을, 그물	糸	12(木)	木		濫	넘칠, 번질	水	18(金)	水
	珞	구슬, 조약돌	玉	11(木)	金		嵐	산이름, 산바람	山	12(木)	土
	酪	유즙, 식초	酉	13(火)	金		欖	감람나무	木	25(土)	木
	烙	지질	火	10(水)	火		纜	닻줄	糸	27(金)	木
	駱	낙타	馬	16(土)	火		擥	잡을, 딸	手	19(水)	木
	落	떨어질, 흩어질	艹	15(土)	木		攬	잡을, 딸	手	25(土)	木
란(火)	卵	알, 기를	卩	7(金)	水		襤	누더기	衣	21(木)	木
	亂	어지러울	乙	13(火)	木	랍(火)	拉	꺾을, 데려갈	手	9(水)	木
	蘭	난초, 목련꽃	艹	23(火)	木		臘	납향	肉	21(土)	水
	欄	목란	木	21(木)	木		蠟	밀초	虫	21(木)	水
	爛	빛날, 익을	火	21(木)	火	랑(火)	浪	성, 물결, 파도	水	11(木)	水
	瀾	큰물결, 뜨물	水	21(木)	水		郎	사내, 남편	邑	14(火)	土
	瓓	옥무늬, 옥광채	玉	22(木)	金		朗	밝을, 맑을	月	11(木)	水
	欒	나무이름	木	23(火)	木		廊	행랑, 복도	广	13(火)	木
	鑾	방울	馬	30(水)	火		琅	옥이름, 푸른 산호	玉	12(木)	金
랄(火)	辣	매울	辛	14(火)	金		瑯	고을이름, 옥이름	玉	15(土)	金
	剌	어그러질	刀	9(水)	金		狼	이리, 짐승이름	犬	10(水)	土
	覽	보살필, 두루볼	見	21(木)	火		螂	사마귀	虫	16(土)	水
						래(火)	來	올, 부를	人	8(金)	火

발음 오행	한자	뜻	부수	획수 오행	자원 오행	발음 오행	한자	뜻	부수	획수 오행	자원 오행
	崍	산이름	土	11 (木)	土		旅	나그네, 함께	方	10 (水)	土
	萊	명아주, 묵정밭	艸	14 (火)	木		麗	우아할, 짝	鹿	19 (水)	土
	徠	올, 위로할	彳	11 (木)	火		慮	생각, 의심할	心	15 (土)	火
랭(火)	冷	찰, 맑을	冫	7 (金)	水		勵	힘쓸, 권할	力	17 (金)	土
략(火)	略	간략할, 다스릴	田	11 (木)	土		呂	姓, 땅이름	口	7 (金)	水
	掠	노략질할	手	12 (木)	木		侶	벗할, 동행할	人	9 (水)	火
	良	착할, 어질	食	7 (金)	土		黎	검을, 무리	黍	15 (土)	木
	兩	둘, 짝	入	8 (金)	土		閭	마을 문	門	15 (土)	木
	量	헤아릴, 좋을	里	12 (木)	火	려(火)	儷	짝, 부부	人	21 (木)	火
	凉	姓, 서늘할	冫	10 (水)	水		廬	오두막집, 주막	广	19 (水)	木
	梁	姓, 들보, 다리	木	11 (木)	木		櫚	종려나무	木	19 (水)	木
	粮	양식, 먹이	米	13 (火)	木		濾	거를, 씻을	水	19 (水)	水
량(火)	輛	수레, 단위	車	15 (土)	火		藜	나라이름	艸	21 (木)	木
	涼	서늘할, 도울	水	12 (木)	水		礪	거친 숫돌	石	20 (水)	金
	糧	양식	米	18 (金)	木		蠣	굴	虫	21 (木)	水
	諒	믿을, 어질	言	15 (土)	金		驢	나귀, 당나귀	馬	26 (土)	火
	倆	재주, 솜씨	亻	10 (水)	火		驪	검을, 나라이름	馬	29 (水)	火
	亮	밝을, 도울	亠	9 (水)	火		戾	어그러질, 벗어날	戶	8 (金)	金
	樑	대들보, 굳셀	木	15 (土)	木	력(火)	力	힘, 힘쓸	力	2 (木)	土
	粱	기장, 기장밥	米	13 (火)	木		歷	지날, 겪은 일	止	16 (土)	土

발음오행	한자	뜻	부수	획수(오행)	자원오행	발음오행	한자	뜻	부수	획수(오행)	자원오행
력(火)	曆	책력, 셀	日	16(土)	火		冽	찰	冫	8(金)	水
	瀝	거를, 받칠	水	20(水)	水		裂	찢을, 무너질	衣	12(木)	木
	礫	조약돌	石	20(水)	金		劣	못할, 적을	力	6(土)	土
	轢	삐걱거릴, 칠	車	22(木)	火	렴(火)	廉	姓, 맑을, 청렴할	广	13(火)	木
	靂	벼락, 천둥	雨	24(火)	水		濂	姓, 시내이름, 싱거울	水	17(金)	水
련(火)	連	맺을, 연결할	辶	14(火)	土		簾	발, 주렴	竹	19(水)	木
	練	단련할, 익힐	糸	15(土)	木		斂	姓, 거둘, 저장할	攴	17(金)	金
	鍊	불릴, 단련할	金	17(金)	金		殮	염할, 빈소할	歹	17(金)	水
	聯	잇닿을, 연결할	耳	17(金)	火	렵(火)	獵	사냥, 사로잡을	犬	19(水)	土
	戀	사모할, 그리움	心	23(火)	火	령(火)	伶	영리할	人	7(金)	火
	蓮	연밥, 연꽃	艹	17(金)	木		昤	날빛 영롱할	日	9(水)	火
	煉	불릴, 구울	火	13(火)	火		玲	옥소리	玉	10(水)	金
	璉	호련, 이을	玉	16(土)	金		姈	계집 슬기로울	女	8(金)	土
	攣	걸릴, 이어질	手	23(火)	木		怜	영리할, 지혜로울	心	9(水)	火
	漣	물놀이	水	15(土)	水		令	하여금, 가령	人	5(土)	火
	輦	손수레, 나룰	車	15(土)	火		領	옷깃, 거느릴	頁	14(火)	火
	憐	불쌍할, 가엾을	心	16(土)	火		嶺	고개, 산길	山	17(金)	土
렬(火)	列	줄, 항렬	刀	6(土)	金		零	떨어질, 이슬비	雨	13(火)	水
	烈	빛날, 매울	火	10(水)	火		靈	姓, 신령, 영혼	雨	24(火)	水
	洌	맑은, 물이름	水	10(水)	水		鈴	방울	金	13(火)	金

발음오행	한자	뜻	부수	획수오행	자원오행	발음오행	한자	뜻	부수	획수오행	자원오행
	齡	나이	齒	20(水)	金		盧	姓, 검을, 밥그릇, 화로	皿	16(土)	水
	岺	재	山	8(金)	土		鷺	해오라기, 백로	鳥	23(火)	火
	崟	원추리	竹	11(木)	木		櫓	방패, 노	木	19(水)	木
	羚	영양	羊	11(木)	土		潞	강이름	水	17(金)	水
	翎	깃	羽	11(木)	火		瀘	강이름	水	20(水)	水
	逞	굳셀, 즐거울	辶	12(木)	土		蘆	갈대, 무	艸	22(水)	木
	囹	옥, 감옥	口	8(金)	水		虜	포로, 종		12(木)	木
	聆	들을, 좇을	耳	11(木)	火		輅	수레	車	13(火)	火
	例	법식, 보기	人	8(金)	火		鹵	소금, 황무지	鹵	11(木)	水
	禮	예도, 인사	示	18(金)	木		擄	노략질할	手	17(金)	木
례(火)	礼	禮의 俗字	示	6(土)	木		撈	잡을, 건져낼	手	16(土)	木
	澧	강이름	水	17(金)	水		祿	녹봉, 행복	示	13(火)	木
	醴	단술, 달	酉	20(水)	金		錄	기록할, 문서	金	16(土)	金
	隷	붙을, 좇을	隶	16(土)	水		綠	초록빛	糸	14(火)	木
	路	길, 중요할	足	13(火)	土	록(火)	鹿	사슴, 곳집	鹿	11(木)	土
	露	이슬, 젖을	雨	20(水)	水		彔	근본, 나무 깎을	彑	8(金)	火
로(火)	老	늙을, 어른	老	6(土)	土		碌	돌 모양	石	13(火)	金
	勞	일할, 힘쓸	力	12(木)	火		菉	조개풀, 기록할	艸	14(火)	木
	爐	화로, 향로	火	20(水)	火		麓	사슴	鹿	19(水)	土
	魯	둔할, 미련할	魚	15(土)	水	론(火)	論	말할, 고할	言	15(土)	金

발음 오행	한자	뜻	부수	획수 오행	자원 오행	발음 오행	한자	뜻	부수	획수 오행	자원 오행
롱(火)	瀧	비올, 여울	水	20(水)	水		燎	밝을, 비출	火	16(土)	火
	瓏	옥소리, 바람소리	玉	21(木)	金		瞭	밝을, 멀	目	17(金)	木
	籠	대그릇, 삼태기	竹	22(木)	木		聊	귀울, 의지할	耳	11(木)	火
	壟	언덕, 무덤	土	19(水)	土		蓼	여뀌, 나라이름	艹	17(金)	木
	朧	흐릿할	月	20(水)	水		療	병고칠	疒	17(金)	水
	聾	귀머거리, 어리석을	耳	22(木)	火		廖	공허할, 나라이름	广	14(火)	木
	弄	희롱할, 가지고 놀	廾	7(金)	金	룡(火)	龍	姓, 용, 임금	龍	16(土)	土
뢰(火)	雷	姓, 천둥, 우레	雨	13(火)	水		竜	龍의 古字	立	10(水)	金
	賴	힘입을, 의뢰할	貝	16(土)	金		壘	쌓을	土	18(金)	土
	瀨	여울, 급류	水	20(水)	水		婁	별이름, 거둘	女	11(木)	土
	儡	영락할, 피로할	人	17(金)	火		縷	실, 명주	糸	17(金)	木
	牢	우리, 둘러쌀	牛	7(金)	土		蔞	쑥, 풀 자란 모양	艹	17(金)	木
	磊	돌무더기	石	15(土)	金		鏤	아로새길	金	19(水)	金
	賂	뇌물, 재화	貝	13(火)	金	루(火)	陋	장소 좁을	阜	13(火)	土
	賚	줄, 하사품	貝	15(土)	金		褸	남루할	衣	17(金)	木
료(火)	料	될, 헤아릴	斗	10(水)	火		瘻	부스럼, 혹	疒	16(土)	水
	了	마칠, 깨달을	亅	2(木)	金		累	묶을, 누끼칠	糸	11(木)	木
	僚	벗, 동관	人	14(火)	火		樓	다락, 포갤	木	15(土)	木
	遼	멀, 늦출	辶	19(水)	土		屢	여러, 번거로울	尸	14(火)	水
	寮	동료	宀	15(土)	木		淚	눈물 흘릴	水	12(木)	水

발음오행	한자	뜻	부수	획수오행	자원오행	발음오행	한자	뜻	부수	획수오행	자원오행
류(火)	漏	샐, 스며들	水	15(土)	水		侖	둥글, 생각할	人	8(金)	火
	柳	姓, 버들	木	9(水)	木		崙	산이름, 뫼	山	11(木)	土
	留	머무를, 더딜	田	10(水)	土		綸	낚싯줄, 실	糸	14(火)	木
	流	흐를, 구할	水	11(木)	水		淪	물놀이, 잔물결	水	12(木)	水
	類	착할, 나눌	頁	19(水)	火	률(火)	律	姓, 법	彳	9(水)	火
	琉	유리	玉	12(木)	金		栗	밤, 공손할	木	10(水)	木
	劉	姓, 이길, 칼	刀	15(土)	金		率	헤아릴,(솔)거느릴,(수)장수	玄	11(木)	火
	瑠	유리, 나라이름	玉	15(土)	金		慄	두려워할, 떨	心	14(火)	火
	硫	유황	石	12(木)	金	륭(火)	隆	성할, 높을	阜	17(金)	土
	旒	깃발	方	13(火)	土	륵(火)	勒	굴레, 재갈	力	11(木)	金
	榴	석류나무	木	14(火)	木		肋	갈비, 힘줄	肉	8(金)	水
	溜	방울져 떨어질, 여울	水	14(火)	水	름(火)	凛	의젓할, 꿋꿋할	冫	15(土)	水
	瀏	맑을	水	19(水)	水	릉(火)	陵	큰 언덕, 넘을	阜	16(土)	土
	謬	그릇될, 어긋날	言	18(金)	金		綾	비단	糸	14(火)	木
	瘤	혹	疒	15(土)	水		菱	마름, 모날	艸	14(火)	木
륙(火)	六	여섯	八	6(土)	土		凌	능가할, 깔볼	冫	10(水)	水
	陸	姓, 육지, 뭍	阜	16(土)	土		楞	모	木	13(火)	木
	戮	죽일, 형벌	戈	15(土)	金		稜	서슬, 모서리	禾	13(火)	木
륜(火)	倫	인륜, 무리	人	10(水)	火	리(火)	利	길할, 좋을	刀	7(金)	金
	輪	바퀴, 수레	車	15(土)	火		里	마을, 이웃	里	7(金)	土

발음오행	한자	뜻	부수	획수오행	자원오행	발음오행	한자	뜻	부수	획수오행	자원오행
리(火)	理	다스릴, 성품	玉	12(木)	金		羸	여월, 약할	羊	19(水)	土
	梨	배, 배나무	木	11(木)	木		裏	속, 내부	衣	13(火)	木
	李	성, 오얏	木	7(金)	木		裡	裏와 同字	衣	13(火)	木
	吏	아전, 관리	口	6(土)	水		離	베풀, 걸릴	隹	19(水)	火
	俐	똑똑할	人	9(水)	火	린(火)	隣	이웃, 마을	阜	20(水)	土
	履	신, 밟을	尸	15(土)	木		潾	맑을, 석간수	水	16(土)	水
	俚	속될, 상말	人	9(水)	火		璘	옥빛, 옥무늬	玉	17(金)	金
	璃	유리, 구슬이름	玉	16(土)	金		麟	기린	鹿	23(火)	土
	莉	말리나무	艸	13(火)	木		吝	아낄, 탐할	口	7(金)	水
	悧	영리할	心	11(木)	火		燐	도깨비불, 반딧불	火	16(土)	火
	厘	釐의 俗字	厂	9(水)	土		藺	골풀, 조약돌	艸	22(木)	木
	唎	가는 소리	口	10(水)	水		鱗	비늘, 물고기	魚	23(火)	水
	浬	해리	水	12(木)	水		躪	유린할, 짓밟을	足	27(金)	土
	犁	얼룩소, 쟁기	牛	12(木)	土	림(火)	林	성, 수풀	木	8(金)	木
	鯉	잉어	魚	18(金)	水		琳	아름다운 옥	玉	13(火)	金
	离	산신, 맹수	禸	11(木)	火		淋	물 뿌릴, 장마	水	12(木)	水
	狸	살쾡이, 너구리	犬	11(木)	土		臨	임할, 다스릴	臣	17(金)	火
	痢	설사, 이질	疒	12(木)	水		霖	장마	雨	16(土)	水
	籬	울타리	竹	25(土)	木		立	설, 세울	立	5(土)	金
	罹	근심	网	16(土)	木						

발음 오행	한자	뜻	부수	획수 오행	자원 오행	발음 오행	한자	뜻	부수	획수 오행	자원 오행
립 (火)	笠	삿갓, 땅이름	竹	11(木)	木		晚	저물, 늦을	日	11(木)	火
	粒	낟알, 쌀알	米	11(木)	木		卍	만자	十	6(土)	火
	砬	돌 소리	石	10(水)	金		娩	해산할, 순박할	女	10(水)	土
마 (水)	馬	姓, 말	馬	10(水)	火		挽	당길, 말릴	手	11(木)	木
	麻	마, 삼베	广	11(木)	木		灣	물굽이	水	26(土)	水
	瑪	옥돌이름	玉	15(土)	金		饅	만두	食	20(水)	水
	摩	갈, 문지를	手	15(土)	木		鰻	뱀장어	魚	22(木)	水
	碼	저울추	石	15(土)	金		瞞	속일	目	16(土)	木
	魔	마귀, 악마	鬼	21(木)	火		輓	수레 끌	車	14(火)	火
	痲	저릴, 홍역	疒	13(火)	水		巒	뫼	山	22(木)	土
	磨	갈, 숫돌에 갈	石	16(土)	金		彎	굽을, 당길	弓	22(木)	火
막 (水)	莫	없을, (모)저물	艸	13(火)	木		滿	찰, 가득할	水	15(土)	水
	幕	장막, 군막	巾	14(火)	木		蔓	넝쿨, 뻗어나갈	艸	17(金)	木
	漠	사막, 조용할	水	15(土)	水		鏋	금, 금정기	金	19(水)	金
	寞	쓸쓸할	宀	14(火)	木		慢	게으를 만	心	15(土)	火
	膜	어루만질	肉	17(金)	水		漫	질펀할, 넘칠	水	15(土)	水
	邈	멀, 경멸할	辵	21(金)	土		蠻	오랑캐, 야만	虫	25(土)	水
만 (水)	万	일만	一	3(火)	木	말 (水)	末	끝, 다할	木	5(土)	木
	曼	길게 끌, 길	日	11(木)	土		茉	말리나무	艸	11(木)	木
	萬	姓, 일만, 많을	艸	15(土)	木		抹	바를, 칠할	手	9(金)	木
							沫	거품, 물방울	水	9(水)	水

발음 오행	한자	뜻	부수	획수 오행	자원 오행	발음 오행	한자	뜻	부수	획수 오행	자원 오행
말(水)	襪	버선	衣	21(木)	木		埋	묻을, 메울	土	10(水)	土
	靺	북방종족이름	革	14(火)	金		媒	중매할, 매개할	女	12(木)	土
	末	끝	口	10(水)	水		昧	새벽, 동틀무렵	日	9(水)	火
망(水)	望	바랄, 원할	月	11(木)	水		枚	줄기, 채찍	木	8(金)	木
	忙	바쁠, 조급할	心	7(金)	火		煤	그을음, 먹	火	13(火)	火
	忘	잊을, 다할	心	7(金)	火		罵	욕할, 꾸짖을	馬	16(土)	火
	網	그물, 규칙	糸	14(火)	木		邁	갈, 떠날	辵	19(水)	土
	芒	털끝, 바늘	艸	9(水)	木		魅	도깨비, 미혹할	鬼	15(土)	火
	莽	우거질, 잡초	艸	12(木)	木		寐	잠잘, 죽을	宀	12(木)	木
	輞	바퀴 테	車	15(土)	火	맥(水)	麥	보리, 매장할	麥	11(木)	木
	邙	산이름, 고을이름	邑	10(水)	土		脈	맥, 줄기	肉	12(木)	水
	茫	아득할, 망망할	艸	12(木)	木		貊	고요할, 맹수이름 북방종족 이름	豸	13(火)	水
	罔	그물, 잡을	网	9(水)	木		陌	두렁, 경계, 길	阜	13(火)	土
	妄	허망할, 거짓	女	6(土)	土		驀	말탈, 금세	馬	21(木)	火
	亡	죽일, 망할	亠	3(火)	水	맹(水)	孟	맏이, 힘쓸	子	8(金)	水
매(水)	每	매양, 각각	母	7(金)	土		猛	사나울, 용감할	犬	12(木)	土
	買	姓, 살	貝	12(木)	金		盟	맹세할, 약속할	皿	13(火)	土
	賣	팔	貝	15(土)	金		萌	싹, 비롯할	艸	14(火)	木
	妹	누이, 소녀	女	8(金)	土		氓	백성	氏	8(金)	火
	梅	姓, 매화나무	木	11(木)	木		盲	소경, 눈멀	目	8(金)	木

발음오행	한자	뜻	부수	획수 오행	자원 오행	발음오행	한자	뜻	부수	획수 오행	자원 오행
멱 (水)	覓	찾을, 곁눈질	見	11 (木)	火		茗	차싹	艹	12 (木)	木
	冪	덮을, 막	冖	16 (土)	土		蓂	명협풀, 약초이름	艹	16 (土)	木
면 (水)	綿	이을, 솜	糸	14 (火)	木		皿	그릇	皿	5 (土)	土
	棉	목화나무	木	12 (木)	木		瞑	눈감을, 소경	目	15 (土)	木
	免	면할, 해직할	儿	7 (金)	木		螟	마디충, 해충	虫	16 (土)	水
	勉	힘쓸, 부지런할	力	9 (水)	金		暝	어두울	日	14 (火)	火
	面	낯, 얼굴	面	9 (水)	火		榠	홈통	木	12 (木)	木
	沔	씻을, 물 흐를	水	8 (金)	水		鳴	울, 새울음	鳥	14 (火)	火
	緬	가는실, 먼	糸	15 (土)	木		冥	어두울, 아득할	冖	10 (水)	木
	麵	밀가루	麥	20 (水)	木		溟	어두울, 바다	水	14 (火)	水
	眄	애꾸눈	目	9 (水)	木	메 (水)	袂	소매	衣	10 (水)	木
	眠	잠잘, 쉴	目	10 (水)	木		模	법, 본보기	木	15 (土)	木
	冕	면류관	冂	11 (木)	木		募	모을, 부를	力	13 (火)	土
멸 (水)	滅	멸망할, 제거할	水	14 (火)	水		瑁	서옥	玉	14 (火)	金
	蔑	업신여길, 버릴	艹	17 (金)	木		芼	풀 우거질	艹	10 (水)	木
명 (水)	銘	새길, 기록할	金	14 (火)	金	모 (水)	慕	사모할, 생각할	心	15 (土)	火
	名	이름, 이름날	口	6 (土)	水		母	어미, 유모	母	5 (土)	土
	命	목숨, 운	口	8 (金)	水		毛	姓, 털	毛	4 (火)	火
	明	姓, 밝을	日	8 (金)	火		暮	저녁, 해질	日	15 (土)	火
	酩	술 취할	酉	13 (火)	金		某	아무, 아무개	木	9 (水)	木

발음오행	한자	뜻	부수	획수오행	자원오행	발음오행	한자	뜻	부수	획수오행	자원오행
모(水)	謨	꾀할, 논할	言	18(金)	金	목(水)	沐	머리감을, 다스릴	水	8(金)	水
	摸	본뜰, 찾을	手	15(土)	木		鶩	집오리	鳥	20(水)	火
	牟	姓, 클, 보리	牛	6(土)	土	몰(水)	沒	잠길, 죽을	水	8(金)	水
	謀	꾀, 계책	言	16(土)	金		歿	죽을, 끝낼	歹	8(金)	水
	姆	여스승, 맏동서	女	8(金)	土	몽(水)	夢	꿈, 환상	夕	14(火)	木
	帽	모자	巾	12(木)	木		蒙	어릴, 기운	艸	16(土)	木
	眸	눈동자, 자세히 볼	目	11(木)	木		朦	풍부할, 큰모양	月	18(金)	水
	茅	띠	艸	11(木)	木	묘(水)	畝	(무)밭이랑	田	10(水)	土
	耗	줄일, 없앨	耒	10(水)	木		描	그릴, 본뜰	手	13(火)	木
	摹	베낄, 본뜰	手	15(土)	木		錨	姓, 닻	金	17(金)	金
	牡	수컷, 왼쪽	牛	7(金)	土		卯	토끼, 무성할	卩	5(土)	木
	侮	업신여길, 깔볼	人	9(水)	火		妙	묘할, 예쁠	女	7(金)	土
	矛	창, 모순될	矛	5(土)	金		苗	모, 싹, 이을	艸	11(木)	木
	貌	얼굴, 다스릴	豸	14(火)	水		廟	사당	广	15(土)	木
	冒	무릅쓸, 가릴	冂	9(水)	水		墓	무덤, 묘지	土	14(火)	土
목(水)	木	나무	木	4(火)	木		昴	별자리이름	日	9(水)	火
	睦	姓, 화목할, 공손할	目	13(火)	木		玅	땅이름	日	9(水)	金
	穆	공경할, 화할	禾	16(土)	木		杳	어두울, 멀	木	8(金)	木
	目	눈, 볼	目	5(土)	木		渺	아득할, 작을	水	13(火)	水
	牧	기를, 칠, 목장	牛	8(金)	土		猫	고양이	犬	12(木)	土

발음오행	한자	뜻	부수	획수오행	자원오행	발음오행	한자	뜻	부수	획수오행	자원오행
	戊	천간, 무성할	戊	5 (土)	土		巫	무당, 의사	工	7 (金)	火
	茂	풀 우거질, 힘쓸	艸	11 (木)	木		憮	어루만질	心	16 (土)	火
	武	건장할, 굳셀	止	8 (金)	土	묵 (水)	墨	姓, 먹, 검을	土	15 (土)	土
	霧	안개, 어두울	雨	19 (水)	水		默	잠잠할, 조용할	黑	16 (土)	水
	珷	옥돌이름	玉	13 (火)	金		門	姓, 문, 집안	門	8 (金)	木
	務	힘쓸, 일	力	11 (木)	土		問	물을, 문안할	口	11 (木)	水
	無	없을, 아닐	火	12 (木)	火		聞	姓, 들을, 소문	耳	14 (火)	火
	无	無의 古字	无	4 (金)	水		文	姓, 글월, 글자	文	4 (火)	木
	舞	춤, 춤출	舛	14 (火)	木		汶	물이름, 더럽힐	水	8 (金)	水
무 (水)	貿	바꿀, 무역	貝	12 (木)	金		炆	따뜻할	火	8 (金)	火
	拇	엄지손가락	手	9 (水)	木		紋	무늬, 문채	糸	10 (水)	木
	畂	(묘)밭이랑	田	10 (水)	土	문 (水)	們	들, 무리	人	10 (水)	火
	撫	어루만질, 누를	手	16 (土)	木		吻	입술, 입가	口	7 (金)	水
	懋	힘쓸, 노력할	心	17 (金)	火		雯	구름무늬	雨	12 (木)	水
	楙	무성할, 아름다울	木	13 (火)	木		紊	어지러울	糸	10 (水)	木
	繆	삼(麻) 열 단, 묶을	糸	17 (金)	木		蚊	모기	虫	10 (水)	水
	蕪	거칠어질	艸	18 (金)	木		刎	끊을, 자를	刀	6 (土)	金
	毋	없을, 아니	毋	4 (火)	土		勿	없을, 말	勹	4 (火)	金
	誣	무고할, 깔볼	言	14 (火)	金	물 (水)	物	만물	牛	8 (金)	土
	鵡	앵무새	鳥	19 (水)	火		沕	아득할	水	8 (金)	水

발음오행	한자	뜻	부수	획수오행	자원오행	발음오행	한자	뜻	부수	획수오행	자원오행
미 (水)	米	姓, 쌀, 미터	米	6 (土)	木		黴	곰팡이, 검을	黑	23 (火)	水
	味	맛, 기분	口	8 (金)	水		眉	눈썹, 언저리	目	9 (水)	木
	美	아름다울, 예쁠	羊	9 (水)	土		民	백성, 별이름	氏	5 (土)	火
	尾	꼬리, 끝	尸	7 (金)	木		玟	옥돌, 돌이름	玉	9 (水)	金
	渼	물이름, 물결	水	13 (火)	水		旻	하늘, 가을하늘	日	8 (金)	火
	薇	장미, 고비	艸	19 (水)	木		旼	온화할, 화락할	日	8 (金)	火
	媺	빛 고울	女	12 (木)	土		頣	강할, 굳셀	頁	14 (火)	火
	媚	사랑할, 순종할	女	12 (木)	土		敃	강할, 힘쓸	攴	9 (水)	金
	嵋	산이름	山	12 (木)	土		珉	옥돌, 아름다운 돌	玉	10 (水)	金
	彌	두루, 널리	弓	17 (金)	金	민 (水)	潣	물 흘러내릴	水	16 (土)	水
	弥	彌와 同字	弓	8 (金)	金		愍	총명할	心	15 (土)	火
	楣	문미, 처마	木	13 (火)	木		忞	힘쓸, 어지러울	心	8 (金)	火
	湄	물가, 더운물	水	13 (火)	水		岷	봉우리, 민산	山	8 (金)	土
	微	작을, 적을	彳	13 (火)	火		閔	姓, 민망할, 위문할	門	12 (木)	木
	梶	나무끝, 우듬지	木	11 (木)	木		敏	민첩할, 총명할	攴	11 (木)	金
	謎	수수께끼, 헷갈릴	言	17 (金)	金		憫	근심할, 불쌍히여길	心	16 (土)	火
	嵄	산, 산이름	山	12 (木)	土		暋	굳셀, 강할	日	13 (火)	火
	靡	쓰러질, 쏠릴	非	19 (水)	水		緡	낚싯줄, 입을	糸	15 (土)	木
	迷	미혹할	辵	13 (火)	土		愍	근심할, 불쌍히여길	心	13 (火)	火
	未	아닐, 못할	木	5 (土)	木		悶	번민할, 어두울	心	12 (木)	火

발음오행	한자	뜻	부수	획수오행	자원오행	발음오행	한자	뜻	부수	획수오행	자원오행
	泯	물 맑을, 어리석을	水	9(水)	水		膊	포, 들추어낼	肉	15(土)	水
밀(水)	密	빽빽할, 비밀	宀	11(木)	木		雹	누리, 우박	雨	13(火)	水
	蜜	꿀	虫	14(火)	水		駁	얼룩말, 섞일	馬	14(火)	火
	謐	고요할, 상세할	言	17(金)	金		半	절반, 가운데	十	5(土)	土
	珀	호박	玉	10(水)	金		般	돌릴, 즐길	舟	10(水)	木
	泊	배댈, 쉴	水	9(水)	水		班	나눌, 차례	玉	11(木)	金
	拍	손뼉 칠, 두드릴	手	9(水)	木		頒	반포할, 구분	頁	13(火)	火
	迫	닥칠, 궁할	辶	12(木)	土		潘	姓, 물이름	水	16(土)	水
	朴	姓, 순박할, 후박나무	木	6(土)	木		盤	소반, 대야	皿	15(土)	金
	博	넓을	十	12(木)	水		飯	밥, 먹을	食	13(火)	水
	撲	칠, 때릴, 넘어질	手	16(土)	木		槃	쟁반, 소반	木	14(火)	木
박(水)	璞	옥돌, 본바탕	玉	17(金)	金	반(水)	泮	학교, 녹을	水	9(水)	水
	舶	큰 배, 장삿배	舟	11(木)	木		盼	눈 예쁠	目	9(水)	木
	鉑	금박	金	13(火)	金		磻	강이름, 주살돌 추	石	17(金)	金
	薄	엷을, 가벼울	艹	19(水)	木		絆	줄, 얽어맬	糸	11(木)	木
	樸	통나무	木	16(土)	木		礬	명반	石	20(水)	金
	剝	벗길, 괴롭힐	刀	10(水)	金		畔	밭두둑, 물가	田	10(水)	土
	箔	발, 금속 조각	竹	14(火)	木		磐	너럭바위, 이을	石	15(土)	金
	粕	지게미	米	11(木)	木		拌	버릴, 쪼갤	手	9(水)	木
	縛	묶을, 동여맬	糸	16(土)	木		攀	더위잡을	手	19(水)	木

발음오행	한자	뜻	부수	획수(오행)	자원오행	발음오행	한자	뜻	부수	획수(오행)	자원오행
반 (水)	搬	옮길, 나를	手	14 (火)	木	방 (水)	芳	꽃다울, 향기	艸	10 (水)	木
	返	돌아올, 바꿀	辶	11 (木)	土		傍	姓, 곁, 의지할	人	12 (木)	火
	叛	배반할	又	9 (水)	水		昉	밝을, 때마침	日	8 (金)	火
	伴	동반할, 짝	人	7 (金)	火		方	모, 방위	方	4 (火)	土
	斑	얼룩	文	12 (木)	木		防	둑, 막을	阜	12 (木)	土
	瘢	흉터, 주근깨	疒	15 (土)	水		放	내칠, 놓을	攴	8 (金)	金
	蟠	서릴, 두를	虫	18 (金)	水		妨	방해할, 거리낄	女	7 (金)	土
	反	되돌릴, 배반할	又	4 (火)	水		倣	본뜰, 의지할	人	10 (水)	火
발 (水)	發	일어날, 펼	癶	12 (木)	火		邦	나라, 봉할	邑	11 (木)	土
	拔	뺄, 특출할	手	9 (水)	木		坊	동네, 막을	土	7 (金)	土
	髮	머리카락, 터럭	髟	15 (土)	火		彷	거닐, 비슷할	彳	7 (金)	火
	鉢	바리때	金	13 (火)	金		榜	매, 방목	木	14 (火)	木
	渤	바다이름	水	13 (火)	水		龐	姓, 클, 높을	龍	19 (土)	土
	潑	물 뿌릴, 물 솟을	水	16 (土)	水		尨	삽살개, 섞일, 클	尢	7 (金)	土
	勃	갑자기, 성할	力	9 (水)	土		幇	도울, 곁들	巾	12 (木)	木
	撥	다스릴, 없앨	手	16 (土)	木		旁	두루, 널리	方	10 (水)	土
	跋	밟을, 넘을	足	12 (木)	土		枋	다목	木	8 (金)	木
	醱	술이 괼	酉	19 (水)	金		滂	비 퍼부을	水	14 (火)	水
	魃	가물귀신	鬼	15 (土)	火		紡	자을, 실	糸	10 (水)	木
	訪	찾을, 의논할	言	11 (木)	金		肪	기름, 비계	肉	10 (水)	水

발음오행	한자	뜻	부수	획수오행	자원오행	발음오행	한자	뜻	부수	획수오행	자원오행
	膀	쌍배	肉	16(土)	水		賠	물어줄, 배상할	貝	15(土)	金
	舫	배, 뗏목	舟	10(水)	木		北	달아날,(북) 북녘	匕	5(土)	水
	蒡	인동 덩굴, 우엉	艸	16(土)	木		俳	광대, 장난	人	10(水)	火
	蚌	방합, 씹조개	虫	10(水)	水		徘	노닐	彳	11(木)	火
	謗	비방할, 헐뜯을	言	17(金)	金		拜	절할, 감사할	手	9(水)	木
	磅	돌 소리	石	15(土)	金		排	밀칠, 물리칠	手	12(木)	木
	房	방, 집	戶	8(金)	木		輩	무리, 동류	車	15(土)	火
	杯	술잔, 잔	木	8(金)	木		帛	비단, 풀이름	巾	8(金)	木
	盃	杯의 俗字	皿	9(水)	木		白	흴, 밝을	白	5(土)	金
	倍	갑절, 더할	人	10(水)	火		百	일백, 많을	白	6(土)	水
	培	북돋을, 다스릴	土	11(木)	土	백(水)	伯	맏, 우두머리	人	7(金)	火
	配	짝할, 도울	酉	10(水)	金		柏	측백나무, 잣	木	9(水)	木
	背	등, 무리	肉	11(木)	水		栢	柏의 俗字	木	10(水)	木
배(水)	陪	도울, 모실	阜	16(土)	土		佰	일백, 백사람	人	8(金)	火
	裵	姓, 옷 치렁치렁할	衣	14(火)	木		魄	넋, 혼	鬼	15(土)	火
	裴	裵와 同字	衣	14(火)	木		番	차례, 한번 들	田	12(木)	土
	湃	물결 이는 모양	水	13(火)	手		煩	번거로울	火	13(火)	火
	焙	불에 쬘	火	12(木)	火	번(水)	繁	성할, 번잡할	糸	17(金)	木
	胚	아이 밸, 어릴	肉	11(木)	水		蕃	우거질, 번성할	艸	18(金)	木
	褙	속적삼	衣	15(土)	木		燔	구울, 말릴	火	16(土)	火

발음오행	한자	뜻	부수	획수오행	자원오행	발음오행	한자	뜻	부수	획수오행	자원오행
번(水)	磻	주살돌 추	石	17(金)	金	법(水)	法	법, 예의, 도리	水	9(水)	水
	藩	덮을, 지킬	艸	21(木)	木		琺	법랑	玉	13(火)	金
	幡	기, 표기	巾	15(土)	木	벽(水)	壁	벽, 울타리	土	16(土)	土
	樊	울타리, 에워쌀	木	15(土)	木		璧	옥구슬, 아름다울	玉	18(金)	金
	飜	뒤칠, 날	飛	21(木)	火		闢	열, 물리칠	門	21(木)	木
	翻	飜과 同字	羽	18(金)	火		碧	푸를, 푸른옥	石	14(火)	金
벌(水)	伐	칠, 공적	人	6(土)	火		蘗	괴로울, 쓸	艸	23(火)	木
	罰	벌줄, 꾸짖을	网	15(土)	木		檗	황경나무, 당귀	木	17(金)	木
	閥	가문, 공훈	門	14(火)	木		僻	후미질, 치우칠	人	15(土)	火
	筏	뗏목	竹	12(木)	木		劈	쪼갤, 가를	刀	15(土)	金
범(水)	凡	무릇, 범상할	几	3(火)	水		擘	엄지손가락, 쪼갤	手	17(金)	木
	犯	범할, 어긋날	犬	6(土)	土		癖	버릇, 적취	疒	18(金)	水
	範	법, 본보기	竹	15(土)	木		霹	벼락, 천둥	雨	21(木)	水
	汎	뜰, 넓을	水	7(金)	水	변(水)	變	변할, 달라질	言	23(火)	金
	帆	돛, 돛 달	巾	6(土)	木		辯	말 잘할, 따질	辛	21(木)	金
	氾	넘칠, 떠다닐	水	6(土)	水		邊	가장자리, 국경	辵	22(木)	土
	范	법, 범풀	艸	11(木)	木		卞	법, 조급할	卜	4(火)	土
	梵	범어(인도 고대어)	木	11(木)	木		弁	고깔, 서두를	廾	5(土)	木
	泛	뜰, 띠울	水	8(金)	水		便	문득, (편) 소식, 편안할	人	9(水)	火
	机	나무이름	木	7(金)	木		辨	판단할, 구별할	辛	16(土)	金

발음오행	한자	뜻	부수	획수오행	자원오행	발음오행	한자	뜻	부수	획수오행	자원오행
별(水)	別	나눌, 이별할	刀	7 (金)	金		倂	아우를, 나란할	亻	10 (水)	火
	瞥	잠깐 볼	目	17 (金)	木		餠	떡, 먹을	食	17 (金)	水
	鱉	금계	魚	23 (火)	水		騈	나란히 할	馬	18 (金)	火
	鼈	자라, 고사리	黽	25 (土)	土		病	병들, 피로울	疒	10 (水)	水
병(水)	甁	병, 항아리	瓦	11 (木)	土	보(水)	保	보전할, 도울	人	9 (水)	火
	軿	가벼운 수레	車	15 (土)	火		步	걸음, 다닐	止	7 (金)	土
	炳	밝을, 빛날	火	9 (水)	火		報	갚을, 알릴	土	12 (木)	土
	柄	자루, 권세	木	9 (水)	木		普	넓을, 클	日	12 (木)	火
	昞	밝을, 빛날	日	9 (水)	火		補	도울, 수선할	衣	13 (火)	木
	昺	昞과 同字	日	9 (水)	火		甫	클, 많을	用	7 (金)	水
	秉	잡을, 자루	禾	8 (金)	木		譜	문서, 족보	言	20 (水)	金
	丙	남쪽, 셋째 천간	一	5 (土)	火		寶	보배, 귀할	宀	20 (水)	木
	兵	무기, 군사	八	7 (金)	金		宝	寶의 俗字	宀	8 (金)	木
	竝	곁, 나란할	立	10 (水)	金		堡	둑, 방축	土	12 (木)	土
	並	竝과 同字	一	10 (水)	金		輔	덧방나무, 도울	車	14 (火)	火
	屛	병풍, 가릴	尸	11 (木)	水		洑	보, 돌아 흐를	水	10 (水)	水
	幷	어우를, 어울릴	干	8 (金)	火		湺	보	水	13 (火)	水
	幵	幷의 俗字	干	6 (土)	火		珤	보배	玉	11 (木)	金
	鉼	판금, 가마솥	金	14 (火)	金		褓	포대기	衣	15 (土)	木
	棅	권세, 자루 (柄과 同字)	木	12 (木)	木		潽	물	水	16 (土)	水

발음오행	한자	뜻	부수	획수오행	자원오행	발음오행	한자	뜻	부수	획수오행	자원오행
보(水)	菩	보살	艹	14(火)	木	볼(水)	乶	땅이름	乙	8(金)	木
	福	복, 착할	示	14(火)	木		烽	봉화, 경계	火	11(木)	火
	腹	배, 두터울	肉	15(土)	水		奉	받을, 드릴	大	8(金)	木
	服	옷, 입을	月	8(金)	水		逢	만날, 영접할	辵	14(火)	土
	復	돌아올, 회복할	彳	12(木)	火		峯	봉우리	山	10(水)	土
	複	겹옷, 겹칠	衣	15(土)	木		峰	峯와 同字	山	10(水)	土
	卜	점칠, 가릴	卜	2(木)	火		蜂	벌	虫	12(木)	水
	馥	향기	香	18(金)	木		封	봉할, 담을	寸	9(水)	土
	鍑	가마솥	金	17(金)	金	봉(水)	鳳	봉황새	鳥	14(火)	火
복(水)	宓	姓, 편안할, 몰래	宀	8(金)	木		俸	녹, 급료	人	10(水)	火
	茯	복령	艹	12(木)	(木)		捧	받들, 들어올릴	手	12(木)	木
	葍	무	艹	17(金)	木		熢	연기 자욱할, 화기	火	15(土)	火
	輹	복토	車	16(土)	火		縫	꿰맬	糸	17(金)	木
	輻	바퀴살, 모여들	車	16(土)	火		琫	칼집장식 옥	玉	13(火)	金
	鰒	전복, 오분자기	魚	20(水)	水		棒	몽둥이, 칠	木	12(木)	木
	覆	뒤집힐, 반전할	襾	18(金)	金		蓬	쑥, 풀숲	艹	17(金)	木
	僕	종, 마부	人	14(火)	火		鋒	칼끝, 첨단	金	15(土)	金
	匐	길, 엎드릴	勹	11(木)	金	부(水)	付	부칠, 부탁	人	5(土)	火
	伏	엎드릴, 굴복할	人	6(土)	火		副	버금, 도울	刀	11(木)	金
본(水)	本	근본, 뿌리	木	5(土)	木		夫	지아비, 사내	大	4(火)	木

발음오행	한자	뜻	부수	획수오행	자원오행	발음오행	한자	뜻	부수	획수오행	자원오행
	扶	도울, 붙들	手	8 (金)	木		復	다시, 대답할	彳	12 (木)	火
	父	아비, 아버지	父	4 (火)	木		芙	연꽃, 부용	艸	10 (水)	木
	富	풍성할, 부자	宀	12 (木)	木		咐	분부할	口	8 (金)	水
	部	나눌, 거느릴	邑	15 (土)	土		缶	장군	缶	6 (土)	土
	婦	며느리, 아내	女	11 (木)	土		釜	가마	金	10 (水)	金
	否	비웃을, 아닐	口	7 (金)	水		阜	언덕	阜	8 (金)	土
	浮	뜰, 넘칠	水	11 (木)	水		埠	선창	土	11 (木)	土
	符	부적, 부신	竹	11 (木)	木		駙	곁마, 가까울	馬	15 (土)	火
	附	붙을, 의지할	阜	13 (火)	土		鳧	오리, 산이름	鳥	13 (火)	火
	府	곳집, 마을, 관청	广	8 (金)	土		艀	작은배	舟	13 (火)	木
	腐	썩을	肉	14 (火)	水		葧	풀이름, 갈대청	艸	13 (火)	木
	負	짐질, 빚질	貝	9 (水)	金		訃	부고	言	9 (水)	金
	簿	장부, 회계부	竹	19 (水)	木		趺	책상다리, 발등	足	11 (木)	土
	膚	살갗	肉	17 (金)	水		丕	아닐, 클	一	4 (火)	水
	赴	나아갈, 다다를	走	9 (水)	火		俯	구부릴, 숨을	人	10 (水)	火
	賦	구실, 조세	貝	15 (土)	金		剖	쪼갤, 가를	刀	10 (水)	金
	孚	미쁠, 기를	子	7 (金)	水		孵	알깔, 기를	子	14 (火)	水
	傅	스승, 후견인	人	12 (木)	火		斧	도끼, 벨	斤	8 (金)	金
	溥	넓을, 두루 미칠	水	14 (火)	水		腑	오장육부	肉	14 (火)	水
	敷	펼, 발표할	攴	15 (土)	金		賻	부의	貝	17 (金)	金

발음오행	한자	뜻	부수	획수오행	자원오행	발음오행	한자	뜻	부수	획수오행	자원오행
북(水)	北	북녘, 뒤	匕	5(土)	水	불(水)	不	아니, 않을	一	4(火)	水
	墳	봉분, 클	土	15(土)	土		佛	부처, 도울	人	7(金)	火
	紛	어지러울, 성할, 섞일	糸	10(水)	木		弗	아닐, 빠를	弓	5(土)	木
	汾	클, 흐를	水	8(金)	水		拂	떨, 닦을	手	9(水)	木
	盆	동이	皿	9(水)	金		彿	비슷할	彳	8(金)	火
	昐	햇빛	日	8(金)	火	붕(水)	朋	벗, 무리	月	8(金)	水
	芬	향기로울	艸	10(水)	木		鵬	붕새, 큰새	鳥	19(水)	火
	吩	뿜을, 명령할	口	7(金)	水		棚	시렁, 선반	木	12(木)	木
	分	나눌, 쪼갤	刀	4(火)	金		硼	붕산	石	13(火)	金
	粉	가루	米	10(水)	木		繃	묶을, 감을	糸	17(金)	木
분(水)	奔	달릴, 달아날	大	8(金)	木		崩	무너질, 흩어질	山	11(木)	土
	憤	성낼, 번민할	心	16(土)	火		丕	클, 으뜸	一	5(土)	水
	奮	떨칠, 성낼	大	16(土)	木		備	갖출, 준비	人	12(木)	火
	扮	꾸밀	手	8(金)	木		沸	끓을	水	9(水)	水
	糞	똥, 소제할	米	17(金)	木		毗	도울, 힘보탤	比	9(水)	火
	賁	클, 날랠	貝	12(木)	金	비(水)	泌	샘물 흐르는 모양	水	9(水)	水
	雰	안개, 어지러울	雨	12(木)	水		裨	도울, 보좌할	衣	14(火)	木
	噴	뿜을, 화낼	口	15(土)	水		費	없앨, 허비할	貝	12(木)	金
	焚	불사를	心	8(金)	火		比	견줄, 도울	比	4(火)	火
	焚	불사를, 밭	火	12(木)	火		非	아닐, 그를	非	8(金)	木

발음오행	한자	뜻	부수	획수오행	자원오행	발음오행	한자	뜻	부수	획수오행	자원오행
	悲	슬플, 비애	心	12(木)	火		脾	지라	肉	14(火)	水
	卑	낮을, 천할	十	8(金)	土		臂	팔	肉	19(水)	水
	婢	첩, 여자종	女	11(木)	土		菲	엷을, 쇠퇴할	艸	14(火)	木
	碑	비석, 비문	石	13(火)	金		蜚	곤충이름, 바퀴	虫	14(火)	水
	妃	왕비, 짝	女	6(土)	土		誹	헐뜯을, 비방할	言	15(土)	金
	肥	살찔, 거름	肉	10(水)	水		鄙	다라울, 인색할	邑	18(金)	土
	粃	쭉정이, 모를, 아닐	米	10(水)	木		飛	날, 오를	飛	9(水)	火
	秘	숨길, 비밀	示	10(水)	木		鼻	코	鼻	14(火)	金
	庇	덮을, 의탁할	广	7(金)	木		批	칠, 때릴	手	8(金)	木
	匕	비수, 숟가락	匕	2(木)	金		枇	비파나무, 비파	木	8(金)	木
	匪	대상자	匚	10(水)	木		琵	비파	玉	13(火)	金
	緋	붉은빛	糸	14(火)	木		扉	사립문, 문짝	戶	12(木)	木
	翡	물총새	羽	14(火)	火		譬	비유할, 깨우칠	言	20(水)	金
	痺	암 메추라기	疒	13(火)	水		賓	손님, 인도할	貝	14(火)	金
	砒	비상, 비소	石	9(水)	金		濱	물가, 가까울	水	18(金)	水
	憊	고달플, 피곤할	心	16(土)	火		嬪	아내, 궁녀	女	17(金)	土
	斐	오락가락할	文	12(木)	木	빈(水)	儐	인도할, 베풀	人	16(土)	火
	榧	비자나무	木	14(火)	木		彬	빛날, 밝을	彡	11(木)	火
	毖	삼갈, 근신할	比	9(水)	火		斌	빛날, 아롱질	文	12(木)	水
	秕	쭉정이, 더럽힐	禾	9(水)	木		頻	자주, 급박할	頁	16(土)	火

발음오행	한자	뜻	부수	획수오행	자원오행	발음오행	한자	뜻	부수	획수오행	자원오행
빈(水)	檳	빈랑나무	木	18(金)	木		思	생각할, 의사	心	9(水)	火
	馪	향기, 향내날	香	23(火)	木		事	일, 섬길	亅	8(金)	木
	浜	물가	水	11(木)	水		司	벼슬, 맡을	口	5(土)	水
	瀕	물가, 임박할	水	20(水)	水		詞	고할, 말씀	言	12(木)	金
	牝	암컷, 골자기	牛	6(土)	土		四	사방, 넷	口	4(火)	水
	嚬	찡그릴	口	19(水)	水		巳	뱀, 여섯째	己	3(火)	土
	殯	염할	歹	18(金)	水		士	선비, 일할	士	3(火)	木
	璸	진주이름	玉	19(水)	金		仕	벼슬할, 섬길	人	5(土)	火
	玭	구슬이름	玉	9(水)	金		寺	절, 사찰	寸	6(土)	木
	貧	가난할, 구차할	貝	11(木)	金		使	하여금, 시킬	人	8(金)	火
빙(水)	氷	얼음	水	5(土)	水		舍	집, 관청	舌	8(金)	火
	聘	방문할, 부를	耳	13(火)	火		謝	말씀, 자랑할	言	17(金)	金
	憑	기댈, 의지할	心	16(土)	火		嗣	이을, 상속할	口	13(火)	水
	騁	달릴	馬	17(金)	火		私	사사로울, 개인	禾	7(金)	木
사(金)	捨	놓을, 베풀	手	12(木)	木		絲	실, 명주실	糸	12(木)	木
	史	역사, 빛날	口	5(土)	水		蛇	뱀, 별이름	虫	11(木)	水
	師	스승, 본받을	巾	10(水)	木		斜	비낄, 비스듬할	斗	11(木)	火
	似	같을, 이을	人	7(金)	火		詐	속일, 꾸밀	言	12(木)	金
	社	단체, 사직	示	8(金)	木		沙	모래, 사막	水	8(金)	水
	賜	줄, 하사할	貝	15(土)	金		査	조사할	木	9(水)	木

발음오행	한자	뜻	부수	획수오행	자원오행	발음오행	한자	뜻	부수	획수오행	자원오행
	寫	베낄, 없앨	冖	15(土)	木		獅	사자	犬	14(火)	土
	辭	말씀, 하소연할	辛	19(水)	金		祠	사당, 제사	示	10(水)	木
	斯	어조사, 이, 즉	斤	12(木)	金		篩	체로 칠	竹	16(土)	木
	祀	제사, 해	示	8(金)	木		俟	기다릴, 클	人	9(水)	火
	泗	물이름	水	9(水)	水		僿	잘게 부술	人	15(土)	火
	砂	모래, 주사	石	9(水)	金		唆	부추길	口	10(水)	水
	糸	가는 실	糸	6(土)	木		乍	잠깐, 갑자기	丿	5(土)	金
	紗	깁, 나사	糸	10(水)	木		些	적을, 조금	二	7(金)	木
	裟	가사, 승복	女	10(水)	土		伺	엿볼, 찾을	人	7(金)	火
	徙	옮길, 귀양갈	彳	11(木)	火		肆	방자할, 극에 달할	聿	13(火)	火
	奢	사치할, 자랑할	大	12(木)			射	화살같이 빠를, 쏠	寸	10(水)	土
	赦	용서할, 사면할	赤	11(木)	火		死	죽을, 끊을	歹	6(土)	水
	莎	향부자, 손 비빌	竹	13(火)	木		邪	간사할, 사기	邑	11(木)	土
	飼	먹일, 기를	食	14(火)	水	삭(金)	削	깎을, 범할	刀	9(水)	金
	駟	사마(四馬)	馬	15(土)	火		朔	처음, 초하루	月	10(水)	水
	麝	사향노루	鹿	21(木)	土		數	자주, (수)셀, (촉)촘촘할	攴	15(土)	金
	柶	숟가락, 윷	木	9(水)	木		索	동아줄, 꼴	糸	10(水)	木
	梭	북	木	11(木)	木	산(金)	山	뫼	山	3(火)	土
	渣	강이름	水	13(火)	水		産	낳을, 생산할	生	11(木)	木
	瀉	쏟을, 물 흐를	水	19(水)	水		算	셀, 산술	竹	14(火)	木

발음오행	한자	뜻	부수	획수오행	자원오행	발음오행	한자	뜻	부수	획수오행	자원오행
산(金)	酸	식초, 신기	酉	14 (火)	金	삽(金)	滲	스밀, 샐	水	15 (土)	水
	珊	산호, 패옥	玉	10 (水)	金		芟	풀벨, 제거	艸	10 (水)	木
	傘	우산, 일	人	12 (木)	火		挿	끼울, 꽂을	手	13 (火)	木
	汕	오구, 헤엄치는 모양	水	7 (金)	水		插	挿의 本字	手	13 (火)	木
	疝	산증	疒	8 (金)	水		澁	말더듬을	水	16 (土)	水
	蒜	달래, 작은 마늘	竹	16 (土)	木		鈒	창, 새길	金	12 (木)	金
	刪	깎을	刀	7 (금)	金		颯	바람소리	風	14 (火)	木
	霰	싸라기눈	雨	20 (水)	水	상(金)	庠	학교, 고남	广	9 (水)	木
	散	흩어질, 펼	攵	12 (木)	金		詳	상세할, 자세할	言	13 (火)	金
살(金)	殺	죽일, 벨	殳	11 (木)	金		祥	상서로울	示	11 (木)	金
	薩	보살	艸	20 (水)	木		牀	평상, 마루	爿	8 (금)	木
	撒	뿌릴, 놓아줄	手	16 (土)	木		床	牀의 俗字	广	7 (金)	木
	乷	음역자	乙	8 (금)	木		象	형상, 코끼리	豕	12 (木)	水
	煞	죽일, 결속할	火	13 (火)	火		像	모양, 형상	人	14 (火)	火
삼(金)	三	석, 셋	一	3 (火)	火		桑	뽕나무	木	10 (水)	木
	森	성할, 나무 빽빽할	木	12 (木)	木		狀	형상, 용모	犬	8 (금)	土
	參	참여할, 석	厶	11 (木)	火		上	위, 높을	一	3 (火)	木
	蔘	인삼, 더덕	艸	17 (금)	木		尙	높일, 숭상할	小	8 (금)	金
	杉	삼나무	木	7 (금)	木		常	항상, 떳떳할	巾	11 (木)	木
	衫	적삼, 내의	衣	9 (水)	木		賞	상줄, 구경할	貝	15 (土)	金

발음오행	한자	뜻	부수	획수오행	자원오행	발음오행	한자	뜻	부수	획수오행	자원오행
	商	장사, 헤아릴	口	11(木)	水	새(金)	璽	도장, 옥새	玉	19(水)	金
	相	서로, 도울	目	9(水)	木		賽	굿할	貝	17(金)	金
	想	생각할, 희망할	心	13(火)	火		色	색, 모양	色	6(土)	土
	償	갚을, 보답	人	17(金)	火		索	찾을, 법	糸	10(水)	木
	湘	물이름, 삶을	水	13(火)	水	색(金)	嗇	아낄, 탐낼	口	13(火)	水
	箱	상자, 곳간	竹	15(土)	木		穡	거둘, 곡식	禾	18(金)	木
	爽	시원할, 날이 샐	爻	11(木)	火		塞	막힐, 변방	土	13(火)	土
	峠	고개	山	9(水)	土		生	낳을, 기를	生	5(土)	木
	橡	상수리나무	木	16(土)	木		牲	희생	牛	9(水)	土
	觴	술잔, 잔질할	角	18(金)	木	생(金)	甥	생질 자매의 아들	生	12(木)	木
	廂	행랑	广	12(木)	木		省	덜, (성)살필	目	9(水)	木
	孀	과부	女	20(水)	土		笙	생황	竹	11(木)	木
	塽	넓고 밝은 땅	土	14(火)	土		舒	펼, 열릴	舌	12(木)	火
	傷	상할, 근심	人	13(火)	火		瑞	상서, 경사	玉	14(火)	金
	喪	죽을, 초상	口	12(木)	水		棲	깃들일, 살	木	12(木)	木
	嘗	맛볼, 일찍이	口	14(火)	水	서(金)	栖	棲의 俗字	木	10(水)	木
	裳	치마, 옷	衣	14(火)	木		胥	서로, 함께	肉	9(水)	水
	霜	서리, 세월	雨	17(金)	水		西	서쪽, 서양	襾	6(土)	金
	翔	높이 날, 빙빙 돌	羽	12(木)	火		序	차례, 학교	广	7(金)	木
	塞	변방, 요새	土	13(火)	土		書	쓸, 기록할	曰	10(水)	木

발음오행	한자	뜻	부수	획수 오행	자원오행	발음오행	한자	뜻	부수	획수 오행	자원오행
	敍	차례, 베풀	攴	11 (木)	金		署	관청, 대신 일볼	网	15 (土)	木
	叙	敍의 俗字	又	9 (水)	水		暑	더위, 여름	日	13 (火)	火
	徐	천천히, 한가할	彳	10 (水)	火		薯	참마, 산약	艸	20 (水)	木
	諝	슬기로울	言	16 (土)	金		誓	맹서할, 경계할	言	14 (火)	金
	慒	지혜로울	心	13 (火)	火		壻	사위, 땅이름	土	12 (木)	木
	庶	여러, 무리, 백성	广	11 (木)	木		婿	壻와 同字	女	12 (木)	土
	緖	실마리, 나머지	糸	15 (土)	木		席	자리, 지위	巾	10 (水)	木
	抒	당길, 펼	手	8 (金)	木		碩	클, 충실할	石	14 (火)	金
	曙	새벽, 동이 틀	日	18 (金)	火		奭	성, 클, 성할	大	15 (土)	火
서 (金)	絮	솜, 헌 풀솜	糸	12 (木)	木		晳	밝을, 분명할	日	12 (木)	火
	棲	살, 깃들	手	12 (木)	木		錫	주석, 줄	金	16 (土)	金
	墅	농막, 들	土	14 (火)	土	석 (金)	蓆	자리, 넓고 많을	艸	16 (土)	木
	嶼	섬, 작은 섬	山	17 (金)	土		石	돌, 단단할	石	5 (土)	金
	犀	무소, 무소뿔	牛	12 (木)	土		夕	저녁, 밤	夕	3 (火)	水
	筮	점대, 점칠	竹	13 (火)	木		昔	옛, 오랠	日	8 (金)	火
	逝	갈, 떠날	辵	14 (火)	土		惜	아낄, 가엾을	心	12 (木)	火
	鋤	호미, 김맬	金	15 (土)	金		析	나눌, 쪼갤	木	8 (金)	木
	黍	기장쌀	黍	12 (木)	木		釋	풀, 내놓을	釆	20 (水)	火
	鼠	쥐, 근심할	鼠	13 (火)	木		汐	저녁조수, 날물	水	7 (金)	水
	恕	용서할, 어질	心	10 (水)	火		淅	쌀일, 빗소리	水	12 (木)	水

발음오행	한자	뜻	부수	획수오행	자원오행	발음오행	한자	뜻	부수	획수오행	자원오행
	鋋	놋쇠	金	13(火)	金		旋	돌이킬	方	12(木)	土
	䄷	섬(十斗)	禾	10(水)	木		墡	백토	土	15(土)	土
	潟	개펄	水	16(土)	水		膳	반찬, 먹을	肉	18(金)	水
	先	먼저, 나아갈	儿	6(土)	木		繕	기울, 고칠, 다스릴	糸	18(金)	木
	仙	신선, 고상할	人	5(土)	火		琁	아름다운 옥	玉	12(木)	金
	善	착할, 길할	口	12(木)	水		璇	옥이름, 별이름	玉	16(土)	金
	宣	베풀, 펼	宀	9(水)	木		璿	아름다운 옥	玉	19(水)	金
	敾	글 잘쓸	攴	16(土)	金		羨	부러워할	羊	13(火)	土
	珗	옥돌, 구슬	玉	11(木)	金		銑	무쇠, 끌	金	14(火)	金
선(金)	嫙	예쁠, 아름다울	女	14(火)	土		嬋	고울, 잇닿을	女	15(土)	土
	鐥	복자, 좋은쇠	金	20(水)	金		腺	샘	肉	15(土)	水
	線	줄, 실	糸	15(土)	木		蟬	매미, 뽑을	虫	18(金)	水
	鮮	고울, 생선	魚	17(金)	水		詵	많을	言	13(火)	金
	船	배, 옷깃	舟	11(木)	木		僊	춤출, 선인	人	13(火)	火
	選	가릴, 뽑을	辵	19(水)	土		煽	부칠, 부추길	火	14(火)	火
	旋	돌, 돌릴	方	11(木)	木		癬	옴, 종기	疒	22(木)	水
	禪	봉선, 고요할	示	17(金)	木		蘚	이끼	艸	23(火)	木
	渲	바림, 물 적실	水	13(火)	水		跣	맨발	足	13(火)	土
	瑄	도리옥, 구슬	玉	14(火)	金		饍	반찬, 먹을 (膳과 同字)	食	21(木)	水
	愃	쾌할, 너그러울	心	13(火)	火		扇	사립문, 부채	戶	10(水)	木
						설(金)	楔	문설주	木	13(火)	木

발음오행	한자	뜻	부수	획수(오행)	자원오행	발음오행	한자	뜻	부수	획수(오행)	자원오행
	說	말씀, 고할	言	14(火)	金		爕	불꽃, 익힐	火	17(金)	火
	設	베풀, 만들	言	11(木)	金	섭(金)	涉	건널, 돌아다닐	水	11(木)	水
	薛	맑은 대쑥	艸	19(水)	木		攝	당길, 잡을	手	22(木)	木
	卨	은나라 시조이름	卜	11(木)	土		葉	잎, 땅이름	艸	15(土)	木
	雪	눈, 씻을	雨	11(木)	水		成	이룰, 될	戈	7(金)	火
설(金)	泄	물샐	水	9(水)	水		城	성곽, 나라	土	10(水)	土
	洩	姓, 샐, 폭포	水	10(水)	水		誠	정성, 진실	言	14(火)	金
	屑	가루, 부스러기	尸	10(水)	水		盛	성할, 채울	皿	12(木)	火
	舌	혀, 말	舌	6(土)	火		省	살필, 깨달을	目	9(水)	木
	渫	칠, 흩어질	水	13(火)	水		聖	성인, 착할	耳	13(火)	火
	褻	더러울	衣	17(金)	木		晟	밝을, 햇살	日	11(木)	火
	齧	물어뜯을	齒	21(木)	金		晠	晟와 同字	日	11(木)	火
	贍	넉넉할, 구휼할	貝	20(水)	金	성(金)	珹	옥이름	玉	12(木)	金
	陝	고을이름	阜	14(火)	土		瑆	옥빛, 빛날	玉	14(火)	金
	暹	해 돋을, 햇살처럼 나아갈	日	16(土)	火		姓	성씨, 겨레	女	8(金)	土
섭(金)	閃	번쩍일, 깜빡일	門	10(水)	木		性	성품, 마음	心	9(水)	火
	剡	땅이름, 벨	刀	19(水)	金		娍	아름다울, 헌걸찰	女	10(水)	土
	殲	죽일, 멸할	歹	21(木)	水		星	별, 세월	日	9(水)	火
	纖	가늘, 고운 비단	糸	23(火)	木		聲	소리, 음향	耳	17(金)	火
	蟾	두꺼비, 달	虫	19(水)	水		惺	영리할, 깨달을	心	13(火)	火

발음오행	한자	뜻	부수	획수오행	자원오행	발음오행	한자	뜻	부수	획수오행	자원오행
	醒	깰, 술 깰, 깨달을	酉	16 (土)	金		韶	풍류이름, 이을	音	14 (火)	金
	宬	서고, 장서실	宀	10 (水)	木		小	작을, 짧을	小	3 (火)	水
	猩	성성이, 붉은빛	犬	13 (火)	土		少	적을, 조금	小	4 (火)	水
	箵	바디, 베틀	竹	13 (火)	木		所	바, 연고	戶	8 (金)	木
	腥	비릴, 군살, 기름	肉	15 (土)	水		消	다할, 사라질	水	11 (木)	水
	世	인간, 세상	一	5 (土)	火		素	흴, 근본	糸	10 (水)	木
	洗	씻을, 깨끗할	水	10 (水)	水		笑	웃을, 웃음	竹	10 (水)	木
	細	가늘, 미미할	糸	11 (木)	木		召	부를, 청할	口	5 (土)	水
	勢	기세, 무리	力	13 (火)	金		蘇	姓, 차조기	艸	22 (木)	木
세 (金)	歲	해, 세월	止	13 (火)	土		燒	불사를, 익힐	火	16 (土)	火
	笹	조릿대	竹	11 (木)	木		疎	트일, 통할	疋	12 (木)	土
	說	달랠, (설)말씀, (열)기뻐할	言	14 (火)	金		蔬	푸성귀, 채소	艸	17 (金)	木
	貰	빌릴, 세낼	貝	12 (木)	金		巢	집, 집지을	巛	11 (木)	水
	稅	세금, 징수	禾	12 (木)	木		疏	나눌, 통할	疋	11 (木)	土
	昭	밝을, 소명할	日	9 (水)	火		遡	거스를, 올라갈	辵	17 (金)	土
	玿	아름다운 옥	玉	10 (水)	金		嘯	휘파람불, 읊조릴	口	15 (土)	水
소 (金)	沼	못, 늪	水	9 (水)	水		塑	토우(土偶)	土	13 (火)	土
	炤	밝을, 비출	火	9 (水)	火		宵	밤, 야간	宀	10 (水)	木
	紹	이을, 소개할	糸	11 (木)	木		梳	빗, 머리 빗을	木	11 (木)	木
	邵	고을이름	邑	12 (木)	土		溯	거슬리 올라갈	水	14 (火)	水

발음오행	한자	뜻	부수	획수오행	자원오행	발음오행	한자	뜻	부수	획수오행	자원오행
소(金)	瀟	강이름	水	20(水)	水		屬	붙일, (촉)이을	尸	21(木)	木
	甦	긁어모을, 가득찰	生	12(木)	水		速	빠를, 부를	辶	14(火)	土
	瘙	종기, 부스럼	疒	15(土)	水		孫	손자, 후손	子	10(水)	水
	篠	조릿대	竹	16(土)	木		巽	손괘, 공손할	己	12(木)	木
	簫	퉁소	竹	18(金)	木	손(金)	蓀	향풀 이름	艹	16(土)	木
	蕭	맑은 대쑥	艹	18(金)	木		飧	저녁밥, 먹을	食	11(木)	水
	逍	거닐, 노닐	辶	13(火)	土		損	덜, 감소할	手	14(火)	木
	銷	녹일, 흩어질	金	15(土)	金		遜	겸손할, 따를	辶	17(金)	土
	柖	나무 흔들릴	木	9(水)	木	솔(金)	帥	통솔자, 거느릴	巾	9(水)	木
	搔	긁을, 마음 움직일	手	13(火)	木		率	거느릴, 쫓을	玄	11(木)	火
	訴	하소연할, 알릴	言	12(木)	金		送	보낼, 전송할	辶	13(火)	土
	掃	쓸, 제거할	手	12(木)	木		頌	칭송할, 기릴	頁	13(火)	火
	騷	떠들, 긁을	馬	20(水)	火		誦	욀, 여쭐	言	14(火)	金
속(金)	俗	풍속, 버릇	人	9(水)	火	송(金)	松	소나무, 향풀	木	8(金)	木
	涑	행굴, 강이름	水	11(木)	水		訟	시비할, 송사할	言	11(木)	金
	謖	일어설	言	17(金)	金		宋	姓, 송나라	宀	7(金)	木
	贖	속바칠, 바꿀	貝	22(木)	金		淞	물, 강이름	水	12(木)	水
	續	이을, 계속	糸	21(木)	木		悚	두려워할, 당황할	心	11(木)	火
	束	묶을, 동여맬	木	7(金)	木	쇄(金)	刷	인쇄할, 닦을	刀	8(金)	金
	粟	좁쌀, 조	米	12(木)	木		灑	뿌릴, 끼얹을	水	22(火)	水

201

발음오행	한자	뜻	부수	획수오행	자원오행	발음오행	한자	뜻	부수	획수오행	자원오행
	殺	빠를, (살)죽일	殳	11 (木)	金		水	물, 물길, 홍수	水	4 (火)	水
	碎	부술, 깨트릴	石	13 (火)	金		手	손, 솜씨, 힘	手	4 (火)	木
	鎖	쇠사슬, 자물쇠	金	18 (金)	金		授	줄, 수여할	手	12 (木)	木
	鏁	鎖와 同字	金	19 (水)	金		首	머리, 먼저	首	9 (水)	水
쇠(金)	衰	약할, 쇠할	衣	10 (水)	木		誰	누구, 무엇	言	15 (土)	金
	釗	사람이름, 힘쓸	金	10 (水)	金		須	모름지기, 수염	頁	12 (木)	火
	受	받을, 이을	又	8 (金)	水		壽	목숨, 오래살	士	14 (火)	水
	守	지킬, 보살필	宀	6 (土)	木		寿	壽의 俗字	寸	7 (金)	木
	收	거둘, 모을	攴	6 (土)	金		數	셀, 헤아릴	攴	15 (土)	金
	樹	나무, 세울	木	16 (土)	木		隨	따를, 맡길	阜	21 (木)	土
	帥	장수, 통솔자	巾	9 (水)	水		輸	나를, 옮길	車	16 (土)	火
	修	닦을, 다스릴	人	10 (水)	火		遂	이룰, 성취할	辵	16 (土)	土
	脩	修와 通字	肉	13 (火)	水		銖	무게 단위	金	14 (火)	金
수(金)	秀	빼어날, 성할	禾	7 (金)	木		垂	드리울, 변방	土	8 (金)	土
	洙	물가, 물이름	水	10 (水)	水		隋	수나라	阜	17 (金)	土
	琇	옥돌, 귀막이	玉	12 (木)	金		粹	순수할, 온전할	米	14 (火)	木
	綏	편안할	糸	13 (火)	木		茱	수유나무	艸	12 (木)	木
	羞	바칠, 드릴	羊	11 (木)	土		蒐	꼭두서니	艸	16 (土)	木
	搜	찾을, 모을	手	14 (火)	木		峀	산굴, 산봉우리	山	8 (金)	土
	袖	소매	衣	11 (木)	木		岫	산굴	山	8 (金)	土

발음오행	한자	뜻	부수	획수(오행)	자원오행	발음오행	한자	뜻	부수	획수(오행)	자원오행
수(金)	戍	지킬	戈	6(土)	金		囚	가둘, 죄인	口	5(土)	水
	漱	양치할, 씻을	水	15(土)	水		需	구할, 바랄	雨	14(火)	水
	燧	부싯돌, 봉화	火	17(金)	火		殊	죽을, 베일	歹	10(水)	水
	璲	패옥	玉	18(金)	金		獸	짐승, 포	犬	19(水)	土
	竪	세울	立	13(火)	金		睡	잘, 졸음	目	13(火)	木
	綏	인끈, 이을	糸	14(火)	木		穗	이삭	禾	17(金)	木
	隧	길, 도로	阜	20(水)	土		穂	穗의 俗字	禾	15(土)	木
	鬚	수염, 동물 수염	髟	22(木)	火		繡	수놓을	糸	18(金)	木
	邃	깊을, 심오할	辶	21(木)	土		髓	골수, 마음속	骨	23(火)	金
	酬	갚을, 보답할	酉	13(火)	金	숙(金)	淑	맑을, 착할	水	12(木)	水
	蒐	기쁠, 수산	艸	16(土)	木		琡	옥이름, 큰 홀	玉	13(火)	金
	藪	늪, 덤불	艸	21(木)	木		宿	잘, 묵을	宀	11(木)	木
	嗽	기침할, 양치할	口	14(火)	水		叔	아재비, 어릴	又	8(金)	水
	嫂	형수	女	13(火)	土		孰	누구, 어느	子	11(木)	水
	狩	사냥할	犬	9(水)	土		熟	익을, 이룰	火	15(土)	火
	瘦	여윌, 마를	疒	15(土)	水		肅	엄숙할, 공경할	聿	13(火)	火
	讐	원수, 갚을	言	23(火)	金		塾	글방, 사랑방	土	14(火)	土
	銹	녹슬	金	15(土)	金		璹	옥그릇	玉	19(水)	金
	雖	비록, 벌레이름	隹	17(金)	火		橚	나무우거질	木	16(土)	木
	愁	근심, 염려할	心	13(火)	火		夙	일찍, 삼갈	夕	6(土)	木

발음오행	한자	뜻	부수	획수오행	자원오행	발음오행	한자	뜻	부수	획수오행	자원오행
	菽	콩, 콩잎	艹	14(火)	木		恂	정성, 미쁠	心	10(水)	火
	潚	빠를	水	16(土)	水		栒	나무이름	木	10(水)	木
순(金)	淳	순박할, 맑을	水	12(木)	水		橓	무궁화나무	木	16(土)	木
	焞	밝을, 불빛	火	12(木)	火		蕣	순채, 부들꽃	艹	17(金)	木
	順	순할, 따를	頁	12(木)	火		蕣	무궁화	艹	18(金)	木
	純	순수할, 온전할	糸	10(水)	木		詢	자문할, 꾀할	言	13(火)	金
	旬	열흘, 두루할	日	6(土)	火		馴	길들, 순종할	馬	13(火)	火
	洵	멀, 믿을	水	10(水)	水		楯	난간, 방패	木	13(火)	木
	珣	옥이름, 옥그릇	玉	11(木)	金		徇	주창할, 호령할	彳	9(水)	火
	荀	姓, 풀이름	艹	12(木)	木		瞬	잠깐, 눈 깜짝할	目	17(金)	木
	筍	죽순, 대싹	竹	12(木)	木	술(金)	戌	개, 열한째 지지	戈	6(土)	土
	舜	순임금, 무궁화	舛	12(木)	木		述	지을, 이를	辶	12(木)	土
	殉	따라죽을, 목숨 바칠	歹	10(水)	水		術	꾀, 계략, 방법	行	11(木)	火
	盾	방패, 피할	目	9(水)	木		銂	돗바늘	金	13(火)	金
	循	좇을, 빙빙 돌	彳	12(木)	火	숭(金)	崇	높일, 존중할	山	11(木)	土
	脣	입술	肉	13(火)	水		嵩	높을, 우뚝 솟을	山	13(火)	土
	巡	순행할, 돌	巛	7(金)	水		崧	솟을, 산이름	山	11(木)	土
	諄	타이를, 정성스러울	言	15(土)	金	슬(金)	瑟	큰 거문고	玉	14(火)	金
	錞	악기이름	金	16(土)	金		膝	무릎	肉	17(金)	水
	醇	진한 술, 순수할	酉	15(土)	金		璱	푸른 구슬	玉	17(金)	金

발음 오행	한자	뜻	부수	획수 오행	자원 오행	발음 오행	한자	뜻	부수	획수 오행	자원 오행
슬(金)	蝨	이, 참깨	虫	15 (土)	水		矢	화살, 곧을	矢	5 (土)	金
습(金)	習	익힐, 손에 익을	羽	11 (木)	火		市	저자, 시장	巾	5 (土)	木
	拾	주울, 팔지	手	10 (水)	木		示	보일, 알릴	示	5 (土)	木
	濕	축축할	水	18 (金)	水		詩	시, 풍류	言	13 (火)	金
	襲	엄습할	衣	22 (木)	木		視	볼, 살필	見	12 (木)	火
	褶	주름, 겹옷	衣	17 (金)	木		試	시험할, 비교할	言	13 (火)	金
승(金)	承	이을, 받을	手	8 (金)	木		始	처음, 비롯할	女	8 (金)	土
	昇	오를, 해 돋을	日	8 (金)	火		恃	믿을, 의지할	心	10 (水)	火
	丞	도울, 이을	一	6 (土)	木		侍	모실, 받들	人	8 (金)	火
	乘	탈, 오를	丿	10 (水)	火		柴	섶, 왜소한 잡목	木	9 (水)	木
	勝	이길, 나을	力	12 (木)	土		匙	숟가락, 열쇠	匕	11 (木)	金
	升	되, 오를	十	4 (火)	木		媤	시집	女	12 (木)	土
	陞	오를, 나아갈	阜	15 (土)	土		翅	날개	羽	10 (水)	水
	蠅	파리, 거미	虫	19 (水)	水		蒔	모종낼, 옮겨 심을	艹	16 (土)	木
	繩	줄, 새끼	糸	19 (水)	木		蓍	시초	艹	14 (火)	木
	僧	중, 승려	人	14 (火)	火		尸	주검, 시체	尸	3 (火)	水
시(金)	柿	감나무	木	9 (水)	木		屎	똥, 앓을	尸	9 (水)	水
	是	옳을, 바를	日	9 (水)	火		屍	주검	尸	9 (水)	水
	時	때, 기약	日	10 (水)	火		弑	죽일	弋	12 (木)	金
	施	베풀, 퍼질	方	9 (水)	土		嘶	울, 흐느낄	口	15 (土)	水

발음오행	한자	뜻	부수	획수오행	자원오행	발음오행	한자	뜻	부수	획수오행	자원오행
	猜	원망할, 의심할	犬	12(木)	土		申	펼, 거듭	田	5(土)	金
	諡	시호	言	16(土)	金		信	믿을, 참될	人	9(水)	火
	豕	돼지	豕	7(金)	水		新	새, 처음	斤	13(火)	金
	豺	승냥이	豸	10(水)	水		伸	펼, 말할	人	7(金)	火
	植	심을, 세울	木	12(木)	木		晨	새벽, 샛별	日	11(木)	火
	識	알, 인정할	言	19(水)	金		愼	삼갈, 진실로	心	14(火)	火
	食	밥, 음식	食	9(水)	水		臣	신하, 하인	臣	6(土)	火
	式	법, 제도	弋	6(土)	金		身	몸, 몸소	身	7(金)	火
	飾	꾸밀, 청소할	食	14(火)	水		紳	큰띠, 다발	糸	11(木)	木
	埴	찰흙, 진흙	土	11(木)	土	신(金)	莘	긴 모양, 족도리풀	艸	13(火)	木
	殖	자랄, 번성할	歹	12(木)	水		薪	섶나무, 땔나무	艸	19(水)	木
식(金)	湜	물 맑을, 엄정할	水	13(火)	水		侁	걷는 모양	人	8(金)	火
	軾	수레 난간	車	13(火)	火		娠	잉태할	女	10(水)	土
	寔	이, 참으로	宀	12(木)	木		宸	집, 처마	宀	10(水)	木
	息	숨쉴, 처할	心	10(水)	火		燼	깜부기불	火	18(金)	火
	拭	닦을	木	10(水)	木		辰	날, 별이름(진)	辰	7(金)	土
	栻	점 기구, 나무판	木	10(水)	木		蓋	조개풀	艸	20(水)	木
	熄	꺼질, 그칠	火	14(火)	火		蜃	무명조개, 이무기	虫	13(火)	水
	簽	대밥통	竹	15(土)	木		腎	콩팥, 단단할	肉	14(火)	水
	蝕	좀 먹을	虫	15(土)	水		呻	끙끙거릴	口	8(金)	水

발음오행	한자	뜻	부수	획수(오행)	자원오행	발음오행	한자	뜻	부수	획수(오행)	자원오행
신(金)	辛	매울, 고생할	辛	7 (金)	金		拾	열, (습)주울	水	10 (水)	木
	神	귀신, 정신	示	10 (水)	木	쌍(金)	雙	쌍, 짝	隹	18 (金)	火
	迅	빠를, 신속할	辵	10 (水)	土	씨(金)	氏	각시, 성	氏	4 (火)	火
	訊	물을, 하문할	言	10 (水)	金		我	나, 우리	戈	7 (金)	金
실(金)	實	열매, 가득찰	宀	14 (火)	木		婀	고울	女	8 (金)	土
	実	實의 俗字	宀	8 (金)	木		芽	싹, 조짐 보일	艸	10 (水)	木
	室	집, 방	宀	9 (水)	木		雅	맑을, 바를	隹	12 (木)	火
	失	잃을, 그릇될	大	5 (土)	木		娥	어여쁠, 미녀	女	10 (水)	土
	悉	다할, 남김 없을	心	11 (木)	火		兒	아이, 아기	儿	8 (金)	水
심(金)	沈	姓, 잠길	水	8 (金)	火		児	兒의 俗字	儿	7 (金)	水
	心	마음, 가운데	心	4 (火)	火		亞	버금, 동서	二	8 (金)	火
	深	깊을, 으슥할	水	12 (木)	水		亜	亞의 俗字	二	7 (金)	火
	尋	찾을, 생각할	寸	12 (木)	金	아(土)	阿	언덕, 구석	阜	13 (火)	土
	審	살필, 자세할	宀	15 (土)	木		餓	굶주릴	食	16 (土)	水
	沁	강이름, 물 적실	水	8 (金)	水		峨	산 높을, 산이름	山	10 (水)	土
	芯	등심초	艸	10 (水)	木		衙	마을, 관청	行	13 (火)	火
	諶	참, 진실로	言	16 (土)	金		莪	지칭개, 약초이름	艸	13 (火)	木
	甚	심할, 더욱	甘	9 (水)	土		蛾	나방, 초승달	虫	13 (火)	水
십(金)	十	열, 열번	十	10 (水)	水		訝	맞을, 위로할	言	11 (木)	金
	什	열사람	人	4 (火)	火		鴉	갈까마귀, 검을	鳥	15 (土)	火

발음 오행	한자	뜻	부수	획수 오행	자원 오행	발음 오행	한자	뜻	부수	획수 오행	자원 오행
	鵝	거위	鳥	18(金)	火		晏	늦을, 맑을	日	10(水)	火
	俄	갑자기, 기울	人	9(水)	火		按	누를, 어루만질	手	10(水)	木
	啞	벙어리	口	11(木)	水		顔	얼굴, 안면	頁	18(金)	火
	牙	어금니, 무기	牙	4(火)	金		鴈	기러기	鳥	15(土)	火
	岳	큰산	山	8(金)	土		雁	鴈과 同字	隹	12(木)	火
	渥	두터울, 살뜰할	水	13(火)	水		鞍	안장	革	15(土)	金
	樂	풍류,(락) 즐거울 (요) 좋아할	木	15(土)	木		鮟	아귀, 메기	魚	17(金)	水
	堊	석회, 백토	土	11(木)	土		眼	눈, 볼	目	11(木)	木
	顎	턱, 근엄할	頁	18(金)	火		岸	언덕, 기슭	山	8(金)	土
	鄂	땅이름	邑	16(土)	土		謁	아뢸, 뵈올	言	16(土)	金
악 (土)	鰐	악어	魚	20(水)	水	알 (土)	斡	관리할	斗	14(火)	火
	幄	휘장, 천막	巾	12(木)	木		軋	삐걱거릴	車	8(金)	金
	握	쥘, 주먹	手	13(火)	木		閼	가로막을, 그칠	門	16(土)	木
	愕	놀랄, 직언할	心	13(火)	火		庵	암자, 초막	广	11(木)	木
	鍔	칼날	金	17(土)	金		巖	바위, 험할	山	23(火)	土
	齷	악착스러울	齒	24(火)	金		岩	巖의 俗字	石	8(金)	土
	嶽	큰산, 위엄	山	17(金)	土	암 (土)	菴	암자, 풀이름	艸	14(火)	木
	惡	악할, 모질	心	12(木)	火		暗	어두울, 몰래 할	日	13(火)	火
안 (土)	安	편안할, 즐거울	宀	6(土)	木		唵	머금을	口	11(木)	水
	案	책상, 안석	木	10(水)	木		闇	닫힌 문, 어두울	門	17(金)	木

208

발음 오행	한자	뜻	부수	획수 오행	자원 오행	발음 오행	한자	뜻	부수	획수 오행	자원 오행
암 ㊏	癌	암	疒	17 (金)	水		隘	좁을, 험할	阜	17 (金)	土
압 ㊏	鴨	집오리	鳥	16 (土)	火		哀	슬플, 불쌍히 여길	口	9 (水)	水
	押	누를, 수결	手	9 (水)	木		崖	언덕, 벼랑	山	11 (木)	土
	狎	익숙할, 업신여길	犬	8 (金)	土		厄	재앙, 멍에	厂	4 (火)	水
	壓	누를, 억압할	土	17 (金)	土		額	이마, 현판	頁	18 (金)	火
앙 ㊏	仰	우러를, 믿을	人	6 (土)	火	액 ㊏	液	진액, 겨드랑이	水	12 (木)	水
	央	가운데, 넓을	大	5 (山)	土		扼	누를, 멍에	手	8 (金)	木
	昂	밝을, 높을	日	8 (金)	火		掖	낄, 부축할	手	12 (木)	木
	秧	모, 심을	禾	10 (水)	木		縊	목 맬	糸	16 (土)	木
	鴦	원앙새(원앙 암컷)	鳥	16 (土)	火		腋	겨드랑이	肉	14 (木)	水
	怏	원망할	心	9 (水)	火		櫻	앵두나무	木	21 (木)	木
	殃	재앙, 해칠	歹	9 (水)	水	앵 ㊏	鶯	꾀꼬리	鳥	21 (木)	火
	涯	물가, 끝	水	12 (木)	水		鸚	앵무새, 앵무조개	鳥	28 (金)	火
	厓	언덕, 물가	厂	8 (金)	土		罌	양병, 병의 총칭	缶	20 (水)	土
	艾	쑥, 쑥빛	艸	8 (金)	木		也	어조사, 또	乙	3 (火)	水
애 ㊏	愛	사랑, 사모	心	13 (火)	火		野	들, 촌스러울	里	11 (木)	土
	碍	거리낄, 방해할	石	13 (火)	金	야 ㊏	耶	어조사	耳	9 (水)	火
	靄	아지랑이	雨	24 (火)	水		冶	불릴, 대장장이	冫	7 (金)	水
	埃	티끌, 먼지	土	10 (水)	土		倻	땅이름, 나라이름	人	11 (木)	火
	曖	가릴, 흐릴	日	17 (金)	火		惹	이끌, 끌어당길	心	13 (火)	火

209

발음오행	한자	뜻	부수	획수 오행	자원오행	발음오행	한자	뜻	부수	획수 오행	자원오행
	揶	희롱할	手	16 (土)	木		襄	도울, 오를	衣	17 (金)	木
	椰	야자나무	木	13 (火)	木		楊	왕버들, 메버들	木	13 (火)	木
	爺	아비, 아버지	父	13 (火)	木		諒	(량) 믿을	言	15 (土)	金
	若	반야	艸	11 (木)	木		亮	(량) 밝을, 도울	亠	9 (水)	火
	夜	밤, 어두울	夕	8 (金)	水		良	(량) 좋을	艮	7 (金)	土
	若	같을, 순할	艸	11 (木)	木		兩	(량) 두, 둘	入	8 (金)	土
	約	묶을, 합칠	糸	9 (水)	木		量	(량) 헤아릴	里	12 (木)	火
	藥	약, 치료할	艸	21 (木)	木		糧	(량) 양식	米	18 (金)	木
약 (土)	葯	구리때 잎	艸	15 (土)	木		倆	(량) 재주, 두사람	人	10 (水)	火
	蒻	부들, 왕골	艸	16 (土)	木		涼	(량) 서늘할	氵	10 (水)	水
	弱	어릴, 약할	弓	10 (水)	金		梁	(량) 들보	木	11 (木)	木
	躍	뛸, 뛰어오를	足	21 (木)	土		樑	(량) 대들보, 굳셀	木	15 (土)	木
	羊	양, 노닐	羊	6 (土)	土		攘	(량) 물리칠, 제거할	手	21 (木)	木
	洋	큰바다	水	10 (水)	水		敭	오를, 나를	攴	13 (火)	金
	養	기를, 성장시킬	食	15 (土)	水		瀼	내이름	水	18 (金)	水
양 (土)	陽	볕, 밝을	阜	17 (金)	土		煬	쬘, 말릴	火	13 (火)	火
	暘	해돋이, 해 뜰	日	13 (火)	火		穰	볏대, 수숫대, 풍족할, 풍년	禾	22 (木)	木
	讓	겸손할, 사양할	言	24 (火)	金		佯	거짓, 헤맬	人	8 (金)	火
	壤	고운 흙	土	20 (水)	土		恙	근심, 걱정할	心	10 (水)	火
	樣	모양, 본	木	15 (土)	木		瘍	종기, 상처	疒	14 (火)	水

발음 오행	한자	뜻	부수	획수 오행	자원 오행	발음 오행	한자	뜻	부수	획수 오행	자원 오행
양 (土)	禳	제사이름	示	22(木)	木		臆	가슴, 가슴뼈	肉	19(水)	水
	釀	술빚을	酉	24(火)	金		抑	누를, 굽힐	手	8(金)	木
	揚	오를, 떨칠	手	13(火)	木	언 (土)	彦	선비, 클	彡	9(水)	火
	孃	아가씨, 어머니	女	20(水)	土		言	말씀, 말할	言	7(金)	金
	漾	출렁거릴, 띄울	水	15(土)	水		焉	어디, 어찌	火	11(木)	火
	痒	앓을, 종기	疒	11(木)	水		堰	방죽, 보 막을	土	12(木)	土
어 (土)	語	말할, 말씀	言	14(火)	金		偃	쓰러질, 넘어질	人	11(木)	火
	魚	물고기, 생선	魚	11(木)	水		諺	상소리	言	16(土)	金
	漁	고기 잡을	水	15(土)	水	얼 (土)	孼	서자, 치장할	子	19(水)	水
	於	어조사, 살	方	8(金)	土		蘖	그루터기, 움	艸	23(火)	木
	御	어거할, 다스릴	彳	11(木)	火	엄 (土)	俺	나, 클	人	10(水)	水
	圄	감옥, 가둘	口	10(水)	水		嚴	엄할, 굳셀	口	20(水)	火
	瘀	병, 어혈	疒	13(火)	水		儼	의젓할, 삼갈	人	22(木)	火
	禦	막을, 감당할	示	16(土)	木		淹	담글, 적실	水	12(木)	水
	馭	말부릴, 말 몰	馬	12(木)	火		奄	문득, 가릴	大	8(金)	水
	齬	어긋날	齒	22(火)	金		掩	가릴, 닫을	手	12(木)	木
억 (土)	億	억, 편안할	人	15(土)	火	업 (土)	業	일, 사업	木	13(火)	木
	憶	기억할, 생각할	心	17(金)	火		嶪	산 높을, 웅장할	山	16(土)	土
	檍	감탕나무	木	17(金)	木	엔(土)	円	원(圓)의 俗字	冂	4(火)	土
							如	같을, 따를	女	6(土)	土

발음오행	한자	뜻	부수	획수오행	자원오행	발음오행	한자	뜻	부수	획수오행	자원오행
여(土)	汝	너, 물이름	水	7(金)	水	역(土)	繹	풀어낼, 다스릴	糸	19(水)	木
	與	줄, 남을	臼	14(火)	土		亦	또, 또한, 클	亠	6(土)	水
	余	나, 자신	人	7(金)	火		易	바꿀, 역서 (이) 쉬울	日	8(金)	火
	餘	남을, 나머지	食	16(土)	水		譯	통변할, 통역	言	20(水)	金
	予	줄, 나	亅	4(火)	金		驛	역말, 잇댈	馬	23(火)	火
	輿	수레, 무리	車	17(金)	火		力	(력) 힘, 힘쓸	力	2(木)	土
	旅	(려) 나그네, 군사	方	10(水)	土		歷	(력) 지낼, 겪을	止	16(土)	土
	麗	(려) 고울, 우아할	鹿	19(水)	土		曆	(력) 역법, 책력	日	16(土)	火
	呂	(려) 음률, 풍류	口	7(金)	水		暘	해 밝을	日	12(火)	火
	侶	(려) 짝, 벗할	人	9(水)	火		役	부릴, 싸울	彳	7(金)	火
	慮	(려) 생각, 꾀할	心	15(土)	火		疫	염병, 돌림병	疒	9(水)	水
	勵	(려) 힘쓸, 권장할	力	17(金)	土		域	나라, 지경	土	11(木)	土
	閭	(려) 마을문	門	15(土)	木		逆	거스를, 어길	辵	13(火)	土
	黎	(려) 검을, 많을	黍	15(土)	木	연(土)	然	그러할, 옳을	火	12(木)	火
	歟	어조사	欠	18(金)	火		硏	연구할, 연마할	石	11(木)	金
	璵	옥	玉	19(水)	金		硯	벼루, 매끄러운 돌	石	12(火)	金
	轝	수레	車	21(木)	火		延	맞을, 끌	廴	7(金)	土
	艅	배이름	舟	13(火)	木		燕	제비, 편안할	火	16(土)	火
	茹	먹을, 말 기를	艸	12(木)	木		沿	따를, 쫓을	水	9(水)	水
	礖	돌이름	石	19(水)	金		軟	연할, 부드러울	車	11(木)	火

212

발음오행	한자	뜻	부수	획수오행	자원오행	발음오행	한자	뜻	부수	획수오행	자원오행
연(土)	演	멀리 흐를, 통할	水	15(土)	水		戀	(련) 생각, 사모할	心	23(火)	火
	緣	가선, 인연	糸	15(土)	木		蓮	(련) 연꽃	艸	17(金)	木
	姸	빛날, 예쁠	女	10(水)	土		煉	(련) 쇠불릴	火	13(火)	火
	烟	연기(煙과 同字)	火	10(水)	火		璉	(련) 호련	玉	16(土)	金
	淵	깊을, 못	水	12(木)	水		曣	청명할	日	20(水)	火
	姸	고울, 총명할	女	9(水)	土		堧	빈터	土	12(木)	土
	娟	고울, 어여쁠	女	10(水)	土		椽	서까래	木	13(火)	木
	涓	시내, 물방울	水	11(木)	水		鳶	솔개, 연	鳥	14(火)	火
	沇	물 흐를, 물이름	水	8(金)	水		捐	버릴, 바칠	手	11(木)	木
	燃	태울, 불사를	火	16(土)	火		挻	늘일, 이길	手	11(木)	木
	煙	연기, 그을음	火	13(火)	火		涎	침, 점액	水	11(木)	水
	衍	넘칠, 순행할	行	9(水)	火		縯	당길, 길(長)	糸	17(金)	木
	筵	대자리, 좌석	竹	13(火)	木	열(土)	熱	더울, 정성	火	15(土)	火
	鉛	납, 분	金	13(火)	金		悅	기쁠, 즐거울	心	11(木)	火
	宴	잔치, 즐길	宀	10(水)	木		說	기꺼울,(설) 말씀 (세) 달랠	言	14(火)	金
	連	(련) 잇닿을, 이을	辵	14(火)	土		閱	살필, 검열할	門	15(土)	金
	練	(련) 익힐	糸	15(土)	木		列	(렬) 벌일, 가지런할	刀	6(土)	金
	鍊	(련) 쇠불릴, 단련할	金	17(金)	金		烈	(렬) 빛날, 매울	火	10(水)	火
	憐	(련) 불쌍히 여길, 사랑할	心	16(土)	火		洌	(렬) 맑을, 물이름	水	10(水)	水
	聯	(련) 연이을, 연계	耳	17(金)	火		裂	(렬) 찢어질	衣	12(木)	木

발음오행	한자	뜻	부수	획수오행	자원오행	발음오행	한자	뜻	부수	획수오행	자원오행
	劣	(렬)못할, 적을	力	6(土)	土		燁	빛날	火	16(土)	火
	咽	목멜, (인)목구멍	口	9(水)	水		永	길, 오랠	水	5(土)	水
	炎	불탈, 불꽃	火	8(金)	火		英	꽃부리, 영웅	艸	11(木)	木
	染	물들일, 염색할	木	9(水)	木		榮	영화, 꽃	木	14(火)	木
	鹽	소금, 자반	鹵	24(火)	水		栄	榮의 俗字	木	9(水)	木
	琰	옥갈, 옥홀	玉	13(火)	金		泳	헤엄칠	水	9(水)	水
	艷	고울, 광택	色	24(火)	土		詠	읊을, 노래	言	12(木)	金
	艶	艷의 俗字	色	19(水)	土		映	비출, 밝을	日	9(水)	火
	廉	(렴)청렴할, 검소할	广	13(火)	木		瀛	물 맑을	水	13(火)	水
염(土)	濂	(렴)젖을, 물이 질척질척할	水	17(金)	水	영(土)	煐	빛날, 사람이름	火	13(火)	火
	簾	(렴)발, 주렴	竹	19(水)	木		瑩	밝을, 옥빛	玉	15(土)	金
	斂	거둘, 모을	攴	17(金)	金		瑛	옥빛, 수정	玉	14(火)	金
	殮	(렴)염할, 빈소	歹	17(金)	水		伶	(령)영리할	人	7(金)	火
	焰	불당길, 불꽃	火	12(木)	火		玲	(령)옥소리	玉	10(水)	金
	苒	풀 우거질	艸	11(木)	木		姈	(령)계집 슬기로울	女	8(金)	土
	閻	번화한 거리, 열	門	16(土)	木		昤	(령)날빛 영롱할	日	9(水)	火
	厭	싫을, 가득 찰	厂	14(火)	水		令	(령)하여금	人	5(土)	火
	髥	구레나룻	髟	14(火)	火		領	(령)고개, 거느릴	頁	14(火)	火
엽(土)	曄	빛날, 성할	日	16(土)	火		鈴	(령)방울	金	13(火)	金
	葉	잎, 나뭇잎	艸	15(土)	木		嶺	(령)고개, 산길	山	17(金)	土

발음오행	한자	뜻	부수	획수 오행	자원오행	발음오행	한자	뜻	부수	획수 오행	자원오행
영 (土)	零	(령)이슬비	雨	13 (火)	水	예 (土)	叡	밝을, 임금	又	16 (土)	火
	靈	(령)신령, 혼백	雨	24 (火)	水		睿	叡와 同字	目	14 (火)	木
	暎	비출, 햇빛	日	13 (火)	火		芮	물가, 나라이름	艸	10 (水)	木
	瀯	물소리	水	21 (木)	水		詣	이를, 도착할	言	13 (火)	金
	盈	찰, 가득할	皿	9 (水)	水		藝	심을, 재주	艸	21 (木)	木
	楹	기둥, 원활할	木	13 (火)	木		豫	미리, 즐길	豕	16 (土)	水
	嬰	어릴, 두를	女	17 (金)	土		譽	기릴, 칭찬할	言	21 (木)	金
	營	경영할, 다스릴	火	17 (金)	火		預	참여할, 미리	頁	13 (火)	火
	迎	맞이할	辵	11 (木)	土		禮	(례)예도	示	18 (金)	木
	咏	노래할	口	8 (金)	水		例	(례)법식, 보기	人	8 (金)	火
	齡	(령)나이	齒	20 (水)	金		汭	물굽이	水	8 (金)	水
	潁	강이름	水	15 (土)	水		瀥	깊을, 넉넉할	水	16 (土)	水
	瓔	구슬 목걸이	玉	22 (木)	金		蕊	심을	艸	20 (水)	木
	濚	물 돌아나갈	水	18 (金)	水		猊	사자	犬	11 (木)	土
	穎	이삭, 빼어날	禾	16 (土)	木		裔	후손, 옷자락	衣	13 (火)	木
	瀛	바다, 늪 속	水	20 (水)	水		乂	어질, 다스릴	丿	2 (木)	金
	纓	갓끈	糸	23 (火)	木		倪	어린이, 흘겨볼	人	10 (水)	火
	霙	진눈깨비	雨	17 (金)	水		曳	끌, 고달플	曰	6 (土)	火
	影	형상, 그림자	彡	15 (土)	火		穢	더러울, 거칠	禾	18 (金)	木
	鍈	방울소리	金	17 (金)	金		霓	무지개	雨	16 (土)	水
							刈	풀벨	刀	4 (火)	金

발음오행	한자	뜻	부수	획수 오행	자원 오행	발음오행	한자	뜻	부수	획수 오행	자원 오행
	銳	뽀족할, 날카로울	金	15(土)	金		傲	거만할	人	13(火)	火
	五	다섯, 다섯 번	二	5(土)	土		奧	속, 아랫목	大	13(火)	木
	吾	나, 당신	口	7(金)	水		篌	버들고리	竹	13(火)	木
	伍	다섯, 다섯사람	人	6(土)	火		寤	깰, 깨달을	宀	14(火)	木
	吳	姓, 오나라	口	7(金)	水		惡	미워할, (악)악할	心	12(火)	火
	旿	밝을, 대낮	日	8(金)	火		懊	한할, 괴로워할	心	16(土)	火
	晤	밝을, 만날	日	11(木)	火		敖	놀, 시끄러울	攴	11(木)	金
	珸	옥돌, 옥빛	玉	12(木)	金		熬	볶을, 탈	火	15(土)	火
	梧	벽오동나무	木	11(木)	木		獒	개, 맹견	犬	15(土)	土
	俉	맞이할	人	9(水)	火		鼇	자라, 큰 거북	龜	24(火)	水
오(土)	塢	둑, 마을	土	13(火)	土		鰲	鼇의 俗字	魚	22(火)	水
	墺	물가, 육지	土	16(土)	土		沃	윤택할, 물댈	水	8(金)	水
	午	낮, 남쪽, 거역할	十	4(火)	火		鈺	보배, 보물	金	13(火)	金
	蜈	지네	虫	13(火)	水	옥(土)	玉	옥, 구슬	玉	5(土)	金
	悟	깨달을, 깨우칠	心	11(木)	火		屋	집, 주거	尸	9(水)	木
	誤	그릇될, 잘못할	言	14(火)	金		獄	옥, 감옥	犬	14(火)	土
	烏	까마귀, 검을	火	10(水)	火		溫	따뜻할, 온화할	水	14(火)	水
	汚	더러울, 추잡할	水	7(金)	水	온(土)	蘊	쌓을, 저축할	艸	22(木)	木
	嗚	탄식할, 새소리	口	13(火)	水		瑥	사람이름	玉	15(丄)	金
	娛	기쁠, 즐거울	女	10(水)	土		穩	평온할, 곡식 걷어 모을	禾	19(水)	木

216

발음오행	한자	뜻	부수	획수오행	자원오행	발음오행	한자	뜻	부수	획수오행	자원오행
온(土)	縕	헌솜, 풍부할	糸	16(土)	木		訛	그릇될, 속일	言	11(木)	金
	瘟	염병, 괴로울	疒	15(土)	水		完	완전할, 지킬	宀	7(金)	木
	媼	할미, 어머니	女	13(火)	土		玩	놀, 익힐	玉	9(水)	金
올(土)	兀	우뚝할	儿	3(火)	木		垸	바를, 둑	土	10(水)	土
옹(土)	邕	화할, 화목할	邑	10(水)	土		浣	씻을, 열흘사이	水	11(木)	水
	饔	아침, 조반	食	22(火)	水		莞	왕골, 자리	艸	13(火)	木
	雍	온화할, 누그러질	隹	13(火)	火		琓	서옥, 옥이름	玉	12(木)	金
	擁	안을, 가릴	手	17(金)	木	완(土)	緩	느릴, 느슨할	糸	15(土)	木
	瓮	독, 항아리	瓦	9(水)	土		琬	홀, 아름다운 옥	玉	13(火)	金
	甕	독, 단지	瓦	18(金)	土		媛	예쁠, 몸맵시	女	11(木)	土
	壅	막을, 북돋을	土	16(土)	土		婉	순할, 예쁠	女	11(木)	土
	翁	늙은이, 아비	羽	10(水)	火		梡	도마, 장작	木	11(木)	木
	癰	악창, 등창	疒	23(火)	水		椀	주발, 그릇	木	12(木)	木
와(土)	瓦	기와, 질그릇	瓦	5(土)	土		碗	주발	石	13(火)	金
	臥	누울, 쉴	臣	8(金)	火		脘	위, 밥통	肉	13(火)	水
	渦	소용돌이	水	12(火)	水		腕	팔, 팔뚝	肉	14(火)	水
	窩	움집, 굴	穴	14(火)	水		豌	완두	豆	15(土)	火
	窪	웅덩이, 맑은 물	穴	14(火)	水		阮	관문 이름, 월금	阜	11(木)	土
	蝸	달팽이, 고둥	虫	15(土)	水		頑	완고할, 무딜	頁	13(火)	火
	蛙	개구리, 음란할	虫	12(火)	水		翫	가지고 놀, 기뻐할	羽	15(土)	火

발음오행	한자	뜻	부수	획수오행	자원오행	발음오행	한자	뜻	부수	획수오행	자원오행
	宛	굽을, 마치	宀	8(金)	木		妖	아리따울	女	7(金)	土
왈(土)	曰	가로, 일컬을	日	4(火)	火		嶢	높을	山	15(土)	土
	王	임금, 제후, 어른	玉	5(土)	金		燿	빛날	火	18(金)	火
	往	갈, 이따금	彳	8(金)	火		窯	가마, 도기	穴	15(土)	水
왕(土)	旺	왕성할, 고울	日	8(金)	火		繇	역사, 따를	糸	17(金)	木
	汪	못, 넓을	水	8(金)	水		繞	두를, 둘러쌀	糸	18(金)	木
	枉	굽을, 굽힐	木	8(金)	木		姚	예쁠, 멀리	女	9(水)	土
	娃	예쁠	女	9(水)	土		僥	바랄, 요행	人	14(火)	火
왜(土)	倭	순할, 왜국	人	10(水)	火		凹	오목할	凵	5(土)	火
	歪	삐뚤, 기울	止	9(水)	土		邀	맞을, 부를	辶	19(水)	土
	矮	키 작을, 짧게 할	矢	13(火)	金		要	구할, 중요할	襾	9(水)	金
	猥	함부로, 뒤섞일	犬	13(火)	土		瑤	아름다운 옥	玉	15(土)	金
	嵬	높을	山	13(火)	土		窈	그윽할, 고상할	穴	10(水)	水
외(土)	巍	높고 큰 모양	山	21(木)	土		拗	꺾을, 비틀	手	9(水)	木
	外	바깥, 겉	夕	5(土)	火		擾	어지러울, 흐려질	手	19(水)	木
	畏	두려울, 겁낼	田	9(水)	土		橈	굽힐, 꺾일	木	16(土)	木
	夭	어릴, 젊을	大	4(火)	水		蟯	요충, 기생충	虫	18(金)	水
요(土)	堯	높을, 요임금	土	12(木)	土		腰	허리	肉	15(土)	水
	曜	요일, 해 비칠	日	18(金)	火		搖	움직일, 별이름	手	14(火)	木
	耀	빛날	羽	20(水)	火		遙	멀, 노닐	辶	17(金)	土

발음오행	한자	뜻	부수	획수오행	자원오행	발음오행	한자	뜻	부수	획수오행	자원오행
요 (土)	謠	노래, 풍설	言	17 (金)	金		榕	목나무	木	14 (火)	木
	饒	넉넉할, 배불리 먹을	食	21 (木)	水		湧	샘솟을, 성할	水	13 (火)	水
	樂	좋아할, (악)풍류	木	15 (土)	木		埇	길 돋울, 골목길	土	10 (水)	土
	料	(료)셀, 헤아릴	斗	10 (水)	火		鏞	큰 쇠북	金	19 (水)	金
	了	(료)마칠, 깨달을	亅	2 (木)	金		蓉	연꽃, 나무연꽃	艸	16 (土)	木
	僚	(료)동료, 벼슬아치	人	14 (火)	火		勇	날랠, 용기	力	9 (水)	土
욕 (土)	欲	하고자할, 원할	欠	11 (木)	木		冗	무익할, 여가	一	4 (火)	木
	浴	목욕, 깨끗이 할	水	11 (木)	水		慂	권할, 억지로 권할	心	14 (火)	火
	慾	욕심, 욕정	心	15 (土)	火		聳	솟을, 삼갈	耳	17 (金)	火
	辱	욕될, 굽힐	辰	10 (水)	土		俑	허수아비	人	9 (水)	火
	縟	무늬, 채색	糸	16 (土)	木		傭	품팔이	人	13 (火)	火
	褥	요, 침구	衣	16 (土)	木		墉	담, 벽	土	14 (火)	土
용 (土)	用	쓸, 행할	用	5 (土)	水		踊	뛸, 춤출	足	14 (火)	土
	容	얼굴, 모양	宀	10 (水)	木		龍	(룡)임금, 용	龍	16 (土)	土
	庸	떳떳할, 항상	广	11 (木)	木		茸	녹용, 뾰죽 날	艸	12 (木)	木
	溶	질펀히 흐를, 녹일	水	14 (火)	水	우 (土)	宇	집, 지붕	宀	6 (土)	木
	甬	길, 솟을	用	7 (金)	水		旴	해돋을, 클	日	7 (金)	火
	鎔	녹일, 거푸집	金	18 (金)	金		雨	비, 비올	雨	8 (金)	水
	熔	鎔의 俗字	火	14 (火)	火		佑	도울, 도움될	人	7 (金)	火
	瑢	패옥소리	玉	15 (土)	金						

발음오행	한자	뜻	부수	획수오행	자원오행	발음오행	한자	뜻	부수	획수오행	자원오행
	祐	도울, 행복	示	10 (水)	火		藕	연뿌리	艸	21 (木)	木
	禹	하우씨, 펼	内	9 (水)	土		虞	헤아릴	虍	13 (火)	木
	瑀	옥돌	玉	14 (火)	金		雩	기우제	雨	11 (木)	水
	玗	옥돌, 지명	玉	8 (金)	金		于	어조사, 행할	二	3 (火)	水
	右	오른쪽, 높일	口	5 (土)	水		堣	땅이름	土	12 (日)	土
	牛	소, 별이름	牛	4 (火)	土		愚	어리석을	心	13 (火)	火
	友	벗, 친구	又	4 (火)	水		尤	더욱, 특히	尤	4 (火)	土
	又	또, 용서할	又	2 (木)	水		憂	근심할, 걱정할	心	15 (土)	火
	遇	만날, 대접할	辵	16 (土)	土		寓	머무를, 숙소	宀	12 (木)	木
	羽	깃, 우성	羽	6 (土)	火		旭	빛날, 아침 해	日	6 (土)	火
	郵	역말, 우편	邑	15 (土)	土		昱	햇빛, 빛날	日	9 (水)	火
	偶	무리, 짝 지을	人	11 (木)	火		煜	빛날, 성할	火	13 (火)	火
	優	넉넉할, 부드러울	人	17 (金)	火	욱 (土)	郁	문채 날, 향기	邑	13 (火)	土
	隅	기슭, 모퉁이	阜	17 (金)	土		彧	문채, 문채 빛날	彡	10 (水)	火
	釪	바리때, 요령	金	11 (木)	金		勖	힘쓸	力	11 (木)	土
	迂	길이 멀, 굽을	辵	10 (水)	土		栯	산앵두	木	10 (水)	木
	盂	바리, 사발	皿	8 (金)	金		稶	서직, 무성할	禾	15 (十)	木
	禑	복	示	14 (火)	木		頊	삼갈, 머리 숙일	頁	13 (火)	金
	紆	굽을	糸	9 (金)	木	운 (土)	云	이를, 어조사	二	4 (火)	水
	芋	토란	艸	9 (木)	木		奯	높을, 클	大	7 (金)	木

발음오행	한자	뜻	부수	획수(오행)	자원오행	발음오행	한자	뜻	부수	획수(오행)	자원오행
	暉	넉넉할	貝	16(土)	金		原	근본, 벌판	厂	10(水)	土
	沄	소용돌이 칠, 넓을	水	8(金)	水		源	근원, 이을	水	14(火)	水
	芸	향초이름, 성한 모양	艹	10(水)	木		垣	담, 별이름	土	9(水)	土
	雲	구름, 습기	雨	12(木)	水		洹	강이름, 물 흐를	水	10(水)	水
	運	움직일, 옮길	辵	16(土)	土		沅	강이름	水	8(金)	水
	韻	음운, 울림	音	19(水)	金		媛	아름다울, 아리따울	女	12(木)	土
	煴	노란 모양	火	14(火)	火		愿	정성, 삼갈	心	14(火)	火
운(土)	蕓	평지, 겨자풀	艹	18(金)	木		苑	나라 동산	艹	11(木)	木
	耘	김맬, 없앨	耒	10(水)	木		願	원할, 하고자 할	頁	19(水)	火
	暈	달무리	日	13(火)	火		員	수효, 둥글	口	10(水)	水
	橒	나무 무늬	木	16(土)	木		院	담, 집, 절	阜	15(土)	土
	隕	떨어질, 잃을	阜	17(金)	土		瑗	도리옥, 큰 옥	玉	14(火)	金
	殞	죽을, 떨어질	歹	14(火)	水		嫄	여자이름	女	13(火)	土
	澐	큰 물결	水	16(土)	水		轅	끌채, 수레	車	17(金)	火
울(土)	蔚	땅, 고을이름	艹	17(金)	木		婉	순할, 예쁠	女	11(木)	土
	芛	땅이름	二	4(火)	木		猿	원숭이	犬	14(火)	土
	鬱	막힐, 우거질	鬯	29(水)	木		阮	관문 이름	阜	11(木)	土
웅(土)	雄	영웅, 수컷	隹	12(木)	火		鴛	원앙(원앙의 수컷)	鳥	16(土)	火
	熊	곰, 빛나는 모양	火	14(火)	火		湲	물 흐를, 맑을	水	13(火)	水
원(土)	元	으뜸, 근본	儿	4(火)	木		爰	이에, 여기에	爪	9(火)	木

발음오행	한자	뜻	부수	획수오행	자원오행	발음오행	한자	뜻	부수	획수오행	자원오행
	冤	원통할, 불평	冖	11(木)	木		位	자리, 벼슬	人	7(金)	火
	遠	멀, 심오할	辵	17(金)	土		爲	할, 베풀	爪	12(木)	金
	園	동산, 울타리	囗	13(火)	水		威	위엄, 세력	女	9(水)	土
	怨	원망, 미워할	心	9(水)	火		蝟	고슴도치, 운집할	虫	15(土)	水
	圓	둥글, 둘레	囗	13(火)	水		褘	아름다울, 향낭	衣	15(土)	木
	援	당길, 취할	手	13(火)	木		葦	갈대, 작은배	艸	13(火)	木
	袁	옷 치렁거릴	衣	10(水)	木		蔿	애기풀, 고을이름	艸	18(金)	木
월(土)	月	달, 한달	月	4(火)	水		萎	마를, 시들	艸	14(火)	木
	越	건널, 넘을	走	12(木)	火		胃	밥통, 양	肉	11(木)	水
	鉞	도끼, 방울소리	金	13(火)	金		危	위태할, 두려울	卩	6(土)	水
	謂	이를, 고할	言	16(土)	金		緯	경위, 씨줄	糸	15(土)	木
	圍	둘레, 둘러쌀	囗	12(木)	水		衛	지킬, 막을	行	16(土)	火
	偉	클, 훌륭할	人	11(木)	火		衛	衞의 俗字	行	15(土)	火
	委	맡길, 맡을	女	8(金)	土		違	어길, 다를	辵	16(土)	土
위(土)	暐	햇빛, 빛나는 모양	日	13(火)	火		慰	위로할, 울적할	心	15(土)	火
	渭	강이름	水	13(火)	水		僞	거짓, 속일	心	14(火)	火
	韋	다룸가죽	韋	9(水)	金	유(土)	由	행할, 말미암을	田	5(土)	木
	尉	벼슬, 위로할	寸	11(木)	土		有	있을, 얻을	月	6(土)	水
	瑋	아름아운 옥	玉	14(火)	金		柔	부드러울, 순할	木	9(水)	木
	魏	위나라, 대궐	鬼	18(金)	火		愈	어질, 더욱	心	13(火)	火

발음오행	한자	뜻	부수	획수오행	자원오행	발음오행	한자	뜻	부수	획수오행	자원오행
유 (土)	裕	넉넉할, 너그러울	衣	13(火)	木		誘	달랠, 가르칠	言	14(火)	金
	柳	(류)姓, 버들	木	9(水)	木		悠	생각할, 멀	心	11(木)	火
	流	(류)흐를	水	11(木)	水		庾	곳집, 노적가리	广	12(木)	木
	劉	(류)모금도, 베풀	刀	15(土)	金		喩	알려줄, 고할	口	12(木)	水
	留	(류)머무를	田	10(木)	土		楡	느릅나무, 옮길	木	13(火)	木
	類	(류)같을, 무리	頁	19(水)	火		猷	꾀할, 계략	犬	13(火)	土
	琉	유리, 나라이름	玉	12(木)	金		維	바, 이을	糸	14(火)	木
	侑	도울, 짝	人	8(金)	火		乳	젖, 낳을	乙	8(金)	水
	洧	물이름	水	10(水)	水		儒	선비, 유학	人	16(土)	火
	宥	용서할, 도울	宀	9(水)	木		猶	오히려, 같을	犬	13(火)	土
	兪	姓, 그럴, 맑을	人	9(水)	火		唯	오직, 어조사	口	11(木)	水
	瑜	아름다운 옥	玉	14(火)	金		油	기름	水	9(水)	水
	釉	곡식, 곡식무성할	禾	10(水)	木		酉	닭, 술	酉	7(金)	金
	攸	바, 다스릴	攴	7(金)	金		遺	끼칠, 전할	辵	19(水)	土
	柚	유자나무	木	9(水)	木		幼	어릴, 사랑할	幺	5(土)	火
	濡	젖을, 은혜 입을	水	18(金)	水		幽	그윽할, 숨을	幺	9(水)	火
	愉	즐거울, 기뻐할	心	13(火)	火		惟	꾀할, 생각할	心	12(木)	火
	釉	윤, 광택	采	12(木)	木		遊	놀, 즐길, 여행할	辵	16(土)	土
	臾	잠깐, 만류할	臼	9(水)	土		游	헤엄칠, 놀	水	12(木)	水
	萸	수유, 풀이름	艸	13(火)	木		紐	단추	糸	10(水)	木
	鍮	놋쇠	金	17(金)	金		揄	끌어올릴	手	13(火)	木
							楢	졸참나무	木	13(火)	木

223

발음오행	한자	뜻	부수	획수오행	자원오행	발음오행	한자	뜻	부수	획수오행	자원오행
	孺	젖먹일, 사모할	子	17(金)	水		崙	(륜)산이름	人	11(木)	火
	諛	아첨할	言	16(土)	金		胤	맏아들, 이을	肉	11(木)	水
	踰	넘을, 지나갈	足	16(土)	土		奫	물 깊고 넓을	大	14(火)	水
	蹂	밟을, 빠를	足	16(土)	土		贇	예쁠, 아름다울	貝	18(金)	金
	育	기를, 자랄	肉	10(水)	水		鈗	창	金	12(木)	金
	六	(륙)여섯	八	6(土)	土		聿	붓, 스스로	聿	6(土)	火
육(土)	陸	(륙)언덕, 육지	阜	16(土)	土	율(土)	律	(률)법, 지위	彳	9(水)	火
	堉	기름진 땅	土	11(木)	土		栗	(률)밤, 여물	木	10(水)	木
	毓	기를	母	14(土)	土		率	(률)비율, (솔)거느릴	玄	11(木)	火
	肉	고기, 동물의 살	肉	6(土)	水		隆	(륭)풍성할, 두터울	阜	17(金)	土
	尹	다스릴, 성실할	尸	4(火)	水		融	화할, 화합할	虫	16(土)	水
	允	진실로, 마땅할	儿	4(火)	土	융(土)	瀜	물 깊고 넓을	水	20(水)	水
	阭	높을	阜	12(木)	土		絨	융, 고운 베	糸	12(木)	木
	玧	붉은 구슬	玉	9(水)	金		戎	되, 오랑캐	戈	6(土)	金
	潤	윤택할, 꾸밀	水	16(土)	水		恩	은혜, 덕택	心	10(水)	火
윤(土)	閏	윤달	門	12(木)	火		溵	물소리, 강이름	水	14(火)	水
	倫	(륜)인륜	人	10(水)	火	은(土)	垠	옥돌	玉	11(木)	金
	綸	(륜)실, 다스릴	糸	14(火)	木		殷	성할, 많을	殳	10(水)	金
	輪	(륜)바퀴, 땅 길이	車	15(土)	金		誾	온화할, 화평할	言	15(土)	金
	侖	(륜)둥글, 생각할	人	8(金)	火		銀	은, 돈	金	14(火)	金

발음오행	한자	뜻	부수	획수오행	자원오행	발음오행	한자	뜻	부수	획수오행	자원오행
은(土)	垠	언덕, 땅끝	土	9(水)	土		宜	옳을, 마땅할	宀	8(金)	木
	隱	숨을, 은미할	阜	22(木)	土		儀	예의, 본받을	人	15(土)	火
	慇	괴로울, 친절할	心	14(火)	火		誼	옳을, 다스릴	言	15(土)	金
을(土)	乙	새, 굽을	乙	1(木)	木		衣	옷, 입을	衣	6(土)	木
음(土)	音	소리, 말소리	音	9(水)	金		依	의지할, 도울	人	8(金)	火
	吟	읊을, 탄식할	口	7(金)	水		矣	어조사	矢	7(金)	金
	飮	마실, 음료	食	13(火)	水		醫	의원, 병고칠	酉	18(金)	金
	蔭	그늘	艸	17(金)	木		擬	헤아릴, 흉내낼	手	18(金)	木
	陰	응달, 습기	阜	16(土)	土		懿	아름다울, 좋을	心	22(木)	火
	淫	음란할, 간사할	水	12(木)	水		椅	의나무	木	12(木)	木
읍(土)	邑	고을, 마을	邑	7(金)	土		薏	율무, 연밥	艸	19(水)	木
	泣	울음, 눈물	水	9(水)	水		艤	배를 댈	舟	19(水)	木
	揖	공경, 예의	手	13(火)	木		蟻	개미, 검을	虫	19(水)	水
응(土)	應	응할, 받을	心	17(金)	火		疑	의심할, 의혹할	人	14(火)	火
	膺	가슴, 안을	肉	19(水)	水		倚	의지할, 인연할	人	10(水)	火
	鷹	매, 송골매	鳥	24(火)	火		毅	굳셀, 강할	殳	15(土)	金
	凝	엉길, 추울	冫	16(土)	水	이(土)	里	(리)마을, 거리	里	7(金)	土
의(土)	義	옳을, 뜻	羊	13(火)	土		理	(리)다스릴, 바를	玉	12(木)	金
	議	의논할, 계획할	言	20(水)	金		利	(리)길할, 좋을	刀	7(金)	金
	意	뜻, 뜻할	心	13(火)	火		李	(리)姓, 오얏나무	木	7(金)	木

발음오행	한자	뜻	부수	획수오행	자원오행	발음오행	한자	뜻	부수	획수오행	자원오행
	莉	(리)말리나무	艹	13 (火)	木		頤	턱	頁	15 (土)	火
	吏	(리)아전, 관리	口	6 (土)	水		姨	이모	女	9 (水)	土
	二	두, 같을	二	2 (木)	木		痍	상처, 벨	疒	11 (木)	水
	貳	두, 두 마음	貝	12 (木)	金		夷	오랑캐, 평평할	大	6 (土)	木
	以	써, 까닭	人	5 (土)	火		異	다를, 나눌	田	11 (木)	土
	已	이미, 그칠	已	3 (火)	火		梨	(리)배나무	木	11 (木)	木
	耳	귀, 성할	耳	6 (土)	火		离	(리)산신, 맹수	内	11 (木)	火
	而	어조사, 너	而	6 (土)	水		俚	(리)속될, 상말	人	9 (水)	火
	移	옮길, 떠날	禾	11 (木)	木		璃	(리)유리, 구슬	玉	16 (土)	金
	荑	벨, 깎을	艹	12 (木)	木		離	(리)떼어놓을, 가를	隹	19 (水)	火
	珥	귀고리, 햇무리	玉	11 (木)	金		裏	(리)속, 안쪽	衣	13 (火)	木
	伊	저, 어조사	人	6 (土)	火		履	(리)신을, 밟을	尸	15 (土)	木
	易	쉬울, (역) 바꿀	日	8 (金)	火		爾	너, 어조사	爻	14 (火)	火
	弛	늦출, 없앨	弓	6 (土)	金		彝	떳떳할, 법	크	18 (金)	火
	怡	기쁠, 즐거울	心	9 (水)	火		彛	彝의 俗字	크	16 (土)	火
	肄	익힐, 노력할	聿	13 (火)	火		益	더할, 유익할	皿	10 (水)	水
	苡	질경이	艹	11 (木)	木		翊	도울, 공경할	羽	11 (木)	火
	貽	끼칠, 남길	貝	12 (木)	金	익 (上)	瀷	강이름	水	21 (水)	水
	邇	가까울	辵	20 (水)	土		謚	웃는 모양, (시) 시호	言	17 (金)	金
	飴	엿, 먹일	食	14 (火)	水		翌	다음날, 도울	羽	11 (木)	火

발음오행	한자	뜻	부수	획수(오행)	자원오행	발음오행	한자	뜻	부수	획수(오행)	자원오행
익(土)	翼	날개, 공경할	羽	17(金)	火		忍	참을, 강인할	心	7(金)	火
	人	사람, 백성, 타인	人	2(木)	火		日	날, 햇빛	日	4(火)	火
	引	인도할, 이끌	弓	4(火)	火		壹	한, 정성	士	12(木)	木
	仁	어질, 착할	人	4(火)	火		逸	달아날, 숨을	辶	15(土)	土
	因	인할, 연유	囗	6(土)	水		一	하나, 첫째	一	1(木)	木
	認	알, 인정할	言	14(火)	金	일(土)	溢	넘칠, 가득할	水	14(火)	水
	寅	범, 셋째 지지	宀	11(木)	木		鎰	중량 단위	金	18(金)	金
	印	도장, 찍을	卩	6(土)	木		馹	역말, 역마	馬	14(火)	火
	姻	혼인할, 시집	女	9(水)	土		佾	춤, 춤출	人	8(金)	火
	隣	(린) 이웃	阜	20(水)	土		佚	편안할, 숨을	人	7(金)	火
인(土)	潾	(린) 맑을, 석간수	水	16(土)	水		任	맡길, 믿을	人	6(土)	火
	麟	(린) 기린, 큰사슴 수컷	鹿	23(火)	土		壬	아홉째 천간, 짊어질	士	4(火)	水
	咽	목구멍, 삼킬	口	9(水)	水		稔	곡식 익을	禾	13(火)	木
	湮	잠길, 막힐	水	13(火)	水		林	(림) 수풀, 숲	木	8(金)	木
	絪	천지의 기운	糸	12(木)	木	임(土)	臨	(림) 임할, 내려다볼	臣	17(金)	火
	茵	자리, 풀이름	艸	12(木)	木		琳	(림) 아름다운 옥	玉	13(火)	金
	蚓	지렁이	虫	10(水)	水		霖	(림) 장마	雨	16(土)	水
	靭	질길, 부드러울	革	12(木)	金		恁	생각할, 당신	心	10(水)	火
	鞇	가슴걸이	革	13(火)	金		荏	들깨, 누에콩	艸	12(木)	木
	刃	칼날, 병장기	刀	3(火)	金		賃	품팔이, 더부살이	貝	13(火)	金
	璘	옥무늬	玉	17(金)	金						

227

발음오행	한자	뜻	부수	획수오행	자원오행	발음오행	한자	뜻	부수	획수오행	자원오행
	妊	아이 밸	女	7(金)	土		資	재물, 자본	貝	13(火)	金
	姙	아이 밸	女	9(水)	土		姿	맵시, 모습	女	9(水)	土
입(土)	入	들, 넣을	入	2(木)	木		仔	자세할, 새끼	人	5(土)	火
	卄	스물	卄	3(火)	木		磁	지남, 자석	石	15(土)	金
	立	(립)설, 세울	立	5(土)	金		藉	깔개, 빌릴	艸	20(水)	木
	笠	(립)우리, 구리때	竹	11(木)	木		茨	가시나무	艸	12(木)	木
	粒	(립)쌀알	米	11(木)	木		蔗	사탕수수, 맛좋을	竹	17(金)	木
	剩	남을, 더할	刀	12(木)	金		諮	물을, 자문할	言	16(土)	金
잉(土)	仍	인할, 거듭할	人	4(火)	火		孜	힘쓸	子	7(金)	水
	孕	아이 밸, 품을	子	5(土)	水		炙	고기 구울	火	8(金)	火
	芿	새 풀싹	艸	10(水)	木		煮	삶을, 익힐	火	13(火)	火
	字	글자, 글씨	宀	6(土)	木		咨	물을, 탄식할	口	9(水)	水
	慈	사랑, 인자	心	14(火)	火		疵	흠, 결점	疒	10(水)	水
	玆	이에, 검을	玄	10(水)	火		瓷	사기그릇	瓦	11(木)	土
	滋	번성할, 더할	水	14(火)	水		雌	암컷, 쇠약할	隹	13(火)	火
자(金)	自	스스로, 몸소	自	6(土)	木		者	놈, 어조사	老	10(水)	土
	子	아들, 자식	子	3(火)	水		恣	방자할, 멋대로	心	10(水)	火
	姉	손윗누이	女	8(金)	土		刺	찌를, 가시	刀	8(金)	金
	姊	姉의 俗字	女	8(金)	土	작(金)	綽	너그러울, 여유 있을	糸	14(火)	木
	紫	자줏빛	糸	11(木)	木		作	지을, 이룰	人	7(金)	火

발음오행	한자	뜻	부수	획수오행	자원오행	발음오행	한자	뜻	부수	획수오행	자원오행
	昨	어제, 엊그제	日	9 (水)	火		潜	潛의 俗字	水	16 (土)	水
	爵	잔, 작위	爪	17 (金)	金		蠶	누에, 누에 칠	虫	24 (火)	水
	灼	사를, 밝을	火	7 (金)	火		箴	바늘, 경계할	竹	15 (土)	木
	芍	연밥, 함박꽃	艸	9 (水)	木	잡(金)	雜	썩을, 썩일	隹	18 (金)	火
	雀	참새, 공작	隹	11 (木)	火		莊	단정할, 바를	艸	13 (火)	木
작(金)	鵲	까치, 개이름	鳥	19 (水)	火		張	베풀, 넓힐	弓	11 (木)	金
	勺	구기	勹	3 (火)	金		壯	굳셀, 씩씩할	士	7 (金)	木
	嚼	씹을, 맛볼	口	21 (木)	水		璋	구슬, 반쪽 홀	玉	16 (土)	金
	斫	벨, 자를	斤	9 (水)	金		暲	해 돋을, 밝을	日	15 (土)	火
	炸	터질, 폭발할	火	9 (水)	火		奘	클, 튼튼할	大	10 (水)	木
	酌	따를, 취할	酉	10 (水)	金		漳	강이름	水	15 (土)	水
	殘	해칠, 무너질	歹	12 (木)	水	장(金)	狀	형상, 모양, 용모	犬	8 (金)	土
	棧	잔도	木	12 (木)	木		臧	착할, 두터울	臣	14 (火)	火
잔(金)	潺	물 흐르는 소리	水	16 (土)	水		樟	녹나무	木	16 (土)	木
	孱	나약할	子	12 (木)	水		薔	장미꽃	艸	19 (水)	木
	盞	잔, 등잔	皿	13 (火)	金		長	긴, 길이, 오랠	長	8 (金)	木
	暫	감깐, 얼른	日	15 (土)	火		章	글, 문장	立	11 (木)	金
잠(金)	岑	봉우리, 높을, 클	山	7 (金)	土		場	마당, 장소	土	12 (木)	土
	簪	비녀, 빠를	竹	18 (金)	木		將	장수, 나아갈	寸	11 (木)	土
	潛	자맥질할, 잠길	水	16 (土)	水						

229

발음오행	한자	뜻	부수	획수오행	자원오행	발음오행	한자	뜻	부수	획수오행	자원오행
	丈	어른, 길이 단위	一	3 (火)	木		障	막힐, 막을	阜	19 (水)	土
	帳	휘장, 군막	巾	11 (木)	木		腸	창자, 마음	肉	15 (土)	水
	裝	꾸밀, 화장할	衣	13 (火)	木		葬	장사지낼	艸	15 (土)	木
	奬	권면할, 도울	大	14 (火)	木		杖	지팡이, 짚을	木	7 (金)	木
	墻	담장, 경계	爿	16 (土)	土		才	재주, 능할	手	4 (火)	木
	牆	墻와 同字	爿	17 (金)	土		材	재목, 자질	木	7 (金)	木
	粧	단장할	米	12 (木)	木		在	있을, 살필	土	6 (土)	土
	匠	장인, 만들	匚	6 (土)	土		栽	심을	木	10 (水)	木
	庄	전장, 농막	广	6 (土)	木		載	실을, 이길	車	13 (火)	火
	仗	무기, 호위, 의지할	人	5 (土)	火		渽	맑을	水	13 (火)	水
	檣	돛대	木	17 (金)	木		宰	재상, 주관할	宀	10 (水)	木
	獐	노루	犬	15 (土)	土		梓	가래나무, 목공	木	11 (木)	木
	贓	장물, 숨길, 감출	貝	21 (木)	金	재(金)	再	두, 거듭	冂	6 (土)	木
	醬	젓갈, 된장, 간장	酉	18 (金)	金		哉	어조사	口	9 (水)	水
	蔣	줄, 진고	艸	17 (金)	木		財	재물, 처리할	貝	10 (水)	金
	欌	장롱, 의장	木	22 (木)	木		裁	마를, 마름질	衣	12 (木)	木
	漿	미음, 음료	水	15 (土)	水		齋	재계할, 집	齋	17 (金)	土
	掌	손바닥, 솜씨	手	12 (木)	木		滓	앙금, 때	水	14 (火)	水
	藏	감출, 간직할	艸	20 (水)	木		賫	가져올, 보낼	齊	21 (木)	土
	臟	오장, 내장	肉	24 (火)	水		災	재앙, 천벌	火	7 (金)	火

발음오행	한자	뜻	부수	획수오행	자원오행	발음오행	한자	뜻	부수	획수오행	자원오행
재(金)	縡	일(事)	糸	16(土)	木		齟	어긋날	齒	20(水)	金
	錚	쇳소리	金	16(土)	金		咀	씹을, 저주할	口	8(金)	水
쟁(金)	箏	쟁, 13현의 악기	竹	14(火)	木		姐	누이, 교만할	女	8(金)	土
	諍	간할, 다툴	言	15(土)	金		杵	공이, 방망이	木	8(金)	木
	爭	다툴, 분명할	爪	8(金)	火		狙	원숭이, 교활할	犬	9(水)	土
저(金)	著	지을, 분명할	艸	15(土)	木		疽	등창, 종기	疒	10(水)	水
	苧	모시	艸	11(木)	木		詛	저주할, 맹세할	言	12(木)	金
	貯	저축할, 쌓을	貝	12(木)	金		躇	머뭇거릴, 밟을	足	20(水)	土
	佇	기다릴, 오랠	人	7(金)	火		低	밑, 낮을	人	7(金)	火
	儲	쌓을, 버금	人	18(金)	火		底	밑, 그칠	广	8(金)	木
	樗	가죽나무	木	15(土)	木		抵	거스를, 거절할	手	9(水)	木
	渚	물가, 강이름	水	13(火)	水		沮	막을, 방해할	水	9(土)	水
	紵	모시풀, 모시베	糸	11(木)	木		邸	집, 이를	邑	12(木)	土
	菹	채소절임	艸	14(火)	木		滴	물방울, 스밀	水	15(土)	水
	藷	사탕수수, 참마	艸	20(水)	木		迪	나아갈, 이끌	辶	12(木)	土
	猪	돼지	犬	12(木)	土		的	과녁, 표준	白	8(金)	火
	楮	닥나무, 종이	木	13(火)	木	적(金)	赤	붉을, 벌거숭이	赤	7(金)	火
	箸	젓가락, 대통	竹	15(土)	木		適	갈, 이를	辶	18(金)	土
	這	맞이할	辶	13(火)	土		笛	피리, 저	竹	11(木)	木
	雎	물수리, 징경이	隹	13(火)	火		摘	추릴, 연주할	手	15(土)	木

231

발음오행	한자	뜻	부수	획수오행	자원오행	발음오행	한자	뜻	부수	획수오행	자원오행
	寂	고요할, 쓸쓸할	宀	11(木)	木		典	법, 가르침, 맡을	八	8(金)	金
	籍	호적, 문서	竹	20(水)	木		前	앞, 일찍이	刀	9(水)	金
	積	쌓을, 모을	禾	16(土)	木		展	펼, 늘일	尸	10(水)	水
	績	길쌈, 이을	糸	17(金)	木		傳	전할, 말할	人	13(火)	火
	勣	공, 업적	力	13(火)	土		栓	나무못, 빗장	木	10(水)	木
	吊	조상할, 문안할	口	6(土)	水		詮	평론할, 갖출	言	13(火)	金
	荻	물억새	艹	13(火)	木		銓	저울질할	金	14(火)	金
	炙	고기 구을	火	8(金)	火		瑑	옥이름, 귀막이	玉	13(火)	金
	翟	꿩	羽	14(火)	火		甸	경기	田	7(金)	火
	迹	자취, 행적	辵	13(火)	土		塡	메울, 채울	土	13(火)	土
	謫	귀양갈, 유배될	言	18(金)	金		殿	대궐, 전각	殳	13(火)	金
	嫡	정실, 본처	女	14(火)	土		佺	신선이름	人	8(金)	火
	狄	오랑캐	犬	7(金)	土		專	오로지, 전일할	寸	11(木)	土
	鏑	살촉	金	19(水)	金		荃	겨자무침	艹	12(木)	木
	賊	도적, 해칠	貝	13(火)	金		佃	밭갈, 소작인	人	7(金)	火
	跡	발자취, 흔적	足	13(火)	土		剪	자를, 가위	刀	11(木)	金
	敵	대적할, 원수	攴	15(土)	金		塼	벽돌	土	14(火)	土
	蹟	행적, 자취	足	18(金)	土		廛	가게, 터	广	15(土)	木
전(金)	田	밭, 심을	田	5(土)	木		畑	화전	田	9(水)	土
	全	온전할	入	6(土)	土		氈	모전, 양탄자	毛	17(金)	木

발음오행	한자	뜻	부수	획수오행	자원오행	발음오행	한자	뜻	부수	획수오행	자원오행
지(金)	支	가지, 지탱할	支	4(火)	土	직(金)	咫	길이	口	9(水)	水
	鋕	새길, 명심할	金	15(土)	金		枳	탱자나무	木	9(水)	木
	枝	가지, 버틸	木	8(金)	木		漬	담글, 적실	水	15(土)	水
	知	알, 깨달을	矢	8(金)	金		識	표할, (식)인정할	言	19(金)	金
	地	땅, 바탕	土	6(土)	土		贄	폐백	貝	18(金)	金
	沚	물가	水	8(金)	水		芷	구리때, 향기풀 뿌리	艸	10(水)	木
	址	터, 토대	土	7(金)	土		砥	숫돌	石	10(水)	金
	祉	복	示	9(水)	木		肢	사지, 팔다리	肉	10(水)	水
	池	못, 연못	水	7(金)	水		脂	기름, 비계	肉	12(木)	水
	智	슬기, 밝을	日	12(木)	火		蜘	거미	虫	14(火)	水
	志	뜻, 마음	心	7(金)	火		摯	잡을, 극진할	木	15(土)	木
	至	이룰, 지극할	至	6(土)	土		趾	발, 발꿈치	足	11(木)	土
	祗	공경할, 삼갈	示	10(水)	金		持	가질, 잡을	手	10(水)	木
	誌	기록할	言	14(火)	金		止	말, 그칠	止	4(火)	土
	只	다만, 어조사	口	5(土)	水		指	손가락, 가리킬	手	10(水)	木
	之	갈, 이를	丿	4(火)	土		直	곧을, 바를	目	8(金)	木
	紙	종이, 편지	糸	10(水)	木		職	벼슬, 직분	耳	18(金)	火
	遲	늦을, 더딜	辵	19(水)	土		織	짤, 만들	糸	18(金)	木
	旨	맛있을, 아름다울	日	6(土)	火		稙	올벼, 이를	禾	13(火)	木
	芝	지초, 버섯	艸	10(水)	木		稷	기장, 오곡 신	禾	15(土)	木

발음오행	한자	뜻	부수	획수오행	자원오행	발음오행	한자	뜻	부수	획수오행	자원오행
준(金)	峻	높을, 높고클	山	10(水)	土	중(金)	中	가운데, 안쪽	丨	4(火)	土
	浚	깊을, 취할	水	11(木)	水		重	무거울	里	9(水)	土
	晙	밝을, 이를	日	11(木)	火		衆	무리	血	12(木)	水
	焌	불태울	火	11(木)	火		仲	버금, 다음	人	6(土)	火
	准	승인할, 견줄	冫	10(水)	水	즉(金)	卽	곧, 가까울	卩	9(水)	水
	濬	깊을, 개천을 칠	水	18(金)	水	즐(金)	櫛	빗, 빗질, 즐비할	木	19(水)	木
	埈	가파를, 높을	土	10(水)	土	즙(金)	楫	노, 모울	木	13(火)	木
	竣	일마칠, 물러설	立	12(木)	土		葺	기울, 덮을	艹	15(土)	木
	畯	농부, 권농관	田	12(木)	土		汁	진액, 즙	水	6(土)	水
	駿	준마, 뛰어날	馬	17(金)	火	증(金)	曾	일찍, 곧	日	12(木)	火
	雋	영특할, 새 살찔	隹	13(火)	火		增	더할, 많을	土	15(土)	土
	儁	준걸, 훌륭할	人	15(土)	火		證	증거, 증명할	言	19(水)	金
	隼	새매	隹	10(水)	火		贈	줄, 보탤	貝	19(水)	金
	寯	준걸	宀	16(土)	木		甑	시루, 고리	瓦	17(金)	土
	埻	과녁, 살받이터	土	11(木)	土		拯	건질, 구조할	手	10(水)	木
	逡	뒷걸음질 칠	辶	11(木)	土		繒	비단, 명주	糸	18(金)	木
	蠢	꿈틀거릴	虫	21(木)	水		烝	김오를, 찔	火	10(水)	火
	樽	술통	木	16(土)	木		憎	미워할, 미움	心	16(土)	火
	遵	좇을, 순종할	辶	19(水)	土		症	병세	疒	10(水)	水
줄(金)	茁	풀싹, 성할	艹	11(木)	木		蒸	찔, 더울	艹	16(土)	木

발음오행	한자	뜻	부수	획수오행	자원오행	발음오행	한자	뜻	부수	획수오행	자원오행
	挫	꺾을, 결박할	手	11(木)	木		朱	姓, 붉을	木	6(土)	木
죄(金)	罪	허물, 죄	网	14(火)	木		宙	집, 하늘	宀	8(金)	木
	炷	심지	火	9(水)	火		走	달릴, 달아날	走	7(金)	火
	註	주낼, 기록할	言	12(木)	金		酒	술, 냉수	酉	11(木)	金
	珠	구슬, 진주	玉	11(木)	金		晝	낮, 땅이름	日	11(木)	火
	柱	기둥, 버틸	木	9(水)	木		舟	배, 실을	舟	6(土)	木
	周	두루, 구할	口	8(金)	水		住	머무를, 거처할	人	7(金)	火
	株	뿌리, 그루	木	10(水)	木		洲	섬, 물가	水	10(水)	水
	州	고을, 섬	巛	6(土)	水		胄	맏아들, 핏줄	肉	11(木)	水
	週	돌, 주일	辵	15(土)	土		奏	아뢸, 상소	大	9(水)	木
주(金)	遒	굳셀, 다가설	辵	16(土)	土		湊	물모일, 항구	水	13(火)	水
	逎	遒의 俗字	辵	14(火)	土		鑄	쇠 부어만들, 인재를 양성할	金	22(木)	金
	姝	예쁠, 사람이름	女	8(金)	土		疇	밭두둑, 경계	田	19(水)	土
	侏	난쟁이, 광대	人	8(金)	火		駐	머무를	馬	15(土)	火
	做	지을, 만들	人	11(木)	火		呪	빌, 저주	口	8(金)	水
	廚	부엌, 주방	广	15(土)	木		噣	부추길 (촉) 개 부를	口	15(土)	水
	澍	단비, 젖을	水	16(土)	水	죽(金)	竹	대, 피리	竹	6(土)	木
	姝	예쁠, 연약할	女	9(水)	土		粥	姓, 죽, 사물의 모양	米	12(木)	木
	主	주인, 임금	丶	5(土)	木	준(金)	準	법도, 평평할	水	14(火)	水
	注	물댈, 따를	水	9(水)	水		俊	준걸, 뛰어날	人	9(水)	火

발음오행	한자	뜻	부수	획수 오행	자원오행	발음오행	한자	뜻	부수	획수 오행	자원오행
조(金)	粗	거칠, 쓿지 않은 쌀	米	11 (木)	木		種	씨, 혈통	禾	14 (火)	木
	肇	칠, 공격할	聿	14 (火)	火		鐘	쇠북, 종	金	20 (水)	金
	釣	낚시, 낚을, 구할	金	11 (木)	金		倧	한배, 신인	人	10 (水)	禾
	祖	할아비, 근본	示	10 (水)	金		琮	패옥소리	玉	13 (火)	金
	弔	조상할, 서러울	弓	4 (火)	土		淙	물소리	水	12 (木)	水
	鳥	새	鳥	11 (木)	火		棕	종려나무	木	12 (木)	木
	燥	마를	火	17 (金)	火		悰	즐거울	心	12 (木)	火
	操	잡을, 움켜쥘	手	17 (金)	木		綜	모을, 잉아	糸	14 (火)	木
	條	곁가지, 유자나무	木	11 (木)	木		踪	발자취	足	15 (土)	土
족(金)	族	겨레, 모일	方	11 (木)	木		踵	발꿈치, 쫓을, 계승할	足	16 (土)	土
	足	발, 뿌리	足	7 (金)	土		慫	권할, 놀랄	心	15 (土)	火
	簇	모일, 조릿대	竹	17 (金)	木		腫	부스럼, 혹	肉	15 (火)	水
	鏃	살촉	金	19 (水)	金		終	마지막, 다할	糸	11 (木)	木
존(金)	存	있을, 보전할	子	6 (土)	水		從	따를, 허락할	彳	11 (木)	火
	尊	높을, 공경할	寸	12 (木)	木		縱	바쁠, 세로	糸	17 (金)	木
졸(金)	卒	군사, 무리	十	8 (金)	金		璁	패옥소리	玉	16 (土)	金
	拙	서투를, 못날	手	9 (水)	木	좌(金)	佐	도울, 보좌관	人	7 (金)	火
	猝	갑자기, 빠를	犬	11 (木)	土		座	지위, 자리	广	10 (水)	木
종(金)	鍾	쇠북, 시계	金	17 (金)	金		左	도울, 왼, 왼쪽	工	5 (土)	火
	宗	마루, 근원, 높을	宀	8 (金)	木		坐	앉을, 무릎 꿇을	土	7 (金)	土

발음오행	한자	뜻	부수	획수오행	자원오행	발음오행	한자	뜻	부수	획수오행	자원오행
정 (金)	程	한정, 헤아릴	禾	12(木)	木	제 (金)	弟	아우, 동생	弓	7(金)	水
	征	세 받을, 찾을	彳	8(金)	火		第	차례, 집	竹	11(木)	木
	整	정돈할	攴	16(土)	金		帝	임금, 제왕	巾	9(水)	木
	町	밭두둑, 경계	田	7(金)	土		題	표제, 이마	頁	18(金)	火
	呈	드릴, 드러낼	口	7(金)	水		除	계단, 섬돌	阜	15(土)	土
	桯	탁자, 기둥	木	11(木)	木		諸	모든, 말잘할	言	16(土)	金
	珵	패옥, 노리개	玉	12(木)	金		製	지을, 마를	衣	14(火)	木
	妌	단정할	女	8(金)	土		提	들, 끌, 당길	手	13(火)	木
	偵	정탐할, 염탐꾼	人	11(木)	火		際	만날, 어울릴	阜	19(水)	土
	楨	광나무	木	13(木)	木		齊	모두, 엄숙할	齊	14(火)	土
	幀	그림 족자	巾	12(木)	木		濟	건널, 구제할	水	18(金)	水
	鉦	징	金	13(火)	金		悌	공경할, 부드러울	心	11(木)	火
	錠	촛대, 신선로	金	16(土)	金		梯	사닥다리, 층계	木	11(木)	木
	鋌	살촉, 쇳덩이	金	15(土)	金		劑	약 조제할	刀	16(土)	金
	釘	못	金	10(水)	金		薺	냉이	艸	20(水)	木
	鋥	칼을 갈	金	15(土)	金		啼	울, 울부짖을	口	12(火)	水
	穽	함정	穴	9(水)	水		臍	배꼽	肉	20(水)	水
	酊	술 취할	酉	9(水)	金		蹄	올무, 밟을	足	16(土)	土
	霆	천둥소리	雨	15(土)	水		醍	맑은 술	酉	16(土)	金
	綎	띠술	糸	13(火)	木		霽	날씨 갤	雨	22(火)	水
							堤	막을, 방죽	土	12(木)	土

발음오행	한자	뜻	부수	획수오행	자원오행	발음오행	한자	뜻	부수	획수오행	자원오행
	制	절제할, 금할	刀	8(金)	金		詔	가르칠, 고할	言	12(木)	金
	祭	제사, 기고	示	11(木)	木		曹	마을, 무리	日	11(木)	金
	瑅	제당, 옥이름	玉	14(火)	金		遭	만날, 상봉할	辵	18(金)	土
	調	고를, 균형잡힐	言	15(土)	金		棗	대추나무	木	12(木)	木
	造	지을, 만들	辵	14(火)	土		槽	구유, 나무통	木	15(土)	木
	助	도울, 유익할	力	7(金)	土		漕	수레, 홈통	水	15(土)	水
	照	비칠, 빛날	火	13(火)	火		眺	바라볼, 살필	目	11(木)	木
	祚	복, 천자의 자리	示	10(水)	金		俎	도마	人	9(水)	火
	趙	姓, 조나라	走	14(火)	火		璪	면류관 드림옥	玉	18(金)	金
조(金)	組	끈, 짤	糸	11(木)	木		稠	빽빽할, 고를	禾	13(火)	木
	彫	새길, 꾸밀	彡	11(木)	火		糟	전국, 거르지 않은 술	米	17(金)	木
	潮	조수, 밀물	水	16(土)	水		繰	야청빛, (소)고치 켤	糸	19(水)	木
	曺	姓, 마을, 관청	日	10(水)	火		藻	말, 무늬	艹	22(木)	木
	朝	아침, 알현할	月	12(木)	水		蚤	벼룩, 일찍이	虫	10(水)	水
	兆	조짐, 점괘	儿	6(土)	火		躁	성급할, 조급할	足	20(水)	土
	早	새벽, 이를	日	6(土)	火		阻	험할, 걱정할	阜	13(火)	土
	租	구실, 세금	禾	10(水)	木		雕	독수리	隹	16(土)	火
	措	둘, 그만둘	手	12(木)	木		凋	시들, 슬퍼할	冫	10(水)	水
	晁	朝의 古字	日	10(水)	火		嘲	비웃을, 조롱할	口	15(土)	水
	窕	얀존할, 고요할	穴	11(木)	水		爪	손톱, 메뚜기	爪	4(火)	木

발음오행	한자	뜻	부수	획수오행	자원오행	발음오행	한자	뜻	부수	획수오행	자원오행
정 (金)	鄭	姓, 나라이름	邑	19 (水)	土		禎	상서, 행복	示	14 (火)	木
	靖	편안할, 고요할	靑	13 (火)	木		湞	물이름	水	13 (火)	水
	靚	단장할, 정숙할	靑	15 (土)	木		鼎	솥, 늘어질	鼎	13 (火)	火
	訂	바로잡을	言	9 (水)	金		晶	맑을, 빛날	日	12 (木)	火
	婷	예쁠	女	12 (木)	土		晸	해 뜨는 모양	日	12 (木)	火
	淨	깨끗할, 맑을	水	12 (木)	水		珽	옥이름, 옥홀	玉	12 (木)	金
	庭	뜰, 조정	广	10 (水)	木		挺	빼어날, 너그러울	手	11 (木)	木
	井	우물, 샘	二	4 (火)	水		柾	나무 바를	木	9 (水)	木
	正	바를, 바로잡을	止	5 (土)	土		淀	얕은 물, 배댈	水	12 (木)	水
	政	정사, 법규	攵	8 (金)	金		侹	긴 모양, 꼿꼿할	人	9 (水)	火
	定	정할, 반드시	宀	8 (金)	木		旌	기, 밝힐	方	11 (木)	木
	貞	곧을, 정조	貝	9 (水)	金		瀞	맑을	水	20 (水)	水
	精	진실, 깨끗할	米	14 (火)	木		睛	눈동자	目	13 (火)	木
	情	뜻, 마음속	心	12 (木)	火		碇	닻, 배 멈출	石	13 (火)	金
	靜	고요할, 조용할	靑	16 (土)	木		丁	장정, 넷째천간	一	2 (木)	火
	静	靜의 俗字	靑	14 (火)	木		頂	꼭대기, 정수리	頁	11 (木)	火
	渟	물괼, 정지할	水	13 (火)	水		停	머무를, 정해질	人	11 (木)	火
	涏	곧을	水	11 (木)	水		艇	거룻배	舟	13 (火)	木
	汀	물가, 수렁	水	6 (土)	水		諪	조정할	言	16 (土)	金
	珒	옥소리	玉	7 (金)	金		亭	정자, 여인숙	亠	9 (水)	火

발음오행	한자	뜻	부수	획수오행	자원오행	발음오행	한자	뜻	부수	획수오행	자원오행
전(金)	箋	찌지, 글	竹	14 (火)	木		絶	끊을, 뛰어날	糸	12 (木)	木
	輾	구를, 반전할	車	17 (金)	金		切	끊을, 저밀	刀	4 (火)	金
	鈿	비녀	金	13 (火)	金		折	꺾을, 절단할	手	8 (金)	木
	鐫	새길	金	21 (木)	金		癤	부스럼	疒	20 (水)	水
	奠	제사지낼	大	12 (木)	木		竊	훔칠, 도둑	穴	22 (木)	水
	悛	고칠, 중지할	心	11 (木)	火		截	끊을, 다스릴	戈	14 (火)	金
	煎	마음 졸일, 애태울	火	13 (火)	火	점(金)	店	가게, 주막	广	8 (金)	木
	癲	미칠, 지랄병	疒	24 (火)	水		占	점칠, 점	卜	5 (土)	火
	筌	통발	竹	12 (木)	木		點	점, 셀	黑	17 (金)	水
	箭	화살	竹	15 (土)	木		点	點의 俗字	火	9 (水)	火
	纏	얽힐, 묶일	糸	21 (木)	木		漸	번질, 차츰	水	15 (土)	水
	餞	전별할	食	17 (金)	水		鮎	메기	魚	16 (土)	水
	戰	싸울, 경쟁할	戈	16 (土)	金		岾	땅이름	山	8 (金)	土
	電	번개, 전기	雨	13 (禾)	水		霑	젖을	雨	16 (金)	水
	錢	돈	金	16 (土)	金		粘	끈끈할	米	11 (木)	木
	顚	꼭대기, 정수리	頁	19 (水)	火	접(金)	接	사귈, 교차할	手	12 (木)	木
	轉	구를, 회전할	車	18 (金)	火		蝶	나비	虫	15 (土)	水
절(金)	哲	밝을, 총명할	日	11 (木)	火		摺	접을, 주름	手	15 (土)	木
	浙	강이름	水	11 (木)	水	정(金)	炡	빛날	火	9 (水)	火
	節	마디, 절제할	竹	15 (土)	木		廷	조정, 공정할	廴	7 (金)	木

240

발음오행	한자	뜻	부수	획수(오행)	자원오행	발음오행	한자	뜻	부수	획수(오행)	자원오행
진(金)	辰	별이름, 다섯째 지지	辰	7(金)	土		縝	삼실, 촘촘할	糸	16(土)	木
	眞	참, 진실할	目	10(水)	木		瑱	귀막이 옥	玉	15(土)	金
	真	眞의 俗字	目	10(水)	木		秦	진나라, 진벼	禾	10(水)	木
	進	나아갈, 오를	辵	15(土)	土		軫	수레, 기러기발	車	12(木)	火
	禛	복 받을	示	15(土)	木		塡	누를, 진정할	土	13(火)	土
	賑	구휼할, 넉넉할	貝	14(火)	金		抮	잡을, 되돌릴	手	9(金)	木
	鎭	진정할, 편안할	金	18(金)	金		畛	두렁길	田	10(水)	土
	瑨	아름다운 돌	玉	15(土)	金		縉	꽂을, 분홍빛	糸	16(土)	木
	瑨	瑨의 俗字	玉	15(土)	金		臻	이를, 미칠	至	16(土)	土
	璡	옥돌	玉	17(金)	金		蔯	더위질	艸	17(金)	木
	津	나루, 언덕	水	10(水)	水		袗	홑옷	衣	11(木)	木
	振	평고대, 대청	木	11(木)	木		唇	놀랄	口	10(水)	水
	榛	개암나무, 우거질	木	14(火)	木		瞋	성낼, 성한 모양	目	13(火)	水
	診	볼, 진찰할	言	12(木)	金		搢	흔들, 떨칠	手	14(火)	木
	陣	진 칠, 진영	阜	15(土)	土		殄	다할, 죽을	歹	9(金)	水
	陳	늘어놓을	阜	16(土)	土		疹	홍역, 두창	疒	10(水)	水
	珍	보배, 진귀할	玉	10(水)	金		嗔	부릅뜰, 성낼	口	15(土)	木
	晉	나아갈, 억제할	日	10(水)	火		盡	다할, 마칠	皿	14(火)	金
	晋	晉의 俗字	日	10(水)	火		振	떨칠, 떨쳐 일어날	手	11(木)	木
	溱	성할, 많을	水	14(火)	水		震	벼락 칠, 진동할	雨	15(土)	水

241

발음오행	한자	뜻	부수	획수오행	자원오행	발음오행	한자	뜻	부수	획수오행	자원오행
	塵	먼지, 더러울	土	14(火)	土		潗	샘솟을, 물 끓을	水	16(土)	水
	瑱	사람이름	玉	20(水)	金		濈	潗와 同字	氵	16(土)	水
	質	바탕, 근본	貝	15(土)	金		輯	화목할, 모일	車	16(土)	火
	秩	차례, 쌓아올릴	禾	10(水)	木		鏶	금속판	金	20(水)	金
	姪	조카, 처질	女	9(水)	土		緝	낳을, 모을	糸	15(土)	木
	侄	어리석을	人	8(金)	火		執	잡을, 지킬	土	11(木)	土
	帙	책	巾	8(金)	木		澄	맑을	水	16(土)	水
	膣	새살 돋을, 음문	肉	17(金)	水	징(金)	徵	부를, 구할	彳	15(土)	火
질(金)	迭	지나칠	辵	12(木)	土		懲	혼날, 징계할	心	19(水)	火
	桎	속박할, 막힐	木	10(水)	木		且	또, 그 위에	一	5(土)	木
	窒	막을, 찰	穴	11(木)	水		次	버금, 다음	欠	6(土)	火
	叱	꾸짖을, 욕할	口	5(土)	水		車	(거) 수레	車	7(金)	火
	嫉	시기할, 미워할	女	13(火)	土		此	이, 이에	止	6(土)	土
	蛭	거머리	虫	12(木)	水		借	빌릴, 도울	人	10(水)	火
	跌	넘어질	足	12(木)	土	차(金)	差	어긋날, 실수	工	10(水)	火
	疾	병, 근심할	疒	10(水)	水		瑳	깨끗할	玉	15(土)	金
짐(金)	斟	술 따를	斗	13(火)	火		侘	뽐낼	人	9(水)	火
	朕	나	月	10(水)	火		嵯	우뚝 솟을	山	13(火)	土
집(金)	集	모일, 이룰	隹	12(木)	火		磋	갈	石	15(土)	金
	什	물건, 열사람	人	4(火)	火		茶	차, 쓴바귀	竹	12(木)	木

242

발음오행	한자	뜻	부수	획수오행	자원오행	발음오행	한자	뜻	부수	획수오행	자원오행
차(金)	蹉	넘어질, 실패할	足	17(金)	土		澯	물 맑을	氵	17(金)	水
	遮	막을, 가로지를	辵	18(金)	土		饌	반찬, 차릴	食	21(木)	水
	箚	찌를	竹	14(火)	木		竄	숨을, 달아날	穴	18(金)	水
	嗟	탄식할, 감탄할	口	13(火)	水		纘	이을, 모을	糸	25(土)	木
	叉	깍지, 양갈래	叉	3(火)	水		纂	모을, 무늬	糸	20(水)	木
착(金)	着	붙을, 부딪칠	目	12(木)	土		瓚	옥잔, 큰 홀	玉	24(火)	金
	錯	섞일, 버무릴	金	16(土)	金		鑽	뚫을, 송곳	金	27(金)	金
	捉	잡을, 사로잡을	手	11(木)	木		餐	먹을, 새참	食	16(山)	水
	搾	짜낼	手	14(火)	木	찰(金)	刹	사원, 탑	刀	8(金)	金
	窄	좁을, 닥칠	穴	10(水)	水		紮	감을, 맬	糸	11(木)	木
	鑿	뚫을, 끊을	金	28(金)	金		札	편지, 공문서	木	5(土)	木
	齪	악착할	齒	22(木)	金		察	살필, 밝힐	宀	14(火)	木
찬(金)	粲	선명할, 깨끗할	米	13(火)	木		擦	비빌, 문지를	手	18(金)	木
	贊	도울, 밝힐	貝	19(水)	金	참(金)	參	참여할, (삼)셋	厶	11(木)	火
	賛	贊의 俗字	貝	15(土)	金		慚	부끄러울	心	15(土)	火
	讚	밝을, 도울	言	26(土)	金		慙	慚와 同字	心	15(土)	火
	讃	讚의 俗字	言	22(木)	金		慘	참혹할, 슬플	心	15(土)	火
	撰	갖출, 가릴	手	16(土)	木		僭	참람할, 범할	人	14(火)	火
	燦	빛날, 찬란할	火	17(金)	火		塹	구덩이 팔	土	14(火)	土
	璨	옥빛, 찬란할	玉	18(金)	金		憯	슬퍼할, 참혹할	心	16(土)	火

243

발음오행	한자	뜻	부수	획수오행	자원오행	발음오행	한자	뜻	부수	획수오행	자원오행
	懺	뉘우칠	心	21(木)	火		娼	창녀	女	11(木)	土
	斬	벨, 끊어질	斤	11(木)	金		愴	슬퍼할, 어지러울	心	14(火)	火
	站	우두커니 설	立	10(水)	金		槍	창, 어지럽할	木	14(火)	木
	讒	참소할, 해칠	言	24(火)	金		漲	물 부를, 가릴	水	15(土)	水
	懺	뉘우칠, 비결	言	24(火)	金		猖	어지러울, 날뛸	犬	11(木)	土
	昌	창성할, 착할	日	8(金)	火		瘡	부스럼, 종기	疒	15(土)	水
	昶	밝을, 통할	日	9(水)	火		脹	배부를, 창자	肉	14(火)	水
	彰	밝을, 뚜렷할	彡	14(火)	火		采	캘, 선택할	采	8(金)	木
	敞	높을, 드러날	攴	12(木)	金		彩	채색, 빛날	彡	11(木)	火
	蒼	푸를, 무성할	艸	16(土)	木		菜	나물, 반찬	艸	14(火)	木
	滄	강이름, 싸늘할	水	14(火)	水		採	가려낼, 캘	手	12(木)	木
	暢	펼, 통할	日	14(火)	火		埰	영지, 무덤	土	11(木)	土
창(金)	唱	노래할, 인도할	口	11(木)	水	채(金)	寀	동관, 녹봉	宀	11(木)	木
	窓	창, 굴뚝	穴	11(木)	水		蔡	거북, 채나라	艸	17(金)	木
	菖	창포	艸	14(火)	木		綵	비단, 무늬	糸	14(火)	木
	艙	선창, 선실	舟	16(土)	木		寨	울타리	宀	14(火)	木
	倉	창고, 곳집	人	10(水)	火		砦	울타리	石	10(水)	金
	創	비롯할, 만들	刀	12(木)	金		釵	비녀, 인동덩굴	金	11(木)	金
	廠	헛간, 곳집	广	15(土)	木		債	빚, 빚질, 빌릴	人	13(火)	火
	倡	기생, 가무	人	10(水)	火	책(金)	責	꾸짖을, 책임	貝	11(木)	金

발음오행	한자	뜻	부수	획수오행	자원오행	발음오행	한자	뜻	부수	획수오행	자원오행
책(金)	策	꾀, 채찍	竹	12(木)	木		隻	새 한 마리, 한쪽	隹	10(水)	火
	柵	목책, 잔교	木	9(水)	木		擲	던질, 버릴	手	19(水)	木
	冊	책, 문서	冂	5(土)	木		刺	찌를, 가시	刀	8(金)	金
	册	冊과 同字	冂	5(土)	木		拓	주울, 부러뜨릴	手	9(水)	木
처(金)	妻	아내	女	8(金)	土		千	일천, 많을	十	3(火)	水
	處	살, 곳	虍	11(木)	土		天	하늘, 조물주	大	4(火)	火
	悽	슬플, 아플	心	12(木)	火		川	내, 굴	川	3(火)	水
	凄	쓸쓸할, 차가울	冫	10(水)	水		泉	샘	水	9(水)	水
척(金)	陟	오를, 나아갈	阜	15(土)	土	천(金)	仟	일천	人	5(土)	火
	尺	자, 법도	尸	4(火)	木		阡	언덕, 두렁길	阜	11(木)	火
	斥	물리칠, 지적할	斤	5(土)	金		踐	밟을, 실천할	足	15(土)	土
	戚	겨레, 도끼	戈	11(木)	金		薦	천거할	艸	19(水)	木
	坧	기지, 터	土	8(金)	土		玔	옥고리, 옥팔찌	玉	8(金)	金
	剔	뼈 바를, 깎을	刀	10(水)	金		闡	열, 넓힐	門	20(水)	木
	慽	근심할, 슬플	心	15(土)	火		韆	그네	韋	24(火)	金
	倜	대범할, 뛰어날	人	10(水)	火		穿	뚫을, 구멍	穴	9(水)	水
	滌	씻을, 헹굴	水	15(土)	水		舛	어그러질 어수선할	舛	6(土)	木
	瘠	여윌, 파리할	疒	15(土)	水		釧	팔찌	金	11(木)	金
	脊	등뼈	肉	12(木)	水		喘	헐떡거릴, 숨	口	12(木)	水
	蹠	밟을, 나아갈	足	18(金)	土		擅	멋대로, 맘대로	手	17(金)	木

발음오행	한자	뜻	부수	획수오행	자원오행	발음오행	한자	뜻	부수	획수오행	자원오행
	淺	얕을, 옅을	水	12(木)	水		諂	아첨할	言	15(土)	金
	賤	천할, 흔할	貝	15(土)	金		簽	쪽지, 서명할	竹	19(水)	木
	遷	옮길, 바뀔	辶	19(水)	土		尖	뾰족할	小	6(土)	金
철(金)	哲	밝을, 슬기로울	口	10(水)	水	첩(金)	帖	표제, 문서	巾	8(金)	木
	喆	밝을, 쌍길	口	12(木)	水		捷	이길, 첩서	手	12(木)	木
	澈	물 맑을	水	16(土)	水		牒	글씨판, 계보	片	13(火)	木
	徹	통할, 환할	彳	15(土)	火		堞	성가퀴	土	12(木)	土
	撤	걷을, 치울	手	16(土)	木		疊	겹칠, 포갤	田	22(木)	土
	轍	바퀴자국, 흔적	車	19(水)	火		睫	속눈썹	目	13(火)	木
	綴	맺을, 잇댈	糸	14(火)	木		諜	염탐할, 안심할	言	16(土)	金
	凸	볼록할	凵	5(土)	水		貼	붙을, 접근할	貝	12(木)	金
	輟	그칠, 꿰맬	車	15(土)	火		輒	문득, 갑자기	車	14(火)	火
	鐵	검은쇠, 단단할	金	21(木)	金		妾	첩, 계집종	女	8(金)	土
첨(金)	添	더할, 덧붙일	水	12(木)	水	청(金)	靑	푸를, 젊을 (靑과 同字)	靑	8(金)	木
	僉	여럿, 고를	人	13(火)	火		淸	맑을, 선명할 (淸과 同字)	水	12(木)	水
	瞻	쳐다볼, 우러러볼	目	18(金)	木		晴	갤(晴과 同字)	日	12(木)	火
	沾	더할, 첨가할	水	9(水)	水		請	청할, 뵈올 (請과 同字)	言	15(土)	金
	甛	달, 만날	甘	11(木)	土		聽	들을, 받들	耳	22(木)	火
	籤	제비, 시험할	竹	23(火)	木		廳	관청, 대청	广	25(土)	木
	詹	이룰, 도달할	言	13(火)	金		菁	우거질, 화려할	艸	14(火)	木

발음 오행	한자	뜻	부수	획수 오행	자원 오행	발음 오행	한자	뜻	부수	획수 오행	자원 오행
청(金)	鯖	청어	魚	19(水)	水		蕉	파초, 땔나무	艸	18(金)	木
	體	몸, 사지, 모양	骨	23(火)	金		楚	모형(牡荊), 가시나무	木	13(火)	木
	替	쇠퇴할	日	12(木)	火		招	부를, 손짓할	手	9(水)	木
	締	맺을, 연결할	糸	15(土)	木		椒	산초나무, 향기로울	木	12(木)	木
	諦	살필, 조사할	言	16(土)	金		稍	볏줄기 끝, 작을	禾	12(木)	木
체(金)	遞	갈아들, 교대로	辶	17(金)	土		苕	갈대이삭	艸	11(木)	木
	切	온통, (절)끊을	刀	4(火)	金		貂	담비	豸	12(木)	水
	剃	머리 깎을	刀	9(水)	金		酢	초, 신맛 나는	酉	12(木)	金
	涕	눈물, 울	水	11(木)	水		剿	노곤할, 괴로워할	刀	13(火)	金
	滯	막힐, 빠질	水	15(土)	水		哨	망볼, 작을	口	10(水)	水
	逮	이를, 잡을	辶	15(土)	土		憔	수척할, 애태울	心	16(土)	火
	初	처음, 비롯할	刀	7(金)	金		梢	나무 끝, 꼬리	木	11(木)	木
	草	풀, 초원	艸	12(木)	木		炒	볶을, 시끄러울	火	8(金)	火
	艸	草의 本字	艸	6(土)	木		礁	물 잠긴 바위	石	17(金)	金
	肖	닮을, 본받을	肉	9(水)	水		秒	초, 미묘할	禾	9(水)	木
초(金)	超	뛰어넘을, 지나갈	走	12(木)	火		醋	초, 식초	酉	15(土)	金
	抄	가릴, 베낄	手	8(金)	木		醮	제사 지낼	酉	19(水)	金
	礎	주춧돌	石	18(金)	金	촉(金)	促	재촉할, 다가올	人	9(水)	火
	樵	땔나무, 나무할	木	16(土)	木		囑	부탁할, 맡길	口	24(火)	水
	焦	그을릴, 탤	火	12(木)	火		矗	우거질, 무성할	目	24(火)	木

발음오행	한자	뜻	부수	획수오행	자원오행	발음오행	한자	뜻	부수	획수오행	자원오행
	燭	촛불, 등불	火	17(金)	火		崔	姓, 높을	山	11(木)	土
	觸	닿을, 범할	角	20(水)	木		秋	가을, 결실	禾	9(水)	木
	蜀	나라이름	虫	13(火)	水		追	쫓을, 따를	辵	13(火)	土
	寸	마디, 헤아릴	寸	3(火)	木		推	천거할, 받들	手	12(木)	木
촌(金)	村	마을, 시골	木	7(金)	木		楸	가래나무, 개오동	木	13(火)	木
	忖	헤아릴, 쪼갤	心	7(金)	火		樞	문지도리	木	15(土)	木
	邨	시골, 마을	邑	11(木)	土		鄒	나라이름	邑	17(金)	土
	聰	귀밝을, 민첩할	耳	17(金)	火		錘	저울눈, 마치	金	16(土)	金
	聡	聰과 同字	耳	14(火)	火		錐	송곳, 바늘	金	16(土)	金
	蔥	파, 부들	艸	17(金)	木		抽	뽑을, 뺄	手	9(水)	木
	總	거느릴, 합할	糸	17(金)	木	추(金)	醜	추할, 미워할	酉	17(金)	金
총(金)	寵	사랑할, 은혜	宀	19(火)	木		湫	다할, 바닥날	水	13(火)	水
	叢	모일, 번잡할	又	18(金)	水		墜	떨어질, 잃을	土	15(土)	土
	銃	총	金	14(火)	金		椎	몽치, 망치	木	12(木)	木
	塚	무덤, 산꼭대기	土	13(火)	土		皺	주름	皮	15(土)	金
	悤	바쁠, 급할	心	11(木)	火		芻	꼴, 말린 풀	艸	10(水)	木
	憁	바쁠	心	15(土)	火		萩	사철쑥	艸	15(土)	木
찰(金)	撮	취할, 모을	手	16(土)	木		諏	꾀할, 물을	言	15(土)	金
최(金)	最	가장, 극진할	曰	12(木)	水		趨	달릴, 빨리 갈	走	17(金)	土
	催	재촉할, 일어날	人	13(火)	火		酋	묵은 술, 숙성할	酉	9(水)	金

248

발음오행	한자	뜻	부수	획수오행	자원오행	발음오행	한자	뜻	부수	획수오행	자원오행
추(金)	鎚	쇠망치, 칠	金	18(金)	金	출(金)	出	날, 낳을	凵	5(土)	土
	雛	병아리, 큰새	隹	18(金)	火		朮	차조	木	5(土)	木
	騶	기사, 승마	馬	20(水)	火		黜	물리칠, 물러날	黑	17(金)	水
	鰍	미꾸라지	魚	20(水)	水	충(金)	充	가득할, 채울	儿	5(土)	木
축(金)	蓄	쌓을, 모을	艸	16(土)	木		忠	충성, 곧을	心	8(金)	火
	丑	소, 축시	一	4(火)	土		珫	귀고리	玉	11(木)	金
	祝	빌, 기원할	示	10(水)	金		沖	빌, 공허할	水	8(金)	水
	畜	쌓을, 모을	田	10(水)	土		冲	沖의 俗字	冫	6(土)	水
	竺	대나무, 나라이름	竹	8(金)	木		衷	속마음, 가운데	衣	10(水)	木
	筑	악기이름	竹	12(木)	木		蟲	벌레	虫	18(金)	水
	蹙	대어들, 쫓을	足	18(金)	土		虫	蟲의 略字	虫	6(土)	水
	蹴	찰, 밟을	足	19(水)	土		衝	찌를, 향할	行	15(土)	火
	築	쌓을, 집지을	竹	16(土)	木	췌(金)	萃	모일, 이를	艸	14(火)	木
	逐	쫓을, 물리칠	辵	14(火)	土		膵	췌장	肉	18(金)	水
	縮	다스릴, 옮을	糸	17(金)	木		悴	파리할, 근심할	心	12(木)	火
	軸	굴대	車	12(木)	火		贅	혹, 군더더기	貝	18(金)	水
춘(金)	春	봄, 화할	日	9(水)	火	취(金)	取	취할, 도울	又	8(金)	水
	椿	참죽나무	木	13(火)	木		就	이룰, 나아갈	尢	12(木)	土
	瑃	옥이름	玉	14(火)	金		翠	물총새(암컷), 비취색	羽	14(火)	火
	賰	넉넉할	貝	16(土)	金		聚	모일, 무리	耳	14(火)	火

발음오행	한자	뜻	부수	획수오행	자원오행	발음오행	한자	뜻	부수	획수오행	자원오행
	炊	불땔	火	8 (金)	火		雉	꿩, 폐백	隹	13 (火)	火
	趣	나아갈, 주장할	走	15 (土)	火		馳	달릴, 쫓을	馬	13 (火)	火
	嘴	부리, 주둥이	口	15 (土)	水		幟	표기(標旗), 표적	巾	15 (土)	木
	娶	장가들	女	11 (木)	土		梔	치자나무	木	11 (木)	木
	脆	무를, 약할	肉	12 (木)	水		穉	어릴	禾	16 (土)	木
	驟	달릴, 신속할	馬	24 (火)	火		輜	짐수레	車	17 (金)	火
	鷲	독수리	鳥	23 (火)	火		侈	사치할, 거만할	人	8 (金)	火
	吹	불, 부추길	口	7 (金)	火		嗤	웃을, 비웃을	口	13 (火)	水
	臭	냄새, 썩을	自	10 (水)	水		淄	검은빛	水	12 (木)	水
	醉	술 취할	酉	15 (土)	金		痔	치질	疒	11 (木)	水
측(金)	測	헤아릴, 잴	水	13 (火)	水		緇	검은 비단, 승복	糸	14 (火)	木
	側	곁, 옆	人	11 (木)	火		癡	어리석을	疒	19 (水)	水
	仄	기울, 우뚝 솟을	人	4 (火)	火		痴	癡의 俗字	疒	13 (火)	水
	厠	뒷간, 기울, 섞일	厂	11 (木)	木		緻	밸, 꿰맬	糸	15 (土)	木
	惻	슬퍼할	心	13 (火)	火		蚩	어리석을	虫	10 (水)	水
층(金)	層	계단, 층	尸	15 (土)	木		齒	나이, 이	齒	15 (土)	金
치(金)	治	다스릴, 다듬을	水	9 (水)	水		値	값, 가치	人	10 (水)	火
	致	이룰, 다할	至	10 (水)	土		置	둘, 버릴, 베풀	罒	14 (火)	木
	稚	어린 벼, 늦을	禾	13 (火)	木		恥	부끄러울, 욕될	心	10 (水)	火
	峙	언덕, 우뚝 솟을	山	9 (水)	土		熾	성할, 기세 왕성할	火	16 (土)	火

발음오행	한자	뜻	부수	획수오행	자원오행	발음오행	한자	뜻	부수	획수오행	자원오행
칙(金)	則	법칙, 본받을	刀	9(水)	金		夬	괘이름, 터놓을	木	4(火)	木
	勅	조서, 타이를	力	9(水)	土		他	남, 누구	人	5(土)	火
	飭	경계할, 정비할	食	13(火)	水		打	칠, 때릴	手	6(土)	木
친(金)	親	일가, 몸소	見	16(土)	火		妥	온당할, 편히 앉을	女	7(金)	土
칠(金)	七	일곱	一	7(金)	金		墮	떨어질, 잃을	土	15(土)	土
	漆	옻칠할	水	15(土)	水		拖	끌, 풀어놓을	手	9(水)	木
	柒	옻나무, 옻칠	木	9(水)	木		朶	늘어질	木	6(土)	木
침(金)	琛	보배	玉	13(火)	金	타(火)	楕	길쭉할	木	13(火)	木
	砧	다듬잇돌	石	10(水)	金		舵	키	舟	11(木)	木
	鍼	침놓을, 경계할	金	17(金)	金		馱	태울, 실을	馬	13(火)	火
	針	침, 바늘	金	10(水)	金		駝	낙타, 타조	馬	15(土)	火
	浸	담글, 잠길	水	11(木)	水		咤	꾸짖을, 슬퍼할	口	9(水)	水
	寢	방, 잠잘	宀	14(火)	木		唾	침뱉을	口	11(木)	水
	沈	잠길, 가라앉을	水	8(金)	水		惰	게으를, 소홀할	心	13(火)	火
	枕	베개, 잠잘	木	8(金)	木		陀	비탈질, 험할	阜	13(火)	土
	侵	범할, 침노할	人	9(水)	火		柝	열, 펼칠	木	9(金)	木
칩(金)	蟄	동면할, 숨을	虫	17(金)	水	탁(火)	卓	높을, 뛰어날	十	8(金)	木
칭(金)	稱	일컬을, 칭찬할	禾	14(火)	木		倬	클, 환할	人	10(水)	火
	秤	저울	禾	10(水)	木		琸	사람이름	玉	13(火)	金
쾌(木)	快	쾌할, 상쾌할	心	8(金)	火		晫	환할, 밝을	日	12(木)	火

발음오행	한자	뜻	부수	획수 오행	자원오행	발음오행	한자	뜻	부수	획수 오행	자원오행
	託	부탁할, 맡길	言	10 (水)	金		憚	꺼릴, 협박할	心	16 (土)	火
	度	헤아릴, 법도	广	9 (水)	木		綻	터질	糸	14 (火)	木
	琢	다듬을, 쫄	玉	13 (火)	金	탈 (火)	脫	벗을	肉	13 (火)	水
	拓	밀칠, 넓힐	手	9 (水)	木		奪	잃어버릴, 빼앗길	大	14 (火)	木
	啄	쫄, 두드릴	口	11 (木)	水		耽	즐길, 누릴	耳	10 (水)	火
	坼	터질, 퍼질	土	8 (金)	土	탐 (火)	探	찾을, 정탐	手	12 (木)	木
	擢	뽑을, 제거할	手	18 (金)	木		貪	탐할, 욕심낼	貝	11 (木)	金
	鐸	목탁, 방울	金	21 (木)	金		眈	노려볼	目	9 (金)	木
	濁	흐릴, 물이름	水	17 (金)	水	탑 (火)	塔	탑, 절	土	13 (火)	土
	托	밀, 밀어서 열	手	7 (金)	木		榻	걸상	木	14 (火)	木
	濯	씻을, 빛날	水	18 (金)	水		湯	물 끓일	水	13 (火)	水
	坦	너그러울, 평평할	土	8 (金)	土	탕 (火)	帑	금고, 새 꼬리	巾	8 (金)	木
	誕	태어날, 기를	言	14 (火)	金		糖	(당)사탕, 엿	米	16 (土)	木
	炭	불똥, 숯	火	9 (水)	火		蕩	씻어버릴	艸	18 (金)	木
탄 (火)	吞	감출, 삼킬	口	7 (金)	水		宕	방탕할	宀	8 (金)	木
	灘	여울, 물가	水	23 (火)	水		太	클	大	4 (火)	木
	歎	한숨 쉴, 감탄할	欠	15 (土)	金	태 (火)	泰	클, 넉넉할	水	9 (水)	水
	彈	탄알	弓	15 (土)	金		兌	바꿀, 기쁠	儿	7 (金)	金
	嘆	탄식할, 한숨 쉴	口	14 (火)	水		台	별, 기를	口	5 (土)	水
							胎	아이 밸	肉	11 (木)	水

발음오행	한자	뜻	부수	획수오행	자원오행	발음오행	한자	뜻	부수	획수오행	자원오행
태(火)	邰	태나라	邑	12(木)	土	통(火)	統	거느릴, 실마리	糸	12(木)	木
	態	태도, 모양	心	14(火)	火		痛	상할, 원통할	疒	12(木)	水
	怠	게으를, 느릴	心	9(水)	火		桶	통	木	11(木)	木
	殆	위태로울	歹	9(水)	水		筒	대롱	竹	12(木)	木
	汰	사치할, 흐릴	水	8(金)	水		慟	서럽게 울	心	15(土)	火
	苔	이끼	艸	11(木)	木		洞	(동)골짜기	水	10(水)	水
	笞	볼기 칠	竹	11(木)	木	퇴(火)	退	물러갈, 그만둘	辵	13(火)	土
	跆	밟을, 유린할	足	12(木)	土		堆	언덕, 쌓일	土	11(木)	土
	颱	태풍	風	14(火)	木		槌	망치, 던질	木	14(火)	木
택(火)	宅	집, 정할	宀	6(土)	木		腿	넓적다리, 정강이	肉	15(土)	水
	澤	윤택할, 덕택	水	17(金)	水		頹	무너질, 기울	頁	16(土)	火
	擇	가릴, 고를	手	17(金)	木	투(火)	投	던질, 줄	手	8(金)	木
	垞	언덕	土	9(水)	土		透	통할, 사무칠	辵	14(火)	土
탱(火)	撑	버팀목	手	16(土)	木		鬪	싸울, 다툴	鬥	20(水)	金
터(火)	攄	펼	手	19(金)	木		套	덮개	大	10(水)	木
토(火)	土	흙, 땅, 뿌리	土	3(火)	土		妬	강샘할	女	8(金)	土
	兎	토끼	儿	7(金)	木		偸	훔칠	人	11(木)	火
	討	칠, 밝힐, 다스릴	言	10(水)	金	특(火)	特	특별할, 수컷	牛	10(水)	土
	吐	토할	口	6(水)	水		慝	사특할, 간사할	心	15(土)	火
	通	통할, 뚫을	辵	14(火)	土	틈(火)	闖	엿볼	門	18(金)	木

발음오행	한자	뜻	부수	획수오행	자원오행	발음오행	한자	뜻	부수	획수오행	자원오행
파(水)	波	물결, 물결 일	水	9(水)	水		坂	비탈, 둑	土	7(金)	土
	派	물갈래, 보낼	水	10(水)	水		瓣	외씨, 꽃잎	瓜	19(水)	木
	琶	비파	玉	13(火)	金		辦	힘쓸, 갖출	辛	16(土)	金
	芭	파초, 꽃	艸	10(水)	木		鈑	금박	金	12(木)	金
	巴	땅이름	己	4(火)	土		版	널, 조각	片	8(金)	木
	坡	고개, 제방	土	8(金)	土	팔(水)	八	여덟	八	8(金)	金
	杷	비파나무	木	8(金)	木		叭	입벌릴, 나팔	口	5(土)	水
	婆	할미	女	11(木)	土		捌	깨뜨릴	手	11(木)	木
	擺	열릴, 배열할	手	19(水)	木	패(水)	貝	조개, 자재	貝	7(金)	金
	播	뿌릴, 퍼뜨릴	手	16(土)	木		浿	물이름, 물가	水	11(木)	水
	罷	파할, 내칠	网	16(土)	木		佩	찰, 노리개	人	8(金)	火
	頗	자못, 비뚤어질	頁	14(火)	火		牌	호적, 방패	片	12(木)	木
	破	깨트릴, 다할	石	10(水)	金		唄	찬불(讚佛)	口	10(水)	水
	把	잡을, 헤칠	手	8(金)	木		沛	늪, 습지	水	8(金)	水
	爬	긁을, 잡을	瓜	8(金)	木		狽	이리	犬	11(木)	土
	跛	절뚝발이	足	12(木)	土		稗	피, 일년초 열매	禾	13(火)	木
판(水)	判	판단할, 나눌	刀	7(金)	金		悖	어그러질	心	11(木)	火
	板	널빤지	木	8(金)	木		敗	깨뜨릴	攴	11(木)	金
	販	무역할, 장사	貝	11(木)	金		霸	으뜸, 우두머리	雨	19(水)	金
	阪	산비탈, 언덕	阜	12(木)	土	팽(水)	烹	삶을	火	11(木)	火

발음 오행	한자	뜻	부수	획수 오행	자원 오행	발음 오행	한자	뜻	부수	획수 오행	자원 오행
팽(水)	膨	부풀	肉	18 (金)	水	폄(水)	貶	떨어뜨릴, 낮출	貝	12 (木)	金
	彭	姓, 땅이름	彡	12 (木)	火	폐(水)	嬖	사랑할, 친압할	女	16 (土)	土
	澎	물소리, 물결 부딪는 기세	水	16 (土)	水		廢	폐할, 부서질	广	15 (土)	木
편(水)	遍	두루	辵	16 (土)	土		弊	해질, 곤할	廾	15 (土)	水
	便	편안할, 소식	人	9 (水)	火		蔽	덮을, 숨길	艸	18 (金)	木
	篇	책 편찬할	竹	15 (土)	木		幣	비단, 재물	巾	15 (土)	木
	編	얽을, 엮을	糸	15 (土)	木		陛	섬돌	阜	15 (土)	土
	扁	치우칠, 넓적할	戶	9 (水)	木		閉	닫을, 마칠	門	11 (木)	木
	偏	치우칠, 편벽될	人	11 (木)	火		肺	허파, 부아	肉	10 (水)	水
	翩	빨리 날, 나부낄	羽	15 (土)	火		吠	개가 짖을	口	7 (金)	水
	片	조각, 쪼갤	片	4 (火)	木		斃	넘어질, 쓰러질	攴	18 (金)	金
	鞭	채찍, 매질할	革	18 (金)	金	포(水)	布	베, 돈	巾	5 (土)	木
	騙	속일, 기만할	馬	19 (水)	火		抱	안을, 품을	手	9 (水)	木
평(水)	平	평탄할, 화평할	干	5 (土)	木		包	쌀 꾸러미	勹	5 (土)	金
	評	의논, 헤아릴	言	12 (木)	金		胞	태보	肉	11 (木)	水
	坪	평평할, 면적 단위	土	8 (金)	土		浦	물가, 개	水	11 (木)	水
	枰	바둑판, 장기판	木	9 (水)	木		捕	사로잡을	手	11 (木)	木
	泙	물소리	水	9 (金)	水		葡	포도, 나라이름	艸	15 (土)	木
	萍	부평초, 개구리밥	艸	14 (火)	木		褒	도포, 칭찬할	衣	15 (土)	木
팍(水)	愎	어긋날, 괴팍할	心	13 (火)	火		砲	돌 쇠뇌, 큰 대포	石	10 (水)	金

발음오행	한자	뜻	부수	획수오행	자원오행	발음오행	한자	뜻	부수	획수오행	자원오행
	鋪	펼, 늘어놓을	金	15(土)	金		幅	폭, 넓이	巾	12(木)	木
	佈	펼	人	7(金)	火		曝	쬘	日	19(水)	火
	飽	배부를, 가득 찰	食	14(火)	水		瀑	폭포, 소나기	水	19(水)	水
	蒲	부들, 왕골	艸	16(土)	木		輻	바퀴살	車	16(土)	火
	匍	길, 힘다할	勹	9(水)	木		爆	폭발할, 불길 셀	火	19(水)	火
	匏	바가지	勹	11(木)	木		表	겉, 거죽	衣	9(水)	木
	哺	먹을	口	10(水)	水		票	쪽지, 문서	示	11(木)	火
	圃	밭, 넓을	口	10(水)	水		標	표할, 적을	木	15(土)	木
	袍	웃옷, 핫옷	衣	11(木)	木		漂	뜰, 움직일	水	15(土)	水
	鮑	절인 어물	魚	16(土)	水		杓	자루, 별이름	木	7(金)	木
	咆	성을 낼	口	8(金)	水		驃	표절따	馬	21(木)	火
	怖	두려워할	心	9(水)	火	표(水)	俵	나누어줄	人	10(水)	火
	抛	던질, 내버릴	手	8(金)	木		彪	범무늬	彡	11(木)	火
	暴	사나울, 해롭게 할	日	15(土)	火		豹	표범	豸	10(水)	水
	泡	거품, 성할	水	9(水)	水		飇	폭풍, 회오리바람	風	21(木)	木
	疱	천연두	疒	10(水)	水		飄	질풍, 회오리바람	風	20(水)	木
	脯	포	肉	13(火)	水		慓	재빠를, 날랠	心	15(土)	火
	苞	그령, 뿌리	艸	11(木)	木		剽	빠를, 사나울	刀	13(火)	金
	逋	달아날	辵	14(火)	土		瓢	박, 표주박	瓜	16(土)	木
폭(水)	暴	사나울, 햇빛쪼일	日	15(土)	火	품(水)	品	물건, 품수	口	9(水)	水

발음오행	한자	뜻	부수	획수오행	자원오행	발음오행	한자	뜻	부수	획수오행	자원오행
품(水)	稟	줄, 내려줄	禾	13(火)	木		苾	향기로울, 풀이름	艸	11(木)	木
풍(水)	風	바람, 풍속	風	9(水)	木		馝	향내 날	香	14(火)	木
	楓	단풍나무	木	13(火)	木		畢	마칠, 편지	田	11(木)	土
	豐	풍년, 무성할	豆	18(金)	木		泌	샘물 흐르는 모양	水	9(水)	水
	豊	豐의 俗字	豆	13(火)	木		珌	칼장식 옥	玉	10(水)	金
	諷	풍자할	言	16(土)	金		鉍	창자루	金	13(火)	金
	馮	姓, 탈, 오를	馬	12(木)	火	핍(水)	乏	가난할, 고달플	丿	5(土)	金
피(水)	皮	가죽, 거죽	皮	5(土)	金		逼	닥칠, 위협할	辶	16(土)	土
	彼	저것, 저	彳	8(金)	火	하(土)	賀	하례할, 경사	貝	12(木)	金
	疲	피곤할	疒	10(水)	水		何	어찌, 무엇	人	7(金)	火
	被	이불, 받을	衣	11(木)	木		河	강물, 운하	水	9(水)	水
	避	피할, 숨을	辶	20(水)	土		荷	연꽃, 더할	艸	13(火)	木
	披	나눌, 쪼갤	手	9(水)	木		昰	여름(夏의 古字)	日	9(水)	火
	陂	비탈, 고개	阜	12(木)	土		下	아래, 내릴	一	3(火)	水
필(水)	仏	점잖을, 나란히 할	人	7(金)	火		夏	나라이름, 여름	夊	10(水)	火
	疋	필, 바를	疋	5(土)	土		霞	노을, 안개	雨	17(金)	水
	必	반드시, 오로지	心	5(土)	火		瑕	티, 잘못	玉	14(火)	金
	匹	필(疋), 짝	匚	4(火)	水		蝦	새우	虫	15(土)	水
	筆	붓, 쓸	竹	12(木)	木		鰕	새우, 도롱뇽	魚	20(水)	水
	弼	도울, 도지개	弓	12(木)	金		遐	멀리할, 멀	辶	16(土)	土

발음오행	한자	뜻	부수	획수오행	자원오행	발음오행	한자	뜻	부수	획수오행	자원오행
	廈	큰집, 처마	广	13(火)	木		恨	한할, 뉘우칠	心	10(水)	火
	厦	廈의 俗字	厂	12(木)	木		旱	가물, 물없을	日	7(金)	火
	學	배울, 공부	子	16(土)	水	할(土)	割	나눌	刀	12(木)	金
	学	學의 俗字	子	8(金)	水		轄	수레소리, 관장할	車	17(金)	火
학(土)	鶴	두루미, 학	鳥	21(木)	火		咸	다, 모두	口	9(水)	水
	壑	산골짜기, 도랑	土	17(金)	土		含	머금을, 용납할	口	7(金)	水
	虐	사나울, 해칠	虍	9(水)	木		函	상자, 편지	凵	8(金)	木
	謔	희롱거릴	言	17(金)	金		涵	젖을, 잠길	水	12(木)	水
	韓	한나라, 한국	韋	17(金)	金		鹹	짤, 소금	鹵	20(水)	水
	漢	한수, 은하수	水	15(土)	水	함(土)	喊	소리, 다물	口	12(木)	水
	汗	땀, 물 질펀할	水	7(金)	水		緘	봉할, 새끼	糸	15(土)	木
	澣	빨래할, 열흘	水	17(金)	水		啣	재갈, 머금을	口	11(木)	水
	瀚	넓고 큰 모양	水	20(水)	水		檻	우리, 감옥	木	18(金)	木
한(土)	翰	날개, 줄기	羽	16(土)	火		銜	재갈, 머금을	金	14(火)	金
	閒	틈, 사이	門	12(木)	土		艦	싸움배, 병선	舟	20(水)	木
	限	한계, 경계	阜	14(火)	土		陷	함정, 빠질	阜	16(土)	土
	悍	원통할	心	11(木)	火		合	합할, 맞을	口	6(土)	水
	罕	그물, 드물	网	7(金)	木	합(土)	哈	웃는 소리	口	9(水)	水
	閑	막을, 한가할	門	12(木)	水		盒	찬합	皿	11(木)	金
	寒	추울, 떨릴	宀	12(木)	水		蛤	대합, 개구리	虫	12(木)	水

발음오행	한자	뜻	부수	획수오행	자원오행	발음오행	한자	뜻	부수	획수오행	자원오행
합(土)	闔	문짝, 간직할	門	18(金)	木		港	항구, 뱃길	氵	13(火)	水
	陜	땅이름, 산골짜기	阜	14(火)	土		該	그, 해당할	言	13(火)	金
	閤	쪽문, 규방	門	14(火)	木		偕	함께, 알맞을	人	11(木)	火
항(土)	亢	오를, 높을	亠	4(火)	水		楷	본보기, 본받을	木	13(火)	木
	沆	넓을, 흐를	氵	8(金)	水		諧	화할, 고르게 할	言	16(土)	金
	杭	건널, 나룻배	木	8(金)	木		海	바다, 클	氵	11(木)	水
	桁	차꼬, 도리	木	10(水)	木		亥	돼지, 열두째 지지	亠	6(土)	水
	行	항렬	行	6(土)	火		解	풀, 가를	角	13(火)	木
	降	항복할	阜	14(火)	土	해(土)	奚	어찌, 종족이름	大	10(水)	水
	缸	항아리	缶	9(水)	土		咳	포괄할, 기침	口	9(水)	水
	肛	똥구멍	肉	9(水)	水		垓	지경, 경계	土	9(水)	土
	伉	짝, 굳셀	人	6(土)	火		孩	어린아이, 어릴	子	9(水)	水
	姮	항아, 여자이름	女	14(火)	土		瀣	이슬 기운	水	20(水)	水
	恒	항상, 뻗칠	心	10(水)	火		蟹	게	虫	19(水)	水
	恆	恒의 本字	心	10(水)	火		邂	만날, 기뻐하는 모양	辶	20(水)	土
	巷	마을, 골목	己	9(水)	土		懈	게으를, 느슨해질	心	17(金)	火
	項	목, 클	頁	12(木)	火		駭	놀랄, 소란스러울	馬	16(土)	火
	航	배다리, 건널	舟	10(水)	木		骸	뼈, 해골	骨	16(土)	金
	姮	항아	女	9(水)	土		害	해칠, 손해	宀	10(水)	木
	抗	막을, 올릴	手	8(金)	木	핵(土)	核	씨, 실과	木	10(水)	木

발음오행	한자	뜻	부수	획수오행	자원오행	발음오행	한자	뜻	부수	획수오행	자원오행
행(土)	劾	힘쓸, 노력할	力	8(金)	水	헌(土)	櫶	나무이름	木	20(水)	木
	幸	다행, 바랄	于	8(金)	木		獻	드릴, 바칠	犬	20(水)	土
	行	갈, 다닐	行	6(土)	火		軒	추녀, 난간	車	10(水)	火
	杏	살구나무, 은행	木	7(金)	木	험(土)	險	험할, 위태로울	阜	21(木)	土
	荇	마름	艸	12(木)	木		驗	증험할, 시험할	馬	23(火)	火
	倖	요행, 간사할	人	10(水)	火	혁(土)	革	가죽, 북	革	9(水)	金
향(土)	向	향할, 나아갈	口	6(土)	水		奕	클, 아름다울	大	9(水)	木
	香	향기로울, 향	香	9(水)	木		赫	붉을, 빛날	赤	14(火)	火
	享	누릴, 드릴	亠	8(金)	土		爀	빛날, 붉을	火	18(金)	火
	珦	옥이름, 구슬	玉	11(木)	金		晛	햇살, 밝을	日	11(木)	火
	鄕	시골, 마을	邑	17(金)	土		泫	물깊을, 빛날	氵	9(水)	水
	響	울림, 울리는 소리	音	22(木)	金		炫	빛날, 밝을	火	9(水)	火
	嚮	향할, 권할	口	19(水)	水		玹	옥돌, 옥이름	玉	10(水)	金
	餉	도시락, 군자금	食	15(土)	水		見	나타날, 이제	見	7(金)	火
	饗	잔치할, 연회할	食	22(木)	水	현(土)	昡	햇빛, 당혹할	日	9(水)	火
허(土)	許	姓, 허락할, 믿을	言	11(木)	金		鉉	솥귀, 활시위	金	13(火)	金
	墟	언덕, 옛터	土	15(土)	土		絢	무늬	糸	12(木)	木
	虛	빌, 공허할	虍	12(木)	木		呟	소리	口	8(金)	水
	噓	울, 불	口	14(火)	水		現	나타날, 친할	玉	12(木)	金
	憲	법, 높을	心	16(土)	火		絃	악기줄, 새끼	糸	11(木)	木

발음오행	한자	뜻	부수	획수(오행)	자원오행	발음오행	한자	뜻	부수	획수(오행)	자원오행
현(土)	賢	어질, 착할	貝	15(土)	金	협(土)	夾	낄, 부축할	大	7(金)	木
	玄	하늘, 검을	玄	5(土)	火		頰	뺨, 기분 좋을	頁	16(土)	火
	弦	시위, 시위 울림	弓	8(金)	木		莢	풀 열매, 콩깍지	艹	13(火)	木
	縣	매달, 고을	糸	16(土)	木		俠	호협할, 협사	人	9(水)	火
	懸	매달, 늘어질	心	20(水)	火		挾	가질, 낄	手	11(木)	木
	顯	나타날, 드러날	頁	23(火)	火		峽	골짜기, 산골	山	10(水)	土
	顕	顯의 俗字	頁	18(金)	火		浹	젖을, 물결 일	水	11(木)	水
	峴	고개, 산이름	山	10(水)	土		脅	갈빗대, 옆구리	肉	12(木)	水
	衒	선전할, 팔	行	11(木)	火		狹	좁을	犬	11(木)	土
	睍	붉어진 눈	目	12(木)	火		脇	옆구리, 갈빗대	肉	12(木)	水
	俔	염담할	人	9(水)	火		鋏	집게, 가위	金	15(土)	金
	眩	아찔할, 현혹할	目	10(水)	木	형(土)	亨	형통할, 드릴	亠	7(金)	土
	舷	뱃전	舟	11(木)	木		兄	맏이, 언니	儿	5(土)	木
혈(土)	血	피, 피칠	血	6(土)	水		洞	찰, 깊을, 넓을	氵	9(水)	水
	頁	머리	頁	9(水)	火		炯	빛날, 밝을	火	9(水)	火
	穴	구멍, 틈	穴	5(土)	水		瑩	밝을, 옥빛	玉	15(土)	金
	歇	휴식할, 없앨	欠	13(火)	金		形	모양, 형상	彡	7(金)	火
	孑	외로울, 남을	子	3(火)	水		型	본보기, 거푸집	土	9(水)	土
혐(土)	嫌	싫어할, 의심할	女	13(火)	土		邢	나라이름, 땅	邑	11(木)	土
	協	화합할, 도울	十	8(金)	水		衡	저울대, 평평할	行	16(土)	火

발음오행	한자	뜻	부수	획수오행	자원오행	발음오행	한자	뜻	부수	획수오행	자원오행
	馨	향기, 향내	香	20(水)	木		譓	슬기로울, 분별할	言	22(木)	金
	熒	등불, 밝을	火	14(火)	火		醯	식초, 위태로울	酉	19(水)	金
	濴	실개천, 못이름	水	14(火)	水		鞋	신, 짚신	革	15(土)	金
	瀅	물이름	水	22(木)	水		號	부를, 부르짖을	虎	13(火)	木
	逈	멀, 빛날	辵	13(火)	土		湖	호수, 물	水	13(火)	水
	鎣	갈, 문지를	金	18(金)	金		浩	넓을, 넉넉할	水	11(木)	水
	荊	모형나무, 곤장	艸	12(木)	木		晧	빛날, 밝을	日	11(木)	火
	刑	형벌, 본받을	刀	6(土)	金		皓	밝을, 깨끗할	白	12(木)	金
	螢	개똥벌레, 반디	虫	16(土)	水		澔	넓을, 넉넉할	水	16(土)	水
	珩	노리개, 패옥	玉	11(木)	金		昊	하늘, 클, 성할	日	8(金)	火
	瀏	맑을, 개천	水	19(水)	水		淏	맑은 모양	水	12(木)	水
	惠	은혜, 인자할	心	12(木)	火	호(土)	祜	복, 복이 많을	示	10(水)	金
	恵	惠의 俗字	心	10(水)	火		鎬	호경, 밝은 모양	金	18(金)	金
	慧	슬기로울, 지혜	心	15(土)	火		壕	해자, 도랑	土	17(金)	土
	憓	사랑할, 순종할	心	16(土)	火		壺	질그릇, 병	土	12(木)	木
혜(土)	暳	별 반짝일	日	15(土)	火		滸	물가	水	15(土)	水
	蹊	지름길, 기다릴	足	17(金)	土		顥	클, 빛나는 모양	頁	21(木)	火
	兮	어조사	八	4(火)	金		扈	뒤따를, 넓을	戶	11(木)	木
	蕙	혜초, 난초	艸	18(金)	木		戶	지게, 지게문	戶	4(火)	木
	彗	쓸, 총명	彐	11(木)	火		乎	어조사	丿	5(土)	金

262

발음오행	한자	뜻	부수	획수오행	자원오행	발음오행	한자	뜻	부수	획수오행	자원오행
호(土)	呼	부를, 숨내쉴	口	8 (金)	水		虎	범, 용맹스러울	虍	8 (金)	木
	好	좋아할, 아름다울	女	6 (土)	土		濠	해자, 물이름	水	18 (金)	水
	互	서로, 어긋날	二	4 (火)	水		灝	넓을, 물세	水	25 (土)	水
	胡	오랑캐, 어찌	肉	11 (木)	火	혹(土)	或	혹은, 늘, 있을	戈	8 (金)	金
	豪	호걸, 귀인	豕	14 (火)	水		惑	미혹할, 어지러울	心	12 (木)	火
	護	보호할, 통솔할	言	21 (木)	金		酷	독할, 잔인할	酉	14 (火)	金
	琥	호박, 서옥	玉	13 (火)	金	혼(土)	婚	혼인할, 혼인	女	11 (木)	土
	瑚	산호, 호련	玉	14 (火)	金		昏	어두울, 저녁	日	8 (金)	火
	頀	구할, 지킬	音	23 (火)	金		渾	물소리, 흐릴	水	13 (火)	水
	岵	산	山	8 (金)	土		琿	아름다운 옥	玉	14 (火)	金
	弧	활	弓	8 (金)	木		魂	넋, 마음	鬼	14 (火)	火
	瓠	표주박, 단지	瓜	11 (木)	木		混	섞일, 흐릴	水	12 (木)	水
	縞	명주	糸	16 (土)	木	홀(土)	惚	황홀한, 호릿할	心	12 (木)	火
	葫	마늘, 조롱박	艸	15 (土)	木		忽	소홀할, 손쉬울	心	8 (金)	火
	蝴	나비	虫	15 (土)	水		笏	피리 가락	竹	10 (水)	木
	蒿	쑥, 향기	艸	16 (土)	木	홍(土)	弘	넓을, 클	弓	5 (土)	火
	糊	풀, 풀칠할	米	15 (土)	木		紅	붉을, 연지	糸	9 (水)	木
	狐	여우	犬	8 (金)	土		洪	큰물, 넓을	水	10 (水)	水
	濩	퍼질, 삶을	水	18 (金)	水		鴻	기러기, 번성할	鳥	17 (金)	火
	毫	가는 털, 조금	毛	11 (木)	火		泓	깊을, 웅덩이	水	9 (水)	水

발음오행	한자	뜻	부수	획수오행	자원오행	발음오행	한자	뜻	부수	획수오행	자원오행
	烘	화롯불, 횃불	火	10(水)	火		靴	가죽신	革	13(火)	金
	虹	무지개	虫	9(水)	水		廓	성, 둘레	广	14(火)	木
	銾	돌쇠뇌, 석궁	金	14(火)	金		確	확실할, 굳을	石	15(土)	金
	哄	노랫소리, 떠들썩할	口	9(水)	水	확(土)	碻	확실할 (確과 同字)	石	15(土)	金
	汞	수은	水	7(金)	水		穫	곡식 거둘	禾	19(水)	木
	訌	무너질, 어지러울	言	10(水)	金		擴	늘일, 넓힐	手	19(水)	木
	化	화할, 교화할	匕	4(火)	火		攫	붙잡을, 움킬	手	24(火)	木
	和	고루, 화할	口	8(金)	水		桓	묘목, 굳셀	木	10(水)	木
	花	꽃, 아름다울	艸	10(水)	木		奐	성할, 빛날	大	9(水)	木
	貨	재물, 물품	貝	11(木)	金		渙	찬란할, 풀어질	水	13(火)	水
	話	이야기, 말할	言	13(火)	金		煥	밝을, 불빛	火	13(火)	火
	畵	그림, 그릴	田	12(木)	土		晥	환할, 샛별	日	11(木)	火
화(土)	畫	畵의 俗字	田	13(火)	土	환(土)	驩	기뻐할	馬	28(金)	火
	華	빛날, 꽃	艸	14(火)	木		宦	벼슬	宀	9(水)	木
	禾	곡식, 곡물	禾	5(土)	木		紈	맺을, 흰비단	糸	9(水)	木
	嬅	고울, 여자이름	女	15(土)	土		丸	둥글, 알	丶	3(火)	土
	樺	자작나무	木	16(土)	木		換	바꿀, 교역할	手	13(火)	木
	禍	재화, 재난	示	14(火)	木		環	고리, 가락지	金	21(木)	金
	火	태울, 불사를	火	4(火)	火		鰥	환어, 홀아비	魚	21(木)	水
	譁	시끄러울	言	19(火)	金		歡	기뻐할, 친할	欠	22(木)	金

발음오행	한자	뜻	부수	획수오행	자원오행	발음오행	한자	뜻	부수	획수오행	자원오행
환(土)	患	근심할, 재앙	心	11(木)	火		堭	당집, 전각	土	12(木)	土
	環	도리옥, 옥고리	玉	18(金)	土		媓	여자이름	女	12(木)	土
	還	돌아올, 돌아갈	辶	20(水)	土		煌	빛날, 환히 밝을	火	13(火)	火
	喚	부를, 외칠	口	12(木)	水		璜	서옥, 패옥	玉	17(金)	金
	幻	홀릴, 허깨비	幺	4(火)	火		幌	휘장	巾	13(火)	木
활(土)	活	살릴, 활발할	水	10(水)	水		徨	노닐, 어정거릴	彳	12(木)	火
	闊	트일, 넓을	門	17(金)	木		恍	황홀할	心	10(水)	火
	濶	闊의 俗字	水	18(金)	水		慌	어렴풋할, 황홀할	心	14(火)	火
	滑	미끄러울, 부드럽게 할	水	14(火)	水		篁	대숲	竹	14(火)	木
	豁	열릴, 통할	谷	17(金)	水		蝗	누리, 황충	虫	15(土)	水
	猾	교활할	犬	14(火)	土		荒	거칠, 흉년들	艸	12(木)	木
황(土)	黃	누를, 누른 빛	黃	12(木)	土		惶	두려워할	心	13(火)	火
	晃	밝을, 빛날	日	10(水)	火		湟	해자, 빠질	水	13(火)	水
	滉	물 깊을, 넓을	水	14(火)	水		潢	웅덩이	水	16(土)	水
	榥	책상	木	14(火)	木		遑	허둥거릴, 바쁠	辶	16(土)	土
	熀	밝을, 영리할	火	14(火)	火		隍	빌, 공허할	阜	16(土)	土
	晄	밝을, 빛날	日	10(水)	火	회(土)	茴	회향풀, 약이름	艸	12(木)	木
	皇	임금, 비로소	白	9(水)	金		淮	강이름	水	12(木)	水
	況	비유할, 모양	水	9(水)	水		賄	선물, 예물	貝	13(木)	金
	凰	봉황새	几	11(木)	木		回	돌아올, 돌이킬	囗	6(土)	水

발음오행	한자	뜻	부수	획수오행	자원오행	발음오행	한자	뜻	부수	획수오행	자원오행
	會	모일, 맞출	日	13(火)	木	횡(土)	弘	집울릴, 클	宀	8(金)	木
	灰	재, 태워버릴	火	6(土)	火		鑛	종, 낫	金	20(水)	金
	廻	돌이킬, 돌아올	廴	9(水)	水	효(土)	孝	효도	子	7(金)	水
	晦	그믐, 어두울	日	11(木)	火		效	본받을, 힘쓸	攴	10(水)	金
	檜	전나무, 나라이름	木	17(金)	木		効	效의 俗字	力	8(金)	金
	澮	물흐를, 합할	水	17(金)	水		曉	밝을, 날샐	日	16(土)	火
	繪	그림, 그릴	糸	19(水)	木		滸	물이름, 물가	水	11(木)	水
	絵	繪의 俗字	糸	12(木)	木		爻	괘, 변할	爻	4(火)	火
	誨	가르칠, 인도할	言	14(火)	金		驍	날랠, 용감할	馬	22(木)	火
	匯	어음환, 물돌	匚	13(火)	水		斅	가르칠, 교육할	攴	20(水)	金
	徊	노닐, 꽃이름	彳	9(水)	火		哮	큰소리낼, 천식	口	10(水)	水
	悔	뉘우칠, 후회할	心	11(木)	火		嚆	울릴	口	17(金)	水
	懷	품을, 가슴	心	20(水)	火		梟	올빼미	木	11(木)	木
	恢	넓을, 갖출	心	10(水)	火		淆	뒤섞일, 흐릴	水	12(木)	水
	獪	교활할, 어지럽게 할	犬	17(金)	土		肴	안주	肉	10(水)	水
	膾	회, 회칠	肉	19(水)	水		酵	술밑, 술이괼	酉	14(火)	金
	蛔	회충	虫	12(木)	水		厚	후덕할, 두터울	厂	9(水)	土
획(土)	劃	그을, 계획할	刀	14(火)	金	후(土)	侯	과녁, 영주	人	9(水)	火
	獲	얻을, 노비	犬	18(金)	土		垕	땅이름, 두터울	土	9(水)	土
	橫	가로, 난각목	木	16(土)	木		逅	우연히 만날, 터놓을	辵	13(火)	土

발음오행	한자	뜻	부수	획수오행	자원오행	발음오행	한자	뜻	부수	획수오행	자원오행
	煦	따뜻하게 할	火	13(火)	火		鑐	금빛 투색할	金	22(木)	金
	珝	옥이름	玉	11(木)	金		暈	무리, 선염	日	13(火)	火
	候	기후, 생각할	人	10(水)	火	훙(土)	薨	죽을, 무리	竹	20(水)	木
	喉	목구멍	口	12(木)	水		煊	따뜻할	火	13(火)	火
	后	임금, 왕비	口	6(土)	水		暄	따뜻할, 온난할	日	13(火)	火
후(土)	帿	과녁	巾	12(木)	木	훤(土)	萱	원추리, 망우초	艸	15(土)	木
	後	뒤, 뒤질	彳	9(水)	土		喧	지껄일, 떠들	口	12(木)	水
	吼	울, 아우성 칠	口	7(金)	水		卉	풀, 초목	十	5(土)	木
	嗅	냄새 맡을	口	13(火)	水	훼(土)	喙	부리, 호흡	口	12(木)	水
	朽	썩을, 부패할	木	6(土)	木		毇	쓿을, 정미할	殳	16(土)	金
	訓	가르칠, 인도할	言	10(水)	金		毁	헐, 상처 날	殳	13(火)	金
	勳	공훈, 거느릴	力	16(土)	火		暉	햇빛, 빛날	日	13(火)	火
	勛	勳의 俗字	火	15(土)	火		煇	빛날, 일광	火	13(火)	火
	勛	勳의 古字	力	12(木)	火		輝	빛날, 광휘	車	15(土)	火
	君	연기에 그을릴, 향기 날	火	11(木)	火	휘(土)	揮	지휘할, 뽐낼	手	13(火)	木
훈(土)	熏	불기운, 그을릴	火	14(火)	火		彙	무리, 모을	彐	13(火)	火
	薰	향풀, 향기 날	艸	20(水)	木		徽	아름다울, 좋을	彳	17(金)	火
	燻	질나팔, 흙	土	17(金)	土		麾	지휘할	麻	15(土)	木
	燻	연기 낄, 불사를	火	18(金)	火		諱	꺼릴, 두려워할	言	16(土)	金
	塤	토음, 풍류	土	13(火)	土	휴(土)	休	쉴, 아름다울	人	6(土)	火

발음오행	한자	뜻	부수	획수오행	자원오행	발음오행	한자	뜻	부수	획수오행	자원오행
	烋	경사로울, 아름다울	火	10(水)	火		吃	말더듬을	口	6(土)	水
	畦	밭두둑, 지경	田	11(木)	土		歆	받을, 대접할	欠	13(火)	火
	虧	이지러질	虍	17(金)	木	흠(土)	欽	공경할, 근심할	欠	12(木)	金
	携	끌, 가질, 나눌	手	14(火)	木		欠	히품	欠	4(火)	火
	恤	구휼할	心	10(水)	火		洽	화할, 젖을	水	10(水)	水
휼(土)	鷸	도요새	鳥	23(火)	火	흡(土)	恰	흡족할, 마침	心	10(水)	火
	譎	속일, 바뀔	言	19(水)	金		翕	합할, 거둘	羽	12(木)	火
	胸	가슴, 마음	肉	12(木)	水		吸	숨 들이쉴, 마실	口	7(金)	水
	凶	재앙, 두려울	凵	4(火)	水	홍(土)	興	일어날, 지을	臼	15(土)	土
흉(土)	兇	흉악할, 두려워할	儿	6(土)	木		熙	빛날, 일어날	火	13(火)	火
	匈	오랑캐, 흉할	勹	6(土)	金		姬	계집, 아가씨	女	9(水)	土
	洶	물살 셀	水	10(水)	水		希	바랄, 드물	巾	7(金)	木
흑(土)	黑	검을, 캄캄할	黑	12(木)	水		喜	기쁠, 즐거울	口	12(木)	水
	欣	기쁠, 좋아할	欠	8(金)	火		憘	성할, 아름다울	心	16(土)	火
흔(土)	昕	아침, 해돋을	日	8(金)	火	희(土)	晞	마를, 햇살	日	11(木)	火
	炘	화끈거릴, 불사를	火	8(金)	火		僖	즐거울, 기꺼울	人	14(火)	火
	痕	흉터, 자취	疒	11(木)	水		熺	성할, 희미할	火	16(土)	火
	紇	사람이름	糸	9(水)	木		禧	복, 길할	示	17(金)	木
홀(土)	訖	이를, 그칠	言	10(水)	金		嬉	즐거울, 놀	女	15(土)	土
	屹	산 우뚝 솟을	山	6(土)	土		熹	성할, 아름다울	火	16(土)	火

268

발음오행	한자	뜻	부수	획수 오행	자원오행	발음오행	한자	뜻	부수	획수 오행	자원오행
희(土)	憙	기뻐할, 좋아할	心	16(土)	火						
	熙	빛날, 일어날	灬	15(土)	水						
	羲	숨, 화할, 기운	羊	16(土)	土						
	爔	불, 햇빛	火	20(水)	火						
	曦	햇빛, 빛날	日	20(水)	火						
	俙	비슷할, 희미할	人	9(水)	火						
	囍	쌍희	口	22(木)	水						
	犧	희생	牛	20(水)	土						
	稀	성길, 드물	禾	12(木)	木						
	戱	탄식할, 희롱할	戈	16(土)	金						
	噫	느낄, 탄식할	口	16(土)	水						
힐(土)	詰	물을, 다스릴	言	13(火)	金						

후 기

올 봄 대한작명가협회를 창립하여 초대 회장으로 추대되면서 작명에 대한 관심을 더 가지게 되었습니다.

대한작명가협회는 전국 작명사들이 곱고 바르고 좋은 이름의 작명을 추구하는 진보성향 작명가들의 대표단체로 더 좋고 더 바르고 더 고운 이름의 정명(正名)운동을 펼쳐나간다는 목표로 창립된 유일무이한 작명사들의 비영리 법인단체라는 말씀을 알려드립니다.

양심적인 작명사 진취적인 작명사로의 활동을 위하여 정립된 작명서적이 필요하다는 생각에서 본 협회에서 **이름도 명품이 있습니다.** 라는 제호의 작명서적을 기획 하게 되었습니다.

더 알찬내용의 작명을 위해 본서는 제1부에 작명이론과 성공하는 이름의 창작조건 등을 다루었고 제2부에는 인명용 한자사전인 자원오행 한자 4,794자를 구체적으로 분류해 한자와 뜻 부수와 획수오행 자원오행 등을 상세히 수록하였습니다.

우리 작명사들이 치열한 경쟁 속에서 살아남으려면 무엇인가 다른 면모를 보여야 합니다.

21세기 글로벌시대에 맞는 좋은 이름으로의 창작을 위해 힘찬 발걸음으로 우리작명사들은 함께 노력해야 한다는 말씀을 올리면서 후기를 마칠까 합니다.

庚寅年歲暮에
如山 金東煥 拜上

저자 약력

여산 김동환

충남 부여출생(본명 김갑선)
국민대학교 정치대학원 수료
동산불교대학 불교한문학과 2년 수료
출판업에 30여 년간 종사(학영사 전 발행인)
역술전문서적출판 여산서숙 대표(현 발행인)
명리학 다년간 수학 연구 집필
한국불교교육단체 연합포교사단장(전)
세계불교 법문종 대명정사 주지(현)
크리스토퍼 리더십 센터 강사 (현)
대한작명가협회 회장(현)
김동환 역학원장 (현)
동양통신역학대학 원장(현)
김동환 작명소 운영(현)

저서

실전사주108제(학영사 간)
사주의 정석 1.2 (여산서숙 간)
실전사주간명사례집1.2(여산서숙 간)
글로벌 작명대사전 1,2 3 外 다수

"이름대로 될 터라"
이름도 명품이 있습니다

초판1쇄 인쇄 : 2010년12월20일
초판5쇄 발행 : 2023년06월25일
지은이 : 김동환
기획 : 대한작명가협회
펴낸곳 : 여산서숙
주소 :서울시 종로구 숭인동313-7호(지봉로28)
숭인빌딩 401호
전화 :02)928-2393.8123 팩스02)928-8122
작명가협회 070)4103-2367
편집.김정숙 표지.지성의샘
발행인 김 동 환

이 책의 내용 전부 또는 일부를 재사용하려면
반드시 저작권자의 동의를 받아야 합니다.
값 20,000원